六朝官方吉禮祀議及施行之源流考

陳燕梅　著

臺灣學生書局印行

致謝詞

　　本書於 2015 年 08 月 01 日至 2016 年 07 月 31 日獲得「教育部人文及社會科學博士論文改寫專書暨編纂主題論文集計畫補助」，得以改寫完成並順利出版，為此謹誌謝忱。

　　本書改寫期間，承蒙　中央研究院文哲所楊師晉龍壓尾之誨，臺灣師範大學國文系胡衍南教授、中央大學中文系郭永吉教授的協助，以及臺灣學生書局兩名匿名審查人的惠賜新題，與提供諸多寶貴意見，促使修改後的內容更周延，遣詞用字更適切，於此敬申謝忱。

　　本書乃由博士論文改寫而成，博論得以完成，乃歸功於業師朱曉海先生不遺餘力的指引與恩重如山的晨提夕命，以及劉師增貴、張師高評、葉師國良、陳師韻、陳師昭容、林師清源等先生細讀拙作後，不吝誨正，使之更加充實、完善，為此敬申謝忱。

民國一百零七年一月

陳燕梅謹識於新竹

六朝官方吉禮祀議及施行之源流考

目　次

第一章　序　論

《左傳》卷二七〈成公十三年〉：

> 國之大事在祀與戎。

《禮記》卷四九〈祭統〉：

> 凡治人之道，莫急於禮，禮有五經，莫重於祭。

古人與近現代大多數人的世界觀迥然有別，他們認爲人類並非宇宙間單獨的存有，鬼神不僅存有，而且與人類生活的互動極其密切，足以影響人間的禍福安危。因此，儒門經、傳中有不少關於吉禮「祭」、「祀」的規範。

中國幅員廣大，歷史緜長，上古時期，大、小邦國之間「老死不相往來」[1]乃是常態，各邦國、各地的禮儀不可能畫一；七雄長期分裂的結果，使得「言語異聲，文字異形」[2]，彼此的禮

---

[1] 樓宇烈：《王弼集校釋・老子道德經注》（臺北：華正書局，1992年），第八十章，頁190。

[2] 許慎：〈敍〉，清・段玉裁：《說文解字注》（臺北：天工書局，1998年），卷十五上，頁758。

制更不可能沒有重大出入，然而提出這些規範的儒生，大都未曾從事過全天下的實況調查，卻動輒以全稱命題的口吻，闡述自己的鄉曲之見，好像那是放諸四海皆準的通則。其次，某些提出規範者經常忽視「禮，時為大」[3]的原理，堅持某些早已廢棄不行的禮制，將當時實際施行的禮制，一概視為未法先王、禮壞樂崩的結果，未曾思考過那些已廢棄的禮制，起初也是人因時、因地、因宜而逐步形成的，對於損革的過往，乃啟發後起的新興者。另一極端則會將一己或個別學派的理想，架構起一套看似嚴整，卻蹈空難行的禮制。這就使得先秦留下的禮書，或其他經籍中有關禮儀的記載，往往包含三種成分：一、上古遺存的各邦不同禮制，二、戰國時期某一地區的禮俗[4]，三、個別人士或學派

---

[3]　唐·孔穎達：《禮記正義》（臺北：藝文印書館，2001 年；以下簡稱《禮記》），卷二三〈禮器〉，頁 450。

[4]　所以未提春秋時期，乃因該時期處於舊禮制鬆動，新禮制正在建立，新、舊交替的不穩定時期，因此，先秦留下的禮書或其他經籍中記載這個時期的相關禮制，似乎著重那些禮儀規範如何被破壞，如何被建立。以《禮記》而言，僅有：史佚始有以「下殤用棺衣棺」、周夷王始有天子行覲禮時，「下堂見諸侯」，以及子思時，始有子「不喪出母」等 3 條，不是在春秋時期才改變的；其他 16 條：魯莊公時，士始有誄、「邾婁復之以矢，蓋自戰於升陘始也」、「魯婦人之髽而弔也，自敗於臺鮐始也」、魯哀公始有為妾齊衰、「惟殯，非古也，自敬姜之哭穆伯始也」、魯哀公時始有「喪有二孤」、齊桓公始有「廟有二主」、魯昭公始「喪慈母」、「庭燎之百，由齊桓公始也」、「大夫之奏〈肆夏〉也，由趙文子始也」、魯三桓始有「大夫而饗君」、魯三桓始有「公廟之設於私家」、魯桓公始制「玄冠紫緌」、「朝服之以縞也，自季康子始也」、「夫人之不命於天子，自魯昭公始也」、齊桓公時始有大夫相為服等，都是某項禮儀規範在春秋時期才變易的。引述依序分見《禮記》，卷十九〈曾子問〉，頁 384、卷二五〈郊特牲〉，頁 486、卷六

的構想。

可惜漢代儒生未能正視問題，因而將明明是混合體的五經視為化合體，所以才會說：

六藝之文……蓋五常之道，相須而備，而《易》為之原[5]。

禮書與其他經籍中有關禮的記載，當然也被視為肢體相通、互補互成者。前提既有偏差，討論禮制時，自然也就會左右牴牾，治絲愈棼。

不僅基本觀點有些偏差，漢代經學的整體研究也甚是普通。西漢人自己指出：武帝「建元之間」，「一人不能獨盡其經，或為〈雅〉，或為〈頌〉」[6]；不過是單篇的〈泰誓〉，其文「淺露」[7]，如此竟然還需要「博士集而讀之」[8]。這或許還可以經學才萌芽，學養不足為之辯護，但到了東漢[9]，市面上的經、傳都

〈檀弓上〉，頁 117-118、卷九〈檀弓上〉，頁 167、卷十〈檀弓下〉，頁 192、卷十八〈曾子問〉，頁 367-368、卷二五〈郊特牲〉，頁 485-487、卷二九〈玉藻〉，頁 552-553、卷四三〈雜記下〉，頁 752-753。簡言之，春秋時期的禮制若非同於過往，即同於戰國，不勞單獨列出。

5　清・王先謙：《漢書補注》（臺北：藝文印書館，1972 年；以下簡稱《漢書》），卷三十〈藝文志・六藝略・敘論〉，頁 886。

6　《漢書》，卷三六〈楚元王傳附來孫歆傳・移太常博士書〉，頁 978。

7　唐・孔穎達：《尚書正義》（臺北：藝文印書館，2001 年；以下簡稱《尚書》），卷十一〈（偽）泰誓上〉，頁 151，孔《疏》引馬融《書》〈序〉。

8　《漢書》，卷三六〈楚元王傳附來孫歆傳・移太常博士書〉，頁 978。

9　清・王先謙：《後漢書集解》（臺北：藝文印書館，1972 年；以下簡

早已全部是以漢隸書寫的了，居然還會出現「援引他經，失其句讀，以無為有，甚可閔笑者，不可勝記」[10]的情況，就可想見當時經學界一般的素養程度。正因如此，以東漢官方保障的十四個博士講座而言，《易》家的「梁丘、施氏」「亡於西晉；孟氏、京氏有書無師」[11]；《書》家「及永嘉之亂，歐陽、大、小夏侯《尚書》並亡」；《詩》家「齊《詩》魏代已亡，魯《詩》亡於西晉；韓《詩》雖存，無有傳者」[12]；《禮》家的大、小二戴，《春秋》家的嚴、顏二家同樣如秋風過後的枯葉，蕩然無跡[13]。

稱《後漢書》），卷七九下〈儒林列傳・何休傳〉，頁 922：「年五十四，（靈帝）光和五年（182）卒」，是生於順帝永建四年（129）。何休：〈序〉，唐・徐彥：《公羊傳注疏》（臺北：藝文印書館，2001年；以下簡稱《公羊傳》），頁 4，表示：「恨先師」，「多隨二創」，徐《疏》：「此先師，戴宏等也」。據《後漢書》，卷六四〈吳祐傳〉，頁 750，戴宏蓋順帝時人，則徐《疏》所說造成「二創」的「莊（嚴）、顏之徒」至晚也是東漢初葉的經生。「嚴」所以易為「莊」，乃避東漢明帝諱，又忘記回改所致，如《漢書》，卷一百上〈敘傳〉，頁 1762：「（班）嗣雖修儒學，然貴老、嚴之術」，師古曰：「嚴，莊周也。」

10　何休：〈序〉，《公羊傳》，頁 4。

11　自古以降，言兩漢講究師法、家法，然多不得其實。實情詳參郭永吉：〈兩漢師法家法考〉，收錄於江林昌等人編：《中國古代文明研究與學術史：李學勤教授伉儷七十壽慶紀念文集》（保定：河北大學出版社，2006 年），頁 471-474。

12　唐・魏徵、長孫無忌：《隋書》（臺北：藝文印書館，1972 年），卷三二〈經籍志一・經・易類・敘論〉，頁 472、〈書類・敘論〉，頁473、〈詩類・敘論〉，頁 475。

13　若說十四博士之學不存，乃是因為其精華已被三國、西晉時期的後儒所吸收，要論證此假說的前提，乃是今天可以見到十四博士講學或全或殘的材料，如此方得以持與見存的經、傳註解相對照，而後看出：三國、

事實上，早在東漢初葉，連「博士弟子」就已經「不修家法」、「不依章句」，「以遵師爲非義」[14]了。那些官學博士的學術權威何以如此不振，雖不得而詳，但從同屬東漢初葉的班固報導：

> 劉向以中古文《易經》校施、孟、梁丘經，或脫去「無咎」、「悔亡」。

> 劉向以中古文校歐陽、大、小夏侯三家經文，〈酒誥〉脫簡一、〈召誥〉脫簡二……文字異者七百有餘。

可知：既然連文本都不正確，解說怎麼可能精當？更何況解說時，經常「采雜說」，借題發揮，經文的解說「咸非其本義」[15]，這讓稍有思辨能力的博士弟子如何能心悅誠服於師說？至於當時社會上名噪一時的某經章句，如：

西晉的後儒究竟吸收了多少，可是該前提本身就無法滿足，所以這種假說乃強爲之辯。誠如勞思光：〈後序〉，《新編中國哲學史（一）》（臺北：三民書局，1984 年），頁 400，所說：「所謂『舉證』，其方式是隨所涉的論斷而不同的。例如，一個論斷涉及某種性質（或具有性質的事物）之『存在』時，我們可以要求提出論斷的人將這種性質或事物指出來給我們看；因爲，一論斷既然涉及『存在』，則這種『舉證』應是有可能的。但若一個論斷涉及『不存在』或『缺乏』時，論者便只能就此論斷所關的範圍來作徵證，而不能以『舉證』的方式來指出這種『不存在』，因爲『不存在』的性質或事物，即不是能被『指出』的。」

14　《後漢書》，卷四四〈徐防傳〉，頁 537。徐防上這篇奏議的時候，是在和帝永元十四年（102），則正文所說的情況勢必東漢初已然。

15　以上引文分見《漢書》，卷三十〈藝文志・六藝略・易・敘論〉，頁 876、〈書・敘論〉，頁 877、〈詩・敘論〉，頁 878。

　　（樊）儵刪定《公羊》嚴氏《春秋》章句，世號「樊氏學」，教授門徒前後三千餘人。

　　（桓）榮受朱普學章句四十萬言，浮辭煩長，多過其實。及榮入授顯宗，減為二十三萬言。（子）郁復刪省定成十二萬言。由是有桓君大、小太常章句……（孫焉）弟子傳業者數百人。

　　北州多為伏氏（齊《詩》）學……父（伏）黯章句繁多，恭乃省減浮辭，定為二十萬言[16]。

建安以降，同樣隻字不存。遑言那些「章句多者或乃百餘萬言」[17]者，更經不起時代及學術的考驗，悉數被沙汰[18]。

　　兩漢經學主體表面上一片枝榮葉茂，實際內容則支離貧瘠，「破碎大道」[19]。如上文所述，有的文本本身就有誤，卻曚然因

---

[16]　以上引文分見《後漢書》，卷三二〈樊宏傳附子儵傳〉，頁 406、卷三七〈桓榮傳附子郁傳孫焉傳〉，頁 453、卷七九下〈儒林列傳・伏恭傳〉，頁 917。

[17]　《後漢書》，卷三五〈張曹鄭列傳・論〉，頁 437。

[18]　唐代因官方編撰的五經正義為科舉考試定本，導致六朝經師的著述大多沒被留下來。照說，東漢官方保障的十四個博士所傳之學，也會因著《漢書》，卷八八〈儒林列傳・贊〉，頁 1555，所坦承的「祿利之路」這種軟性控制，迫使社會上其他的經說銷聲匿跡，然而事實剛好相反，社會上不習章句或另立經說的比比皆是。倒過來說，南宋以後，唐修《五經正義》已非科舉考試定本，卻並未因此消亡。可見：學說內容良窳才是它能否經得起時代考驗的關鍵因素。

[19]　《漢書》，卷七五〈夏侯勝傳附從父子建傳〉，頁 1397。

循，一逞「便辭巧說」[20]。如《尚書》卷九〈盤庚【下】〉：

> 今予其敷心腹腎腸，歷告爾百姓于朕志。

「腹腎腸」，今文三家本誤作「優賢揚」，「歷」字屬上文讀，說成優禮賢人，「揚其所歷試」[21]。有的訓解更是荒謬絕倫。如《尚書》三家以「王年長，骨節成立」，「故曰成王」[22]。以《周易》卦、爻辭的解說而言，王弼早就指出之前的那些《易》學家從根本就謬誤：

> 義苟在健，何必馬乎……或者定馬於乾，案文責卦，有馬無乾，則偽說滋漫，難可紀矣！互體不足，遂及卦變；變又不足，推致五行……縱復或值，而義無所取[23]。

皮錫瑞所云「經學昌明」、「經學極盛」[24]，乃門戶成見下的張皇論斷，全然不符史實。東漢安帝時，官學已經淪落到「博士倚席不講，朋徒相視怠散。學舍穨敝，鞠為園蔬，牧兒蕘豎至於薪刈其下」。順帝時，僅是修復硬體建築，生員簿上多至三萬餘

---

[20] 《漢書》，卷三十〈藝文志・六藝略・敘論〉，頁 887。

[21] 盧弼：《三國志集解》（臺北：藝文印書館，1972 年；以下簡稱《三國志》），卷十一〈管寧傳〉，頁 363-364，裴《注》。

[22] 《尚書》，卷十四〈酒誥〉，頁 207、206，孔《疏》。

[23] 樓宇烈：〈明象〉，《王弼集校釋・周易略例》，頁 609。

[24] 清・皮錫瑞撰，周予同注釋：《經學歷史》（北京：中華書局，2004 年），頁 41、65。

人,實際的學術水平則愈發不濟,「多以浮華相尚」[25]。其中講
《禮》的「三家雖存,並微」[26],「未有顯於儒林者」,以致范
曄撰寫整個東漢時期的〈儒林列傳〉時,僅有一位習慶氏《禮》
的董鈞能上得了檯面,而他還不是專門名家,乃「當世號爲通
儒」[27]者。

兩漢經學若還有小部分的實質學術貢獻積累下來,而開花結
果,那得等到魏、晉時期[28]。誠然,《禮》學在東漢末葉的鄭玄
手上已獲得大幅度的躍升。他在這方面的貢獻使得《禮》學幾乎
被視爲鄭學的同義詞,可是也正因鄭氏的抱負過大,不但要貫穿
群經諸傳,還要綜合內、外學[29],使得他對於禮方面的諸般建構
不時會有牽強、尨雜之弊。若世不生才,鄭氏《禮》學縱有再多

---

[25] 《後漢書》,卷七九上〈儒林列傳・敘論〉,頁 908。官學不振,絲毫
不意味在野的經、傳研究造詣高。以《左傳》而言,「十數家」「大體
轉相祖述」,「有不通者皆沒而不說,而更膚引《公羊》、《穀
梁》」。以《周禮》而言,鄭眾、賈逵兩家的註解「多所遺闕」。賈公
彥雖然認爲:賈逵之說「甚謬焉,此比多多」;鄭眾「時所解說,近得
其實」,然而鄭玄作注時,固然完全不稱引賈逵之說;稱引鄭眾之說,
也多在駁正。引文分見,杜預:〈春秋序〉,唐・孔穎達:《春秋左傳
正義》(臺北:藝文印書館,2001 年;以下簡稱《左傳》),頁 15、
賈公彥:〈序周禮廢興〉,唐・賈公彥:《周禮注疏》(臺北:藝文印
書館,2001 年;以下簡稱《周禮》),頁 8。

[26] 《隋書》,卷三二〈經籍志一・經・禮類・敘論〉,頁 477。

[27] 《後漢書》,卷七九下〈儒林列傳・董鈞傳〉,頁 920。

[28] 詳參拙作:《魏晉時期喪服禮議考》(南投:國立暨南大學中國語文學
系碩士論文,2005 年),第五章,頁 128-129。

[29] 《後漢書》,卷八二上〈方術列傳〉,頁 965,李賢《注》:「內學謂
圖、讖之書」,相對於此,五經爲外學。

待商榷處，也可累葉獨霸，偏偏沒有多久王肅誕生[30]，他自「成童始志于學，而學鄭氏學」，就覺得「上下義理不安違錯者多」，是以學業有成之後，專攻鄭學，豈「好難哉」而「苟駮前師」？「不得已也」[31]！鄭、王之爭一方面披露了先秦已經存在、兩漢儒林未嘗多加措意，以致遺留下來的諸多問題，另方面也促成了此後禮學備受重視，不但《老》、《莊》的注疏瞠乎其後，而且躍居群經研究著述之冠[32]。

如果僅是學界之爭，爭得再不可開交，也不過是小池塘裡的風波。問題出在儒家向來強調以禮、樂治國化民，又認爲風行草偃，上行會導致下效，是以在儒學趨於成熟的背景下，六朝官方開始致力於落實儒門經典的祭祀禮制規範，正因爲要落實，原先未嘗措意的問題才浮現，又引生許多疑議。另方面，學術與政治畢竟有各自獨立的性質與範疇，前者可以高揭理想，單論是非，只不過屬是者未必就是得勢者；後者的本質之一即爲妥協，不能不顧及現實利害及實踐時所需要的外在條件，因此，禮議中得勝

---

30 據《三國志》，卷十三〈王朗傳附子肅傳〉，頁 408、卷二九〈朱建平傳〉，頁 691，肅卒於曹魏高貴鄉公甘露元年（256），年六十二，是生於東漢獻帝興平二年（195）。據《後漢書》，卷三五〈鄭玄傳〉，頁 435，鄭玄卒於東漢獻帝建安五年（200），年七十四。

31 王肅：〈序〉，曹魏・王肅注：《孔子家語》，收錄於紀昀等人編：《景印文淵閣四庫全書》（臺北：臺灣商務印書館，1983 年），頁 3。

32 據拙作：《魏晉時期喪服禮議考》，第一章，頁 3-5，撇除因七佚《隋書・經籍志》未收的部分，若僅按此來統計，六朝禮方面的著述高達 136 部、1622 卷，《易》方面的著述凡 69 部、551 卷，而《老》、《莊》方面的著述不過 78 部、525 卷，三者合起來，卷數尚不及前者。

或居主流的一方固然未必屬是，付諸實踐時，往往還要打折扣。

　　既然那些禮議的癥結源自先秦，兩漢又沒有妥當面對處理，所以勢必結合出土及傳述史料，從歷史源流來審視，始能折衷[33]，如此，既不被禮書中此出彼入的說法所困，也不致流於黨鄭、黨王或者妄加調停的窠臼裡[34]，而且必須顧及禮論付諸實踐

---

[33] 所謂折衷「結合出土及傳述史料」的意思，即是本文先梳理傳述史料的記載後，找出一個共同的交集處，以為當時普遍情況，並藉此交集處，作為研究基礎。其次，若能結合地下出土材料，則引之為輔證，以確定當時大致的實際情況。審視「歷史淵源」之後，方以此作為判斷兩漢、六朝人禮儀議論優劣得失之標準。

[34] 清人曾花費相當大的工夫去辨章鄭、王二家禮學詮釋觀點之是非，卻因無法見及現今地下出土材料，故難以結合地下出土材料，或引之為輔證，或藉此確定當時的實際情況以為平章標準，也因此常陷入黨鄭、黨王的窠臼裡。舉例來說：關於天子宗廟中祫、禘名稱，若結合甲、金文與傳述史料，可知王肅已經撥開文字障，清楚地辨析，作為同一種殷祭的祫、禘所以異名，只是經、傳作者個人側重角度有別，故措辭有別，然而金榜、孫星衍、徐養原、金鶚、胡培翬等人，還是執拗於祫、禘名稱不同，以為實質也不同，而所謂的不同，又不是按照儒門經、傳文的記載，以舉行時間（喪終返吉之時，或平時）為分野。也因無法見及現今出土的地下材料，故在社的祭祀上頭，從《五禮通考·吉禮三七·方丘祭地》的登載，可知：宋、清兩朝經師僅關注太社，王社與帝社的關係，卻大多不提。其實太過拘執，有時反而看不清楚問題的癥結，例如：《左傳》中清楚顯示諸侯五廟之說並非周代的實際情況，以此類推，天子七廟也可能只是戰國儒生建構出來的規範，並非史實，因此鄭、王二家關於天子宗廟總數的探討，從後設的角度分析，只是側重於親親或尊尊之別，並沒有絕對的是非對錯（詳後文）。但大多數的清人對於這個問題，還是囿於門戶之見，是以皮錫瑞、孫星衍、任啟運、江藩、徐養元、朱彬、鍾文烝、黃以周等人皆以鄭學為是；秦蕙田、毛奇齡、孫詒讓、萬斯同、李慈銘等人則循王氏之說。以上引述分見清·金

的狀況，方可看出經、史間的距離，儒門在吉禮祭祀方面的影響
究竟達到什麼程度，這也是今人唯一可以凌駕在前人之上的路
徑，是以本文方從歷史源流審視六朝官方吉禮祭祀議論與實際施

榜：《禮箋》，卷三〈禘〉，收錄於清・阮元編：《清經解》（南京：
鳳凰出版社，2005 年），第七十五種，頁 4584、清・孫星衍：《問字
堂集》，卷一〈三禘釋〉，《清經解》，第九十八種，頁 6278、清・
徐養原：〈禘祫辨〉，《頑石廬經說》，收錄於清・王先謙編：《清經
解續篇》（南京：鳳凰出版社，2005 年），卷八三，頁 2716、清・金
鶚：〈禘祭考〉，《求古錄禮說七》，《清經解續篇》，卷一百二，頁
3211-3212、清・胡培翬：《禘祫問答》，《清經解續篇》，卷一百
七，頁 3748、清・秦蕙田：《五禮通考》（桃園：聖環圖書公司，
1994 年），卷三七〈吉禮三七・方丘祭地〉，頁 4-16、清・皮錫瑞：
《經學通論》（北京：中華書局，2003 年），卷三〈三禮・論宋儒掊
擊鄭學實本王肅而襲為己說以別異於注疏〉，頁 33、同卷〈三禮・論
王肅有意難鄭近儒辨正已詳五禮通考舍鄭從王俞正燮識之甚是〉，頁
35、清・孫星衍：《問字堂集》，卷一〈五廟二祧辨〉，《清經解》，
第九十八種，頁 6284、清・任啟運：〈朝廟宮室考〉，《清經解續
篇》，卷二一，頁 776、清・江藩：〈廟制議〉，《隸經文》，《清經
解續篇》，卷六五，頁 1916、清・徐養原：〈廟制辨〉，《頑石廬經
說》，《清經解續篇》，卷八三，頁 2718-2719、清・朱彬：《禮記訓
纂》（北京：中華書局，1998 年），卷十五〈喪服小記〉，頁 496、
清・鍾文烝：《春秋穀梁經傳補注》（北京：中華書局，1996 年），
卷十〈僖公十五年〉，頁 298、清・黃以周：《禮書通故》（臺北：華
世出版社，1976 年），卷十六〈宗廟禮通故〉，頁 421-422、清・秦蕙
田：《五禮通考》，卷五八〈吉禮五八・宗廟制度〉，頁 12、《周
禮》，卷三二〈春官・宗伯〉，頁 1255-1256、清・毛奇齡：《經
問》，卷七，《清經解》，第十七種，頁 1255、清・萬斯同：《廟制
圖考》，收錄於紀昀等人編：《景印文淵閣四庫全書》（臺北：臺灣商
務印書館，1983 年），頁 179-180、清・李慈銘：《越縵堂讀書記》
（瀋陽：遼寧教育出版社，2001 年），頁 63-64。

行情況。

　　需要補充說明的是：本文雖將研究範圍界定爲六朝，卻不是以東吳、東晉、南方四朝爲斷[35]，或魏、晉、南方四朝爲主[36]，而是根據文化角度來限斷[37]，因此，不僅上限斷自東漢中、末葉之交，也包括北朝。其次，若僅以「祀」爲題，研究範圍就必須涉及吉、凶二祭，是以特別強調「吉禮」二字。

　　從戰國儒生所規劃的大宗伯職司：

> 以吉禮事邦國之鬼、神、示。以禋祀祀昊天上帝，以實柴祀日月、星辰，以槱燎祀司中、司命、觀師、雨師。以血祭祭社稷、五祀、五嶽，以貍沈祭山林、川澤，以疈辜祭四方百物。以肆獻祼享先王，以饋食享先王：以祠春享先王，以禴夏享先王，以嘗秋享先王，以烝冬享先王[38]。

---

[35]　唐・許嵩：〈序〉，《建康實錄》（上海：上海古籍出版社，1987年），頁 1、宋・張敦頤：〈序〉，《六朝事蹟編類》（北京：中華書局，2012 年），頁 1-2，均以東吳、東晉、南方四朝皆建都於建康，故以之爲「六朝」。

[36]　章鈺：《校正資治通鑑》（臺北：文光出版社，1972 年），卷六九〈魏紀一・文帝・黃初二年〉，頁 2187-2188，司馬光爲了紀年便利，權以魏、晉、南方四朝爲序，故並稱其爲六朝。

[37]　拙作：《魏晉時期喪服禮議考》，第一章，第一節，頁 2，已經指出：所謂「文化角度來限斷」，乃是以「政治限斷與文化限斷並不相同，皇朝可於一朝易姓，並不代表觀念、學術、文化也會隨之迅疾的轉變，事實上，觀念的形成與普及，固然須待百年以上累積，它們被取代亦需數世而後然」，「如同《世說新語》材料收入的人物範圍最早可包括漢末陳蕃等人，最晚則至劉宋謝靈運」。

[38]　《周禮》，卷十八〈春官・大宗伯〉，頁 270。

可知：官方吉禮祭典的祭祀範圍包含了昊天上帝、日月、星辰、司中、司命、飌師、雨師等天神，以及社稷、五祀、五嶽、山林、川澤、四方百物等地示，歷代先王等人鬼。六朝人對於四方百物祭祀，並無爭議，可能是以其爲小祀，不甚重視。而日月、星辰、司中、司命、飌師、雨師等，主要是涉及六宗內容之爭。漢至隋的這段期間，關於六宗的具體內容，大約有十四家異說：

	主張者	六宗名目	出處
1	伏生、馬融	天、地、春、夏、秋、冬	《後漢書‧續漢志》卷八〈祭祀志中〉劉昭《注補》引
2	歐陽和伯、大、小夏侯、王充、李郃	六宗爲六位一體之神，處於天地四方之「中」	《後漢書‧續漢志》卷八〈祭祀志中〉劉昭《注補》引、《論衡校釋》卷二五〈祭意〉
3	晁錯、劉歆、孔光、王莽	乾坤六子：日、月、靁、風、山、澤	《漢書》卷二五下〈郊祀志〉、《後漢書‧續漢志》卷八〈祭祀志中〉劉昭《注補》引
4	孔安國、王肅	口、月、星、時、寒暑、水旱	《後漢書‧續漢志》卷八〈祭祀志中〉劉昭《注補》引
5	劉劭	太極沖和之氣：朝霞、正陽、飛泉、沆瀣、天氣、地氣	《晉書》卷十九〈禮志上〉
6	賈逵	天宗三：日、月、星地宗三：河、海、岱	《後漢書‧續漢志》卷八〈祭祀志中〉劉昭《注補》引
7	鄭玄、吳商、孟康	星、辰、司中、司命、風伯、雨師	《後漢書‧續漢志》卷八〈祭祀志中〉劉昭《注補》引
9	孟康引當時某一人的說法	天地間游神	《漢書》卷二五上〈郊祀志〉王先謙《補注》引孟康之說
10	司馬彪	天宗：日、月、星、辰、寒、暑地宗：社稷、五祀四方之宗：四時、五帝	《後漢書‧續漢志》卷八〈祭祀志中〉劉昭《注補》引

11	盧植、摯虞	〈月令〉所登載的「天宗」	《後漢書・續漢志》卷八〈祭祀志中〉劉昭《注補》引、《晉書》卷十九〈禮志上〉
12	張迪	六代帝王	《通典》卷四四〈禮四・沿革四・吉禮三・煙六宗〉杜佑〈試評〉引
13	張純、張髦	宗廟三昭三穆	《太平御覽》卷五八二〈禮儀部七・六宗〉、《後漢書・續漢志》卷八〈祭祀志中〉劉昭《注補》引
14	虞喜、劉昭	太社與五色土	《後漢書・續漢志》卷八〈祭祀志中〉劉昭《注補》引
15	北魏孝文帝	天皇大帝及五帝之神	《魏書》卷一百八之一〈禮志四之一〉

然而這部分的優劣得失，以及六朝實際施行的情況，皆已有周詳的研究成果[39]，故略而不談。

若根據傳說中的孔子闡釋：

> 先王患禮之不達於下也，故祭帝於郊，所以定天位也；祀社於國，所以列地利也；祖廟，所以本仁也；山川，所以儐鬼神也；五祀，所以本事也。……禮行於郊而百神受職焉，禮行於社而百貨可極焉，禮行於祖廟而孝慈服焉，禮

---

[39] 詳參清・全祖望：《經史問答》，卷二〈尚書答董秉純問〉，收錄於清・阮元編：《清經解》，頁 2382-2383、清・秦蕙田：《五禮通考》，卷五四〈吉禮五四・六宗〉，頁 17-18、王柏中：《神靈世界：秩序的建構與儀式的象徵——兩漢國家祭祀制度研究》（北京：民族出版社，2005 年），頁 138、濮傳真：《北朝二戴禮記學》（臺北：國立臺灣師範大學國文系博士論文，2002 年），第三章，第五節，頁 80-98。

> 行於五祀而正法則焉。故自郊、社、祖廟、山川、五祀，
> 義之脩而禮之藏也[40]。

既然教化爲祭祀的根本[41]，官方又是透過郊、社、宗廟、山川、五祀等祭祀活動來馴服臣、民，官方祭典當然會以這五個受祭對象爲要。本應以此五者爲研究對象，卻僅取郊、社、宗廟三者，不僅其爲「三才」[42]的祭祀代表，也因六朝官方祭典中的山川、五祀部分，均受限於材料不足，因而難以獨立出一個章節討論。

以山、川祭典而言，其範圍有廣、狹之分，廣義包含了天下所有的名山大川，狹義則單指五嶽與四瀆等群山、眾川之首。今雖可見商王親禱山、川[43]、河[44]、岳[45]的卜辭，不過，既然是禱

40　《禮記》，卷二二〈禮運〉，頁 437-438。

41　《禮記》，卷四九〈祭統〉，頁 324：「祭者教之本也。」

42　唐・孔穎達：《周易正義》（臺北：藝文印書館，2001 年；以下簡稱《周易》），卷九〈說卦〉，頁 183。

43　包含洹水、渦水、滴水等祭祀。見陳夢家：《殷虛卜辭綜述》（北京：中華書局，1988 年），頁 597、常玉芝：《商代宗教祭祀》（北京：中國社會科學出版社，2010 年），頁 163-165。

44　胡厚宣主編：《甲骨文合集釋文》（北京：中國社會科學出版社，1999年；以下簡稱《合集》），河的祭祀如：「于河乘年」（《合集》10080）、「貞乘年于河」（《合集》10082）、「其乘年于河，此又雨」（《合集》28258）、「……河夐五小牢」（《合集》34244）。不過，河並非純粹自然神祇，往往又參雜祖先神的性質，是以常玉芝：《商代宗教祭祀》，頁 81，以「祖先河神」一詞論之。

45　從「丙寅卜，其夐于岳，雨。」「……山，雨。」（《合集》34199），顯示卜辭中的山、岳兩者乃是不同的受祭對象，屈萬里：〈岳義稽古〉，《書傭論學集》（臺北：聯經出版事業公司，1984年），頁 305，比對傳世文獻與卜辭資料，判斷卜辭中的岳是指太岳

祠，就屬特祭，一如漢武巡祭天下的名山大川[46]，或者北魏太武帝南征，「逕恒山，祀以太牢；浮河、濟，祀以少牢；過岱宗，祀以太牢」[47]，都不是常態性的固定祭典。

　　按理，天子不大可能每年固定在某些時間，到處去祭祀天下名山大川，因此《尚書》卷三〈舜【堯】典〉才說：

　　　　望于山川，徧于羣神。

六朝以前，確實也是用「望」的方法來祭祀天下的名山大川，如東漢章帝元和三年（86）「望祀華、霍」[48]二山，北魏明元帝泰常四年（416）「望祀恒岳」，北魏文成帝和平元年（460）「望祀醫無閭山」[49]，隋文帝開皇十五年（595）「望祭五嶽、海、瀆」[50]等。也因爲是遙祭，天下的名山大川中的五岳、四瀆是否在他們實際統轄範圍之內，就不會構成太大的問題，是以梁令郡國有五岳、四瀆者，才設置祠官，分別於孟春、仲冬之時奉祀[51]。而

山。而彭裕商：〈卜辭中的「土」、「河」、「岳」〉，收錄於宋鎮豪、段志洪主編：《甲骨文文獻集成》（成都：四川大學出版社，2001年），第 30 冊，頁 390-391，推測卜辭中的岳指的是嵩山。

46　唐・張守節正義：《史記》（臺北：藝文印書館，1972 年），卷十二〈武帝本紀〉，頁 219，太史公曾提過他曾跟隨漢武帝「巡祭天、地諸神，名山、川而封禪焉。」

47　《魏書》，卷一百八之一〈禮志四之一〉，頁 1313。

48　《後漢書》，卷三〈孝章帝本紀・元和三年〉，頁 83。

49　《魏書》，卷一百八之一〈禮志四之一〉，頁 1313。

50　《隋書》，卷二〈高祖本紀下・開皇十五年〉，頁 30。

51　《隋書》，卷七〈禮儀志二〉，頁 80。

北魏明元帝在桑乾水之陰，直接立了座五岳、四瀆廟，春、秋二
季之時，遣使祭祀[52]。從東晉、南方四朝、北魏、北齊郊祀祭地
時，都將五岳、四瀆列入從祀對象[53]，其中，北齊方丘的從祀對
象，不在國境內的南方山、川的數量，甚至比北方山、川還要多
[54]，更加肯定了當時官方確實不曾理會祭祀不屬於統轄範圍內名
山大川的矛盾。

　　另從《周禮》卷二二〈春官‧大司樂〉：

　　　乃奏姑洗，歌南呂，舞大磬，以祀四望；乃奏蕤賓，歌函
　　　鍾，舞大夏，以祭山川。

顯示四望與山川是兩種不同的祭典，六朝人的觀念似乎也是如此
[55]。然而五岳、四瀆到底應該隸屬四望，或山川的祭典，這個問
題則涉及對於四望內容的解釋。因傳世文獻不曾具體地記載四望
的內容，故漢代經學家為此爭議不休，其異說大約可歸納為四：

---

[52]　《魏書》，卷一百八之一〈禮志四之一〉，頁 1312。

[53]　詳參梁‧沈約：《宋書》（臺北：藝文印書館，1972 年），卷十六
　　　〈禮三〉，頁 216、《魏書》，卷一百八之一〈禮志四之一〉，頁
　　　1310、《隋書》，卷六〈禮儀志一〉，頁 65-67。

[54]　朱溢：〈漢唐間官方山嶽祭祀的變遷──以祭祀場所的考察為中心〉，
　　　《東吳歷史學報》第 15 期（2006 年 6 月），頁 82，指出北齊的情況似
　　　乎有宣示政權存在合法性的意義。

[55]　梁‧蕭子顯撰：《南齊書》（臺北：藝文印書館，1972 年），卷九
　　　〈禮志上〉頁 75，何佟之據此認為這標示了「天、地為大祀，四望為
　　　次，山川為小祀」之別。

主張者	名目	備註
鄭眾[56]、王莽[57]	日、月、星、海	包含天、地神祇
鄭玄	五岳、四鎮、四瀆	只包含地祇
	四方之祭祀	不是單一對象的祭祀
許慎	日月、星辰、河海、大山[58]	包含天、地神祇

鄭眾、王莽、許慎等人的說法，似乎是以天、地合祭爲基礎（詳後文）。不過，若以卜辭「四土」[59]爲東、西、南、北四方的土地[60]，以及《公羊傳》卷十二〈僖公三十一年〉：

> 天子有方望之事，無所不通。

「方」可能一如《毛詩》：「以社以方」[61]中的方土之神（詳後文），似乎也就是〈月令〉中的「四方之神」[62]，這樣「無所不通」的祭典，當如賈公彥所說，乃沒有特定對象，遙祭四方地祇的祭典[63]，可能也與《左傳》中，郊而後「望」所遙祭的對象相

56 　《周禮》，卷十八〈春官・大宗伯〉，頁 284，鄭《注》。

57 　《漢書》，卷二五下〈郊祀志〉，頁 565。

58 　元・馬端臨：《文獻通考》（臺北：臺灣商務印書館，1983 年），卷八三〈郊社考十六・祀山川・周〉，頁 753。

59 　例如：「□申卜……四土……宗」（《合集》33272）。

60 　此乃是目前學界的共識。詳參陳夢家：《殷虛卜辭綜述》，頁 319、常玉芝：《商代宗教祭祀》，頁 144-145。

61 　唐・孔穎達：《毛詩正義》（臺北：藝文印書館，2001 年；以下簡稱《毛詩》），卷十四之一〈小雅・甫田之什・甫田〉，頁 468。

62 　《禮記》，卷十六〈月令〉，頁 319。

63 　《周禮》，卷十八〈春官・大宗伯〉，頁 285，賈《疏》：「四望者，不可一往就祭，當四向望，而為壇遙祭之，故云四望也。」

同[64]。洵如是，鄭眾、王莽、許愼等人的說法，似乎不如鄭玄以「四方之祭祀」[65]爲四望，以及東晉成帝別立北郊祭典，不僅將五岳、四瀆列爲從祀對象，同時也將四望納入從祀行列的作法[66]（詳後文）。

麻煩的是，鄭玄卻又在同一本書中，具體地以五岳、四鎮、四瀆爲「四望」的內容[67]。縱使可以用五岳、四鎮、四瀆皆爲四方地祇的代表來疏通[68]，這一異說已經造成混淆，卻也是事實。因此，梁武帝天監六年（507），才會有人依照鄭說，以五岳、四鎮、四瀆爲「四望」內容，而以爲「北郊有岳、鎮、海、瀆之座，而又有四望之座，疑爲煩重」，並建議官方北郊祭典的從祀行列，省除四望之座。當時雖有觀念比較清楚的徐勉、朱异等人以爲：四望乃指遙望四方地祇，並非專指祭祀五岳、四瀆等特定山川地祇，予以反對，卻沒有被採納[69]。這個爭議，雖歷經十年才決斷[70]，可惜：當時的論辯，史料記載相當簡略，無法針對這

---

[64] 《左傳》，卷十七〈僖公三十一年〉，頁 287：「望，郊之細也，不郊亦無望，可也」，卷二一〈宣公三年〉，頁 367：「望，郊之屬也，不郊亦無望，可也」、《文獻通考》，卷六八〈郊社考一‧郊一‧周一‧諸儒言郊祭羣神從祀之是非〉，頁 619，引《大戴禮‧三正記》：「郊後必有望」。按：今本無此文。

[65] 《周禮》，卷十二〈地官‧舞師〉，頁 190，鄭《注》。

[66] 《宋書》，卷十四〈禮志一〉，頁 175。

[67] 《周禮》，卷十八〈春官‧大宗伯〉，頁 284，鄭《注》

[68] 周何：《春秋吉禮考辨》（臺北：嘉新水泥公司文化基金會，1970年），頁 70。

[69] 《隋書》，卷六〈禮儀志一〉，頁 62，記載梁北郊的從祀行列，也將四望排在其中。這可能是按未改制前的舊例。

[70] 《隋書》，卷六〈禮儀志一〉，頁 63，朱异議曰：「望是不即之名，

個課題再進一步細論。

　　至於五祀的祭典，雖然鄭玄根據〈大宗伯〉的記載而以爲：既然「五祀」被列位於社稷與五嶽兩者之間，顯示「五祀」與社稷、五嶽同屬地祇。鄭玄因而將之解釋爲「五官之神」[71]。然而根據前面孔子「五祀，所以本事」的說法，五祀顯然是指家宅中的門、戶、行（井）、竈、中霤等五種保護神[72]。而且從戰國的

　　豈容局於星、海，拘於岳、瀆。」明山賓曰：「〈舜典〉云：『望于山川』。《春秋（左）傳》曰：『江、漢、沮、漳，楚之望也』。而今北郊設岳鎮海瀆，又立四望，竊謂煩瀆，宜省。」徐勉曰：「岳、瀆是山川之宗。至於望祀之義，不止於岳、瀆也，若省四望，於義為非。」議久不能決。至（天監）十六年（517），有事北郊，帝復下其議。於是八座奏省四望、松江、浙江、五湖等座。

71　《周禮》，卷十八〈春官‧大宗伯〉，頁 270，鄭《注》。

72　若按《禮記》，卷四六〈祭法〉，頁 801：「王為羣姓立七祀：曰司命、曰中霤、曰國門、曰國行、曰泰厲、曰戶、曰竈，王自為立七祀；諸侯為國立五祀：曰司命、曰中霤、曰國門、曰國行、曰公厲，諸侯自為立五祀；大夫立三祀：曰族厲、曰門、曰行；適士立二祀：曰門、曰行；庶士、庶人立一祀：或立戶，或立竈。」是以這個系統的儒生，按照階級意識規劃了天子各自為人與為己，分立司命、中霤、國門、國行、泰厲、戶、竈等七種家宅之神祭祀，不過，按卷十七〈月令〉，頁 342，天子「臘，先祖、五祀」，顯示還有另一個系統，主張天子只祭五祀。由於《世本》曾說：「湯作五祀」，「戶、井、竈、中霤、行；至周而七，曰：門、行、厲、戶、竈、司命、中霤」，分見宋‧羅泌：《路史》，收錄於王雲五主編：《四庫全書珍本》（臺北：臺灣商務印書館，1979 年），卷四一〈餘論四〉，頁 3a、宋‧高承：《事物紀原》，收錄於王雲五主編：《四庫全書珍本》（臺北：臺灣商務印書館，1982 年），卷二，頁 17a，所引，故鄭玄於卷五〈曲禮下〉，頁 97，又得以他一貫三代異制的手法來疏通，說：五祀為殷制，七祀為周制，且殷禮無社會等差制度；周制始因社會階級而隆殺。《五禮通

《包山楚簡》、《望山楚簡》、《九店楚簡》、《新蔡葛陵楚簡》、《秦家嘴楚簡》、睡虎地秦簡中的《日書》[73]、《禮記・

考》，卷五三〈吉禮五三・五祀〉，頁 2，以〈祭法〉之說與諸經不合，而認為其說「不足信。康成反以為周制，而以天子祭五祀為商制，惑矣。」否定〈祭法〉登載的批判，其實倒不如將此現象解釋為中國幅員廣大，各地、各國祭祀家宅神的目數不同，那些戰國儒生又不過是根據自己片面的知識來規劃禮制。況且，按照鄒濬智：《西漢以前家宅五祀及其相關信仰研究——以楚地簡帛文獻資料為討論焦點》（臺北：國立臺灣師範大學國文學系博士論文，2008 年），第一章，第二節，頁 10-17，對於戰國楚簡五祀的祭祀對象分析，顯示同個地區的上、下各個階層都有五祀信仰。若依此，鄭玄說周制有社會階級的隆殺，可能有誤。就實際情況而言，兩漢以降，並沒有看到官方落實天子各自為人與為己立七祀的作法，往往只有五祀祭祀，例如：《後漢書・續漢志》，卷九〈祭祀志下〉，頁 1162，東漢「國家亦有五祀之祭，有司掌之，其禮簡於社稷」、唐・杜佑：《通典》（北京：中華書局，2003 年），卷五一〈禮十一・沿革十一・吉禮十・天子七祀〉，頁 1421，杜佑說曰引曹魏秦靜說：「（魏）武帝始定天下，興復舊祀，造祭祀門、戶、井、竈、中霤」、《魏書》，卷一百八之一〈禮志四之一〉，頁 1318，北魏孝文帝詔令明堂的門、戶、井、竈、中霤等祭祀為祀典之一。說明了鄭玄的說法也與實際情況有出入。

73 例如，陳偉等著：《楚地出土戰國簡冊（十四種）》（北京：經濟科學出版社，2009 年），《包山 2 號墓簡冊》，頁 93-95：「賽於行，一白犬」（簡 208）、「與禱宮行，一白犬」（簡 210）、「賽禱行，一白犬」（簡 219）、「與禱宮行，一白犬」（簡 229）、「與禱行，一白犬」（簡 233）；《望山 1 號墓簡冊》，頁 272、275：「禱宮行，一白犬」（簡 28）、「北子、禁（行）【既】□」（簡 115）、「遡禱禁（行），白犬」（簡 119）；《九店 56 號墓簡冊》，頁 308：「利以祭門、禁（行）」（簡 28）；《新蔡葛陵 1 號墓簡冊》，頁 403：「臺（就）賽禱行一犬」（甲三 56）、「遠（就）賽禱行一犬」（乙一 28）。晏昌貴：〈秦家嘴「卜筮祭禱」簡釋文輯校〉，《湖北大學學

祭法》[74]、《呂氏春秋》[75]等記載，可知：秦代以前，乃是祀行
不祭井。至漢方廢行，而祀井[76]。祭井不祭行的原因，漢臣與王
充分別以冬以水而王[77]，以及「井、竈人所飲食」[78]作爲理由。

另者，漢、魏時期所流行的〈月令〉原作「祀其井」，而非

報·哲學社會科學版》第 1 期（2005 年），頁 13，秦家嘴 M99 墓：
「賽禱行一白犬」（簡 1）。劉樂賢：〈睡虎地秦簡《日書》的注釋與
疏證〉，《睡虎地秦簡日書研究》（臺北：文津出版社，1994 年），
頁 23，〈除篇〉：「害日，利以除凶屬，兌（說）不羊（祥）。祭
門、行，吉。……」（5 正貳）、頁 122，〈祭祀篇〉：「祠行良日，
庚申是天昌，不出三歲必有大得」（79 正貳）。顯示了當時流行的是
門、戶、行、竈、中霤等五種家宅之神的祭祀。另參楊華：〈五祀祭禱
與楚漢文化的繼承〉，《新出簡帛與禮制研究》（臺北：臺灣古籍出版
社，2007 年），頁 117-134、鄔濤智：〈西漢以前家宅五祀及其相關信
仰研究——以楚地簡帛文獻資料爲討論焦點〉，第一章，第二節，頁
10-13、曲冰：〈試論上博四《內禮》中的「五祀」與簡文的釋讀〉，
《古籍整理研究學刊》第 2 期（2009 年 3 月），頁 70-71。

74 《禮記》，卷十七〈月令〉，頁 341、卷二三〈祭法〉，頁 801。

75 陳奇猷：《呂氏春秋校釋》（臺北：臺灣古籍出版社，2007 年），卷
十〈孟冬紀〉，頁 515。

76 宋·李昉等編撰：《太平御覽》（臺北：臺灣商務印書館，1997
年），卷五二九〈禮儀部八·五祀〉，頁 2528，摘錄曹魏高堂生說：
「祭井自漢」。文獻登載也確實是如此，例如：《漢書》，卷二五上
〈郊祀志〉，頁 537：「大夫祭門、戶、井、竈、中霤五祀」、清·陳
立：《白虎通疏證》（北京：中華書局，1997 年），卷二〈五祀〉，
頁 77：「五祀者，何謂也？謂門、戶、井、竈、中霤」、黃暉：《論
衡校釋》（北京：中華書局，1995 年），卷二五〈祭意〉，頁 1059：
「五祀，報門、戶、井、竈、室中霤之功」。

77 《白虎通疏證》，卷二〈五祀〉，頁 80。

78 《論衡校釋》，卷二五〈祭意〉，頁 1059。

「祀其行」[79]，鄭玄注〈月令〉時，將「祀其井」改作「祀其行」[80]。似乎是受到鄭《注》影響，魏、晉時期出現了五祀到底要祀行或祭井的爭議。宗鄭之說的高堂生以爲：井的祭祀層級是小祀，五祀的祭祀層級是中祀，「祭井自從小類」，宜除井而祀行。依循漢舊制的傅玄、袁準大抵都認爲：多行水德，若不祭祀與水有關的井，乃「非其類也」[81]。六朝實際的情況大抵從漢制，祭井不祀行[82]，唯有隋改從鄭說，祭行不祀井[83]。五祀的爭議，大抵如此。六朝官方祭典中的五祀材料不甚詳備，且比較能夠發揮的思想議題，早已有豐碩的研究成果[84]，因此也不列入討論範圍內，而僅以郊祀、社祭、廟享等相關課題爲主[85]，將主要

---

[79] 《白虎通疏證》，卷二〈五祀〉，頁 77，引當時〈月令〉爲「祀其井」、《太平御覽》，卷五二九〈禮儀部八・五祀〉，頁 2528，摘錄曹魏秦靜說：「今〈月令〉謂行爲井，是以時俗或廢行而祀井」，顯示：漢、魏年間所流行的〈月令〉與今本不同。

[80] 《白虎通疏證》，卷二〈五祀〉，頁 77，陳立疏證。

[81] 《通典》，卷五一〈禮十一・沿革十一・吉禮十・天子七祀〉，頁 1420-1421，杜佑說曰所引。

[82] 《通典》，卷五一〈禮十一・沿革十一・吉禮十・天子七祀〉，頁 1421，杜佑說曰引曹魏秦靜說、《魏書》，卷一百八之一〈禮志四之一〉，頁 1318，北魏孝文帝詔令。

[83] 《隋書》，卷七〈禮儀志二〉，頁 77。

[84] 關於五祀祭典的研究現況，可參鄭漄智：《西漢以前家宅五祀及其相關信仰研究——以楚地簡帛文獻資料爲討論焦點》，第一章，第三節，頁 17-23。

[85] 須要補充說明的是：與祭天有關的祭典，尚有封禪。雖然曹魏明帝、西晉武帝、劉宋文、孝武二帝、隋文帝等均曾意圖舉行這項大典，最後，或因天下尚未統一，或因突發戰事，或因不敢貿然行事等緣故，而打消念頭。如此，當然也無法將封禪祭祀列入研究範圍。其次，若真要論及

內容分為四部分：一、以郊祀為題，先是梳理儒門經典文獻中所有涉及郊、禘的記載，並依此分析在周人的觀念中，郊、禘這兩種祭典的異同。爾後探討鄭、王對於郊、禘課題，上帝為六或一，以及圜丘、郊天之祭是一是二的建構之差異。再者，分析鄭、王對於郊、禘課題相關的經、傳文字之解釋，並且根據前面的研究成果，平議鄭、王之爭。最後，根據圖表以祭祀對象、地點、月份與間隔時間為題，詳析兩漢、六朝官方郊祀實際施行的情況，同時也藉此說明六朝官方在落實郊祀禮制時，各朝各代對於鄭、王之說的取捨。二、以社祭為題，結合了出土文獻與傳世史料，比較土與地，地與社，社與后土之間的差異。接著分析鄭、王對於社祭的建構，並且藉此說明六朝官方在落實社祭禮制時，各朝各代對於鄭、王之說的取捨。之後則是爬考了傳世史料中有關天子社數的規範，同時根據出土文獻界定了大社與王社的

吉禮祭祀所帶來的教化功能，祭孔的祠祀，可能相形更為重要，然祭孔此一課題的研究已經相當多，例如：明・瞿九思：《孔廟禮樂考》（揚州：廣陵古籍刻印社，1991 年）、高明士：〈皇帝制度下的廟制系統——以秦漢至隋唐作為考察中心〉，《文史哲學報》（1993 年 6月），頁 87-95、彭林：《中國古代禮儀文明》（北京：中華書局，2004 年），頁 254-266、郭永吉：《自漢至隋皇帝與皇太子經學教育禮制蠡測》（新竹：國立清華大學中國文學系博士論文，2005 年），第五章，第二節，頁 110-123、李紀祥：〈祭孔之史的起源與演變——以孔子為軸的興學與立廟〉，收錄於李朝明主編：《孔子學刊》第 2 輯（上海：上海古籍出版社，2011 年）、劉續兵：〈釋奠禮與文廟祭祀的合流及其文化意涵〉，收錄於李朝明主編：《孔子學刊》第 2 輯、李申主編：《釋奠孔子文獻與圖說・歷代釋奠禮儀圖說・歷代釋奠釋菜禮儀圖說》（北京：國家圖書館出版社，2012 年），頁 115-152。故本文也不將祭孔的祠祀列入研究範圍。

意義。最後，則是分析六朝以前有關天子社數的議論與實際施行情況。三、以廟享爲題，分析鄭、王對於周天子宗廟總數多於前朝之解釋，並且根據「尊尊」與「親親」的原則，平議鄭、王學之爭。隨後探討先秦本是以七廟制得勢，兩漢變成以五廟制得勢，六朝雖改以七廟制爲主，卻因稱祖、稱宗者，其廟不迭毀的罅漏，另闢蹊徑地使得七廟僅意味著至少七廟遷毀的議論過程。緊接著觀察當客觀環境丕變，六朝人如何解決兄弟相及時，宗廟神主昭、穆列序的問題。最後結合出土與傳述史料，界定宗廟祫、禘祭祀的意義，也藉此平議鄭、王之爭。同時觀察六朝人如何解決天子宗廟殷祭的祭祀年、月等相關問題。四、以與官方吉禮祭祀相關的特殊課題爲題，先是討論六朝后妃神主入廟配享以及諸侯宗廟的課題。最後從巫術思維分析血祭的意涵，以及先秦至六朝這段期間血祭到蔬供的變革。

第二章 郊 祀

　　郊祀乃象徵著王權，歷朝各代官方對此莫不重視。儒門郊祀的詮釋往往涉及禘祭，兩者關係與其異同，則眾說紛紜，其中又以鄭、王二說最為人所尚，然而孰是孰非，卻難以論斷。所幸近年來出土的文獻資料數量上相當可觀，某一程度上修正、補充了傳述史料的記載，本章依此結合了出土文獻及傳述史料，先是重新梳理儒門經、傳中郊、禘的異同，並據此研究成果，嘗試解決了千載以降經學界爭論不休的郊、禘課題。最後，透過六朝各代官方對於鄭、王之說的取捨，窺探當時禮制實際施行情況，企圖以此彌補現今六朝禮制施行情況研究成果的不足。

第一節　儒門經、傳中的郊、禘

　　以對象而言，《春秋》經、傳的「禘」，雖然背景方面有喪終返吉、平常等之別，規模方面有合祭或各獨祭之異，舉行時間有不固定與固定之殊，但這都是祭人鬼的（詳後文）；「郊」則都是祭天神的，而且是以天神中的至上神——上帝為主要受祭對象。以地點而言，《春秋》經、傳的「禘」都在室內；「郊」，顧名思義，即可知，必在戶外，正因在戶外，視野開闊，所以不

郊之後，仍可「三望」[1]，而三望的對象——名山大川與上帝都屬於天神系統。誠然，從《毛詩》卷十九之二〈周頌・清廟之什・思文〉：

思文后稷，克配彼天。

《公羊傳》卷十五〈宣公三年〉：

養牲養二。卜帝牲不吉，則扳稷牲而卜之。帝牲在于滌三月；於稷者，唯具是視。郊則曷為必祭稷？王者必以其祖配。王者則曷為必以祖配？自內出者，無匹不行；自外至者，無主不止。

「郊」祭的對象也會涉及祖先，但既說「配」，可見：受祭的主體是天神，非人鬼，所以需要後者，爲的是讓前者有憑依。

何啻《春秋》經、傳，上述「禘」、「郊」的分野仍呈現於《禮記》。如卷三一〈明堂位〉：

祀帝于郊，配以后稷……以禘禮祀周公於大廟。

卷四九〈祭統〉：

---

[1] 《左傳》，卷十七〈僖公三一年〉，頁 286：「四卜郊，不從，乃免牲，猶三望」、卷二一〈宣公三年〉，頁 366：「牛死，乃不郊，猶三望」、卷二六〈成公七年〉，頁 443：「不郊，猶三望」。

> 周公既沒，成王、康王追念周公之所以勳勞者，而欲尊
> 魯，故賜之以重祭，外祭則郊、社是也；內祭則大嘗、禘
> 是也。

清楚顯示：「禘」的對象是人鬼——周公，屬於「內祭」，所以
舉行地點「於大廟」；「郊」的對象是「帝」，屬於「外祭」，
所以舉行地點「於郊」[2]。春秋中葉，孟獻子將舉行禘祭的時間
改爲「七月日至」，以便與「正月日至」的郊祭相對，主要原因
就是前者「有事於祖」，後者「有事於上帝」[3]，受祭對象的性
質既有別，則按照一年分爲春、秋兩半的古老傳統，於上、下半
年的首月分別舉行這兩種祭典，可將此疆彼界彰顯得更清楚。卷
五十〈仲尼燕居〉說：

> 子曰：「郊、社之義，所以仁鬼、神也；嘗、禘之禮，所
> 以仁昭、穆也……明乎郊、社之義，嘗、禘之禮，治國其
> 如指諸掌而已乎？」

卷五二〈中庸〉說：

> 子曰：「……郊、社之禮，所以事上帝也；宗廟之禮，所

---

[2] 《禮記》，卷二六〈郊特牲〉，頁 497，曾特別說明這個祭典所以如此
命名，是因爲祭祀地點「於郊，故謂之郊」。根據祭祀地點的差異，可
將這兩類祭典所要用的禮服與事項概括爲「郊、廟之服」、「郊、廟之
事」。見卷十五〈月令〉，頁 304、308、卷十七〈月令〉，頁 338。

[3] 《禮記》，卷四三〈雜記下〉，頁 751。

> 以祀乎其先也，明乎郊、社之禮，嘗、禘之義，治國其如
> 示諸掌乎？」

禘、嘗在「宗廟」中舉行，對象是祭祀者的祖「先」，互文見
義，則郊、社必不在室內，對象乃「上帝」所代表的自然神明。
「禘」、「郊」二禮本來非常斬截分明。這兩段文字顯然是同一
來源，格外可以顯示：對上帝這類「鬼、神」與對列「昭」列
「穆」這些「先人」的祭典是並行的兩類，乃儒門通義，所以才
會被儒者不約而同地稱引。某位儒生唯恐人會因為郊祭的時候，
有人鬼配享，而分不清彼此的性質差異，所以特別提醒要注意：
對待受祭者與配享者的用牲，分別有嚴謹與簡易的差異，如前引
《公羊傳》所示，是希望藉此來區「別事天神與人鬼也」，以表
明：郊祭的核心要義是「明天道也」[4]。卷二一〈禮運〉稱引孔
子曰：

> 魯之郊、禘非禮也……杞之郊也，禹也[5]；宋之郊也，契
> 也，是天子之事守也，故天子祭天、地；諸侯祭社、稷。

下文僅言「郊」，不言「禘」，如同前面引文中，每每言「郊、
社」，下文卻僅涉及「郊」的對象：上帝，不涉及后土，情形一
致。郊、社祭祀的對象不同，則郊、禘亦然，所以孔穎達以宗廟

4　《禮記》，卷二六〈郊特牲〉，頁 499。

5　對照《左傳》，卷四四〈昭公七年〉，頁 762，記載子產曰：「昔堯殛
　　鯀于羽山，其神為黃熊，以入于羽淵，實為夏郊，三代祀之」，以禹為
　　夏代郊祭的配享者，恐乃後世之說。

中禘祭時，「躋僖公」於閔公神主之上，說明魯禘失禮[6]。

　　然而也正是在《禮記》中，披露可能逸出上述二分者的線索。卷三四〈大傳〉：

> 禮，不王不禘。王者禘其祖之所自出，以其祖配之。諸侯
> 及其大祖；大夫、士有大事，省於其君，干祫及其高祖[7]。

強調的是受祭對象的遠近因祭祀者的身分階層而隆殺。對照《儀禮》卷三十〈喪服・齊衰期・傳〉：

> 都邑之士則知尊禰矣；大夫及學士則知尊祖矣；諸侯及其
> 大祖；天子及其始祖之所自出。

強調的是尊統的範圍因當事人的身分階級及文化教養而有或「上」或「下」[8]之別。二者論述重心雖不一，但都在人的系統內，則〈大傳〉所說的「祖」，也就是〈喪服・傳〉所說的「始祖」，應該是既知世系中最早的祖先；「始祖之所自出」不過是指某位遠祖，雖然無法明確說明始祖與他之間隔了多少代、每代祖先的名字爲何，但傳說中始祖是他的後裔，則「禘」仍然是祭

6　《左傳》，卷十八〈文公二年〉，頁 300-301。

7　《禮記》，卷三二〈喪服小記〉也有這段話，但拆作兩半，分別見於頁
　　592、594。

8　唐・賈公彥：《儀禮注疏》（臺北：藝文印書館，2001 年；以下簡稱
　　《儀禮》），卷三十〈喪服・齊衰期〉，頁 358，鄭《注》：「上，猶
　　遠也；下，猶近也。」

人鬼祭典的稱謂。不過，按照上古的文化思維，一個氏族的始祖往往具有濃厚的神性色彩。《毛詩》卷二十之四〈商頌・長發〉：

> 有娀方將，帝立子生商。

卷十七之一〈大雅・生民之什・生民〉：

> 時維姜嫄。生民如何？克禋克祀，以弗無子。履帝武敏歆，攸介攸止，載震載夙，載生載育，時維后稷。

何況傳說中的遠祖？則將「祖之所自出」解讀為超自然、有位格的根源，如鄭玄注解上面那兩句話時，或「謂郊祀天也」，或「謂祭天也」，並不是非常異義可怪之論。何況從甲骨卜辭來看，作為祭典名稱的「帝」與作為至高神的「帝」同作𤓅、𤓅、𤓅、𤓅。按照漢語一字兼具動、名兩種詞性的慣例[9]，可以合理推斷：上帝之所以有此稱謂，正是因為以「帝」這種方式祭祀所致[10]。換言之，除了以祖先為受祭對象的「禘」，認為另有一種與

9　另參陳麒仰：《與巫術相關之周代部分禮俗探賾》（新竹：國立清華大學中國文學系博士論文，2010 年），第五章，第一節，頁 83-84。

10　清・金鶚：〈禘祭考〉，《求古錄禮說七》，《清經解續篇》，卷一百二，頁 3207，其按「禘」從「帝」的字形，認為「禘」是祭祀天帝的祭典。劉源：《商周祭祖禮研究》，頁 66，認為金鶚的說法不是很妥當，他以為：甲骨文中的「禘」，一般作「𤓅」，與上帝之「帝」作「𤓅」不同。然而學界對於甲骨文中𤓅與𤓅兩字皆可隸定為「帝」，且可相通，已是定見，如王輝：〈殷人火祭說〉，收錄於宋鎮豪、段志洪

「郊」同類，以天神爲主要受祭對象的「禘」，並非戰國儒生嚮壁虛構，或淆亂名實，確實其來有自。後續的問題僅在於：同樣是祭上帝，也同樣以人鬼配享，「禘」、「郊」究竟是一祭二名，還是兩種祭典。對照《禮記》卷四六〈祭法〉：

> 有虞氏禘黃帝而郊嚳，祖顓頊而宗堯[11]；夏后氏亦禘黃帝而郊鯀，祖顓頊而宗禹；殷人禘嚳[12]而郊冥，祖契而宗湯；周人禘嚳而郊稷，祖文王而宗武王。

《國語》卷十八〈楚語下〉：

> 郊、禘不過繭栗；烝、嘗不過把握。

「烝」非「嘗」，但都是時祭，只是舉行時間不同，則「郊」亦非「禘」，但作爲祭天神的典禮，二者本質一致，差異僅在配享

主編：《甲骨文獻集成》，第 30 冊，頁 401，所梳理並歸納卜辭中眾多個「帝」字形時的總結：帝「中間的⊢、一都是口的譌變。在古文字中，口每可寫作一，如……凡此可證明⊢、一口在古文字中有時是可以相通的」、徐中舒：《甲骨文字典》（成都：四川辭書出版社，1998 年），頁 24：「禘由祭天而引申爲天帝之帝。帝字多从⊢作𥚃，禘字多从口作𥚃，但亦通用。」

11　徐元誥：《國語集解》（北京：中華書局，2002 年），卷四〈魯語上〉，頁 159，有虞氏是「郊堯」而非「郊嚳」，「宗舜」而非「宗堯」。

12　《國語集解》，卷四〈魯語上〉，頁 160，商人是「禘嚳」，而非「禘舜」。

的祖先有別。

　　戰國中葉撰成的《周禮》既沒有提到對象乃人鬼的「禘」祭，也僅有一處提到「郊祀」：

　　　　郊祀，裘冕二人執鷁，送逆尸，從車[13]。

它似乎是另一系統。卷二二〈春官‧大司樂〉說：

　　　　冬日至，於地上之圜丘奏之，若樂六變，則天神皆降，可得而禮矣。

上帝當然是天神之一。祭上帝的地點為圜丘，與《春秋》所暗示、《禮記》所明說的「祭帝於郊」、「饗帝於郊」、「祀帝於郊」[14]並不衝突，因為宮室範圍內不可能出現丘，圜丘必然在戶外，《周禮》只是更指明清楚要選用郊區什麼樣的地形[15]。《周書》[16]卷五〈作雒〉：

---

[13] 分見《周禮》，卷三一〈夏官‧節服氏〉，頁 475。卷二五〈春官‧小祝〉，頁 391：「有寇戎之事，則保郊祀于社」，鄭《注》：「保、祀互文，郊、社皆守而祀之」，則「郊祀」並非一詞。

[14] 《禮記》，卷二二〈禮運〉，頁 438、卷二四〈禮器〉，頁 470、474。

[15] 《周禮》，卷二二〈春官‧大司樂〉，頁 434，賈《疏》：「《爾雅》：『土之高者曰丘。』……既取自然之丘，則未必要在郊，無間東、西與南、北方皆可。」按：這是為了配合鄭玄的建構：祭感生帝於南郊；祭昊天上帝於圜丘，而為之辭。

[16] 世俗習慣稱此書為《逸周書》，非是。詳參黃沛榮：〈前言〉，《周書研究》（臺北：臺灣大學中文系博士論文，1976 年），頁 4-5。

乃設丘兆于南郊，以祀上帝，配以后稷，日月、星辰、先
王皆與食。

既說祭壇要設「于南郊」，而且是在南郊的「丘」上，堪爲明
證。祭天神部分較特殊的見於卷六〈天官・掌次〉說：

王大旅上帝，則張氈案，設皇邸……祀五帝，則張大次、
小次，設重帟重案。

卷二一〈春官・司服〉說：

祀昊天上帝，則服大裘而冕；祀五帝，亦如之。

雖然從甲骨卜辭來看：

貞帝于北方曰〔夗〕[17]……。

貞帝于南方曰岜[18]……。

貞帝于東方曰析……。

---

[17] 曹錦炎、沈建華編著：《甲骨文校釋總集・甲骨文合集》（上海：上海
辭書出版社，2006 年），卷五，頁 1701，將「〔夗〕」校改釋為
「〔伏〕」。

[18] 曹錦炎、沈建華編著：《甲骨文校釋總集・甲骨文合集》，卷五，頁
1701，將「岜」校改釋為「岜」。

　　　　貞帝于西方曰彝……。（《合集》14295）

祀五帝也非全無所本[19]，但這種祭典畢竟不見於儒門其它經、傳。尤其可注意者，卷十九〈春官・小宗伯〉說：「兆五帝於四郊」，則祀五帝的祭典似乎也屬於郊祭，而《周禮》論及祀五帝凡八處[20]，論及祀上帝僅兩處[21]，其它四處[22]用的都是「旅」這種較簡易的儀式[23]，頗有後來者居上之嫌。不過，真正會滋生疑義，令人疾首之處在卷二十〈春官・典瑞〉：

　　　　四圭有邸，以祀天、旅上帝；兩圭有邸，以祀地、旅四
　　　　望。

以形式結構而言，「四望」的山川既非「地」，與之對仗的「上

---

[19]　胡厚宣：〈殷代之天神崇拜〉，《甲骨學商史論叢初集》（濟南：齊魯大學國學研究所，1944 年），頁 23-25。

[20]　除了前引〈掌次〉、〈司服〉，餘六處分見《周禮》，卷二〈天官・大宰〉，頁 35、卷十〈地官・司徒・大司徒〉，頁 162、卷十三〈地官・司徒・充人〉，頁 197、卷三四〈秋官・司寇・大司寇〉，頁 518、卷三五〈秋官・司寇・小司寇〉，頁 525、卷三五〈秋官・司寇・士師〉，頁 527。

[21]　除了前引〈司服〉，另一處見《周禮》，卷十八〈春官・大宗伯〉，頁 270。

[22]　除了前引〈掌次〉，餘三處分見《周禮》，卷十八〈春官・大宗伯〉，頁 284、卷二十〈春官・典瑞〉，頁 314、卷三六〈秋官・職金〉，頁 542。

[23]　《周禮》，卷十八〈春官・大宗伯〉，頁 285，鄭《注》：「旅……禮不如祀之備也。」

帝」與「天」也應該不能劃上等號。這連帶會影響前面引文中的
「昊天上帝」應當視爲一個詞,即一個對象,還是斷爲「昊天」
與「上帝」。不論「天」這個詞在商代是否能視爲「上帝」的同
義詞[24],至少在周人觀念中,如《尚書》卷十四〈康誥〉:

　　冒聞于上帝,帝休,天乃大命文王。

《毛詩》卷二三〈大雅·文王之什·文王〉:

　　有周不顯,帝命不時……假哉天命,有商子孫,商之子
　　孫,其麗不億,上帝既命,侯于周服……殷之未喪師,克
　　配上帝,宜鑒于殷,駿命不易。

「天」與「帝」同一指涉,而「帝」就是「上帝」,「上帝命」
就是「天命」[25]。要讚嘆、推崇上帝的偉大,所以說「皇矣上
帝」[26],簡稱「皇帝」[27]。正因「帝」、「天」不二,所以「皇

24　郭沫若:〈先秦天道觀的進展〉,《青銅時代》(北京:科學出版社,
　　1960 年),頁 9,認爲:殷、周之際,殷人才稱上帝爲天。但此說不爲
　　學界主流接受,詳參張桂光:〈殷周「帝」「天」觀念考索〉,《華南
　　師範大學學報·社會科學版》,第 4 期(1984 年),頁 106-107、李紹
　　連:〈殷的「上帝」與周的「天」〉,《史學月刊》,第 4 期(1990
　　年),頁 12-13。

25　《尚書》,卷十三〈大誥〉,頁 190。

26　《毛詩》,卷十六之四〈大雅·文王之什·皇矣〉,頁 567,而下文都
　　僅說「帝」。

27　《尚書》,卷十九〈呂刑〉,頁 296-297,而上文、下文則說「上帝」。

帝」猶言「皇天」[28]。從〈召誥〉上文說：因爲「皇天上帝改厥
元子茲大國殷之命，惟王受命」，下文說：所以「王來紹上
帝」，「其作大邑，其自時配皇天」[29]，清楚可見：「皇天上
帝」以及「昊天上帝」毫無疑問是一個詞，則〈典瑞〉那句話究
竟是《周禮》撰者爲了顧及形式對仗，因而以詞害義，其實
「天」就是「上帝」，他僅要強調祭典雖不同，但都要用有邸的
四圭，還是心中另有想法，就不得而悉了。

第二節　鄭、王對於郊、禘說建構[30]之異同

　　儒門經、傳乃混合體，此書與彼書、此篇與彼篇之間有著許
多牴牾、緊張之處，然而由於古人的基本認定是「先聖、後聖其
揆一也」[31]，並且認爲：這些傳世文獻當中，經的部分都曾經孔
子刪訂，傳的部分都是孔子學說傳授的紀錄，彼此可以相互發
明，所以當博學如鄭玄者興起，就嘗試貫穿群經諸傳，針對祭天

---

[28] 如《尚書》，卷十六〈君奭〉，頁 245、《毛詩》，卷十九之三〈周
頌・臣工之什・雝〉，頁 735。

[29] 《尚書》，卷十五〈召誥〉，頁 220-221。

[30] 「建構」，既不是無中生有的虛構，而是本諸文本，從其間找到一種閱
讀、分析的系統，則以下諸點及其推演程序雖然看似是筆者對鄭、王學
說的建構，並沒有任何把握鄭、王當初就是如此逐一推演的，但只要承
認鄭、王二家在這方面的說法，乃是認知個體本諸既有的認知結構，主
動地理解、闡釋經、傳文本，而非被動地囫圇接受與吸收，或者他們的
說法僅是一些零散意見的堆積，則仍可說他們可能是如此建構的。

[31] 宋・孫奭：《孟子注疏》（臺北：藝文印書館，2001 年；以下簡稱
《孟子》），卷八上〈離婁下〉，頁 141。

這大禮建構出一系統。從後設的角度，他的建構可以分爲三個步驟。

首先，他以《周禮》爲總綱，將形式同樣規格化的《禮記·月令》吸收進來，建立起一基本結構。因爲《周禮》於昊天上帝之外，另有略低一層級的天神——五帝，所以只要接受《周禮》的說法，這兩種「帝」的祭典就不可能一致。鄭玄根據《周禮·小宗伯》的「兆五帝於四郊」，將〈月令〉「迎春於東郊」、「迎夏於南郊」、「迎秋於西郊」、「迎冬於北郊」[32]納入，作爲其具體內容，於是對昊天上帝與五帝的祭典就可劃分爲：以地點而言，於圓丘，祭昊天上帝；於四方中的某一方，祭祀五帝當中與該方位相應的某帝[33]。以時間而言，前者在冬至，後者分別在立春、立夏、立秋、立冬以及季夏舉行[34]。可是〈月令〉每一季都已經有帝與神司掌，好比春季「其帝大皞，其神句芒」、夏季「其帝炎帝，其神祝融」，鄭玄既然將〈月令〉編織入《周

---

[32] 以上引文分見《禮記》，卷十四〈月令〉，頁 268、卷十五〈月令〉，頁 307、卷十六〈月令〉，頁 323、卷十七〈月令〉，頁 341。

[33] 《周禮》，卷六〈天官·掌次〉，頁 95，鄭《注》：「大旅上帝，祭天於圓丘。國有故而祭，亦曰旅。此以旅見祀也」；「祀五帝於四郊」。

[34] 《周禮》，卷十八〈春官·大宗伯〉，頁 270，鄭《注》：「昊天上帝，冬至於圓丘所祀天皇大帝」；《禮記》，卷十四〈月令·孟春〉，頁 286，鄭《注》：「迎春，祭蒼帝靈威仰於東郊之兆也」、卷十五〈月令·孟夏〉，頁 307，鄭《注》：「迎夏，祭赤帝赤熛怒於南郊之兆也」、卷十六〈月令·孟秋〉，頁 323，鄭《注》：「迎秋，祭白帝白招拒於西郊之兆也」、卷十七〈月令·孟冬〉，頁 341，鄭《注》：「迎冬，祭黑帝叶光紀於北郊之兆也」；《周禮》，卷十九〈春官·小宗伯〉，頁 290，鄭《注》：「黃帝亦於南郊。」

禮》的脈絡中，就不能將〈月令〉這部分棄置於外，於是主張：
當祭祀五天帝時，這些五帝、五神也分別按照季節從而配享[35]。
〈月令〉五帝、五神與《周禮》五帝的差別乃在本質，前者都是
由遠古英傑轉化而成的，後者則本來就是神靈，所以可將前者稱
之爲五人帝、五人神，後者稱之爲五天帝。又由於〈月令〉曾
說：仲夏之月，要「命有司……大雩帝」，鄭玄於是將此再加上
去，認爲這是說：「爲壇南郊之旁，雩五帝之精，配以先帝
也」。按照孔穎達的理解，「先帝」指的就是大皞、炎帝等那五
人帝[36]。

　　既然建構五帝祭祀時，已經涉及人鬼配享的課題，但五人
帝、五人神這些人鬼乃各朝各代都應祭祀者，個別朝代是否有特
定的配享人鬼呢？再者，《春秋》經、傳明白記載魯國每年僅舉
行一次的郊祭，而這種祭典顯然不是一年會舉行五次的五天帝祭
祀，《禮記》中〈明堂位〉等又明言這是天子層級的祭典，於是
鄭玄第二步試著協調《周禮》與《春秋》經、傳：周之冬至於圜
丘祭昊天上帝，夏正之月於南郊祭五天帝中的某帝，至於是哪一
位，端視本朝始祖是由五天帝中的哪一天帝感生的[37]。以周朝而
言，它的始祖是蒼帝感生，所以周天子、魯侯祭的是五天帝中的

35　《周禮》，卷十八〈春官・大宗伯〉，頁 281，鄭《注》：「禮東方以
　　立春，謂蒼精之帝，而太昊、句芒食焉；禮南方以立夏，謂赤精之帝，
　　而炎帝、祝融食焉；禮西方以立秋，謂白精之帝，而少昊、蓐收食焉；
　　禮北方以立冬，謂黑精之帝，而顓頊、玄冥食焉。」

36　《禮記》，卷十六〈月令・仲夏〉，頁 316，鄭《注》、孔《疏》。

37　《儀禮》，卷三十〈喪服・齊衰期・傳〉，頁 351：「始祖者，感神靈
　　而生，若稷、契也」；《周禮》，卷二二〈春官・大司樂〉，頁 339，
　　鄭《注》：「王者又各以夏正月祀其所受命之帝於南郊。」

靈威仰[38]。《春秋》三傳、《禮記》某些篇章都指出：周朝舉行南郊這種祭天典禮中，以后稷配享，那麼祭祀昊天上帝時，當然也得有祖先配享，鄭玄結合〈祭法〉，以嚳爲配享者[39]。

最後，爲了照應《孝經》卷九〈聖治章〉所說：

> 昔者，周公郊祀后稷以配天，宗祀文王於明堂以配上帝。

又推演出：於明堂各季祭祀某位天帝時[40]，以文王配享。

鄭玄這種建構的確相當嚴整，但正因爲是建構，所以從訓解文句的角度而言，不乏可商榷之處。最明顯的莫過於將經、傳中多處的「上帝」解爲五帝，以便兜合他根據《周禮》昊天上帝、五帝二分建構起來的說法[41]。其極致見於《禮記》卷六〈月令·

38　《禮記》，卷二四〈禮器〉，頁 467，鄭《注》：「周所郊祀之帝，謂蒼帝靈威仰也。」

39　《周禮》，卷二二〈春官·大司樂〉，頁 342，鄭《注》：「〈祭法〉：『周人禘嚳而郊稷』，謂此祭天圜丘，以嚳配之。」

40　《周禮》，卷二〈天官·大宰〉，頁 35，鄭《注》：「祀五帝，謂四郊及明堂」；《禮記》，卷三四〈大傳〉，頁 616，鄭《注》：「《孝經》曰：『郊祀后稷以配天』，配靈威仰也；『宗祀文王於明堂以配上帝』，汎配五帝也。」

41　因為此舉與經、傳的傳統出入過大，鄭玄按照緯書中的說法，將昊天上帝稱為「天皇大帝」或「北極大帝」，具體名字是「曜靈寶」；將五天帝稱為「大微五帝」，具體名字分別是靈威仰等，但由於他措辭經常隨意，使得賈公彥花大工夫為之清理，勉強得出的辨識方式是：「大帝得單稱，與五帝同，五帝不得兼稱皇天、昊天也。」詳見《周禮》，卷十八〈春官·大宗伯〉，頁 271，賈《疏》。孔穎達認為：這是鄭玄「篤信讖、緯」所致，詳見《尚書》，卷三〈舜【堯】典〉，頁 37，孔

季夏〉說：

> 以共皇天上帝、名山、大川、四方之神。

因爲「此〈月令〉皇天上帝之下更無別五帝之文」[42]，鄭玄竟然將「皇天上帝」割裂爲「皇天、上帝」。又好比注解上引〈典瑞〉「祀天、旅上帝」時，鄭玄不惜曲解成：

> 祀天，夏正郊天也。上帝，五帝。所郊亦猶五帝，殊言天者，尊異之也。

經、傳本來就有許多齟齬之處，執意會通，反而會造成混淆，如注解上引〈祭法〉「有虞氏禘黃帝而郊嚳」云云時，因爲原文中「禘」在「郊」之上，從形式邏輯而言，「禘」似乎應該比「郊」隆重，因此他說：

> 禘謂祭昊天於圜丘也，祭上帝於南郊曰郊。

然而注解上引〈大傳〉「禮，不王不禘，王者禘其祖之所自出，以其祖配之」時，又說：

> 凡大祭曰禘；自，由也，大祭其先祖所由生，謂郊祀天

《疏》。可謂落於皮相，未達鄭玄不僅希望貫穿群經諸傳，並意圖會通內學（讖、緯）、外學（經）的野心。

[42]　《禮記》，卷十六〈月令‧季夏〉，頁319，孔《疏》。

也。王者之先祖皆感大微五帝之精以生。

這就形成祭天典禮的「禘」有廣、狹二義，狹義者僅指祭祀昊天上帝；廣義者還包括祭祀五帝中的感生帝，對於後者而言，「禘」、「郊」乃一祭二名。若置於更大的脈絡下，就愈發令人困惑。在祭祀人鬼的系統中，最早的祖先（對天子而言，是始祖；對諸侯而言，是始封的太祖）因為是百世不遷者，所以始終受享，其餘五世親盡則不復受享。如今在與之相應的祭天神系統中，昊天上帝才是居北辰不動者，五天帝都是隨時運而得勢者，照說前者受祭的頻率應該最多，可是按照鄭玄的建構，昊天上帝一年僅一次受祭；五天帝中的感生帝則不僅於夏正月南郊受祭，並且會於祂得勢的某季在某方位的郊外受祭、在明堂中受祭，仲夏大雩時，還會連同其它四天帝一起受祭，殊陷輕重倒置之弊。

　　本來就不滿意鄭學的王肅[43]乃起而反駁。鄭玄建構的核心在五帝，因此王肅要與鄭玄立異的關鍵點也就落在如何處理五帝這上面了[44]。按照後設的角度，他的拆毀重建的工程同樣可分為三

---

[43]　王肅：〈序〉，曹魏·王肅注：《孔子家語》，頁 3：「自肅成童，始志于學，而學鄭氏學矣，然尋文責實，考其上下，義理不安，違錯者多，是以奪而易之。」

[44]　《禮記》，卷二五〈郊特牲〉，頁 480，孔《疏》：「先儒說郊其義有二。按：《聖證論》以天體無二，郊即圓丘，圓丘即郊；鄭氏以為天有六天，丘、郊各異」；《通典》，卷四二〈禮二·沿革二·吉禮一·郊天上〉，頁 1167：「郊丘之說，互有不同，歷代諸儒各執所見，雖則爭論紛起，大凡不出二塗：宗王子雍者，以為天體唯一，安得有六？圓丘之與郊祀名異而體同；所云帝者，兆五人帝於四郊，豈得稱之為天帝？一歲凡二祭也。宗鄭康成者則以天有六名，歲凡九祭，蓋以祭位有

個步驟。

　　首先，他指出：昊天上帝一詞可簡化為皇天或上帝，甚至直稱為天或帝，但指涉的都是獨一的對象。不論天或帝或上帝，作為稱號，絕不容有廣義的用法[45]。而「五帝，五行之神，佐天生物者」[46]，五帝之於昊天上帝，猶同像三公之於天子，這是連鄭玄也不能否認的，則循實定名，「三公可得稱王輔，不得稱天王；五帝可得稱天佐，不得稱上天」[47]。既然自古以來對於天或者說上帝的祭祀才稱為郊祭，那麼《周禮》所說冬至之月在圜丘的郊祭，《春秋》經、傳所說啓蟄之月在南郊的郊祭[48]，祭祀的對象就是同一位上帝，並非前者祭昊天上帝；後者祭五帝中的某一位。鄭玄等人所以會發展出郊祭五帝中的某一位，基礎點在感生神話。王肅認為：根據歷史記載，有虞、夏、商、周等創業之祖「皆黃帝之子孫」，「何大微之精所生乎」[49]？意圖藉這種「妖說」[50]以顯示他們的傑出或受命，實際是適得其反[51]。因

圓丘、太壇之異」，均未掌握到核心。九祭的算法，詳參《禮記》，卷五〈曲禮下〉，頁97，孔《疏》。

[45]　《孔子家語》，卷六〈五帝第二十四〉，頁58，王《注》：「天至尊物，不可以同其號，亦兼稱上帝。」

[46]　《孔子家語》，卷六〈五帝第二十四〉，頁57，王《注》。

[47]　《禮記》，卷四六〈祭法〉，頁796，孔《疏》引《聖證論》。

[48]　《孔子家語》，卷七〈郊問第二十九〉，頁68：「郊之祭也，迎長日之至也……啟蟄之月，則又祈穀於上帝。」

[49]　《禮記》，卷四六〈祭法〉，頁796，孔《疏》引《聖證論》。

[50]　《禮記》，卷四六〈祭法〉，頁796，孔《疏》。

[51]　《毛詩》，卷十七之一〈大雅・生民之什・生民〉，頁591，孔《疏》：「其奏云：『稷、契之興，自以積德累功於民事，不以大跡與燕卵也，且不夫而孕乃載籍之所以為妖、宗周之所喪滅』，其意不信履大跡之事。」

此，根本不需要在一年舉行兩次的郊祭中，將南郊祭祀劃歸給後者。既然如此，每年舉行的這兩次祭祀上帝的地點也一致，圜丘與郊只是不同角度下的表述[52]。

將五天帝從郊祭對象中罷黜之後，王肅進一步將他們在其它祭典中的位置剔除。好比：他同意〈小宗伯〉「兆五帝於四郊」，是爲了迎氣時要舉行祭祀，但祭的五帝就是〈月令〉所說的大皥、炎帝等五位人鬼[53]，並非靈威仰、赤熛怒等五位天神。他也同意明堂之祭時，會祭五帝，但同樣認爲那是指大皥、炎帝等五位人鬼[54]。至於他如何解釋〈月令〉中的「大雩帝」，雖然不得而詳，但根據王肅的基本論點：帝或天都是昊天上帝的簡稱，而帝唯一帝，「天體無二」，可推知：王肅斷乎不會像鄭玄

---

52 《禮記》，卷四六〈祭法〉，頁 796，孔《疏》所引王肅之說：「郊則圜丘，圜丘則郊，猶王城之內與京師，異名而同處。」《孔子家語》，卷七〈郊問第二十九〉，頁 68，王《注》：「郊之名有三焉：築爲圜丘，以象天自然，故謂之圜丘；圜丘，人之所造，故謂之泰壇；於南，郊在南說【故謂之南郊】。」

53 《通典》，卷四二〈禮二·沿革二·吉禮一·郊天上〉，頁 1167，評述王學時，也說：「兆五人帝於四郊，豈得稱之天帝。」

54 《隋書》，卷六〈禮儀志一〉，頁 62，史臣評述王學時，說：「五時迎氣及文、武配祭明堂，皆祭人帝，非祭天也。」按：宋·邢昺：《孝經注疏》（臺北：藝文印書館，2001 年；以下簡稱《孝經》），卷五〈聖治章〉，頁 36：「周公郊祀后稷以配天；宗祀文王於明堂以配上帝。」根據王肅的基本論點，「上帝」僅能指昊天上帝，於上句的「天」僅是詞面改換，指涉實一。明堂祭上帝，以文王配享時，也會隨著季節，分別有五人帝之一配享，但他們並非受祭的主體，更不得以「天」名之，所以「非祭天」當作「非祭天帝」。史臣敘述措辭欠謹嚴。

將之解釋爲向五天帝祈雨。

發展至此，「郊」已成爲對上帝祭典的專稱，他將「禘」劃歸爲祭祀祖先的名目，並非與「郊」配享對象不同的另一祭天典禮。〈大傳〉所說「禘其祖之所自出」，只是指在宗廟中五年舉行的一次合祭中，祭祀某位早已毀廟的遠祖[55]，以周朝而言，這位遠祖就是〈祭法〉中所說的嚳。是以如果從祖先配享這方面來說，鄭玄原先以嚳爲冬至之月郊祭昊天上帝時的配享者，后稷爲啓蟄之月郊祭感生帝時的配享者，在王肅拆毀重建後，兩次郊祭既然都是祭昊天上帝，以周朝而論，配享者也就都是后稷，嚳從郊祭的配享行列中消失了。如果按照鄭玄的表述方式，因爲「禘」有狹（祭昊天上帝）、廣（祭昊天上帝與祭感生帝）二義，則可以說嚳從禘祭的配享行列中消失了。總之，嚳不再出現於至上神的祭典中。

第三節　對於郊、禘課題相關經、傳文字的解釋

鄭、王六天、一天以及圜丘、郊天之祭是一是二，雖已如上節所述，但經、傳中尙存許多相關的文字，有待二家疏解。這部分比二家的建構本身還要棘手。

《禮記》卷二六〈郊特牲〉：

---

[55] 《孔子家語》，卷八〈廟制第三十四〉，頁 77：「所謂郊者，皆以配天；所謂禘者，皆五年大祭之所及也。應爲太祖者，則其廟不毀；不及太祖，雖在禘、郊，其廟則毀矣。」王《注》：「殷、周禘嚳，五年大祭而及。」

郊之祭也，迎長日之至也，大報天而主日也。兆於南郊，
就陽位也，……郊之用辛也，周之始郊日以至。

鄭玄爲了配合他建構的郊、丘爲二之說，強行將「迎長日之至」
的郊祭與「日以至」的郊祭拆成兩截。他認爲這段文字的第一個
「郊」指：天子在夏曆正月[56]，也就是周曆的三月，郊祀祈穀
[57]。由於春分那天白晝、黑夜各居一半，所以夏曆正月的那次郊

---

[56] 《禮記》，卷二六〈郊特牲〉，頁 497，鄭《注》：「《易說》曰：
『三王之郊一用夏正。』夏正，建寅之月也。此言迎長日者，建卯而晝
夜分，分而日長也。」孔《疏》：「此《易緯・乾鑿度》文也。」《周
禮》，卷二二〈春官・大司樂〉，頁 340，鄭《注》稱引《孝經說》。
孔《疏》解釋：「說即緯也。時禁緯，故云說。」

[57] 《左傳》，卷四八〈昭公十七年〉，頁 838：「火出，於夏爲三月；於
商爲四月；於周爲五月」；《白虎通疏證》，卷八〈三正〉，頁 363，
《尚書大傳》依夏曆曰：「夏以孟春爲正；殷以季冬爲正；周以仲冬爲
正」，可見：戰國中葉以降，確實以爲因時、地不同，而有不同的曆
法。然而士林甚早已經將行政會計年度的起始點，所謂「歲首」，與實
際曆法的「正月」混爲一談。如同臺灣學年度始於八月，終於七月，形
成秋、冬、春、夏的次序，但絕不能因此將八月算成春季正月、將端午
前後的日子視爲數九寒天的冬季。詳參清・王念孫：《讀書雜志》，卷
二〈漢書・左氏春秋日食分野〉，《清經解》，第八十九種，頁 5775-
5776、黃沛榮：〈三正論研究〉，《周書周月篇的著成時代及有關三正
問題的研究》，收錄於《國立臺灣大學文史叢刊》（臺北：臺灣大學文
學院，1972 年），第 37 冊，頁 67-69、94。甚至董作賓：《殷曆譜・
下編》，卷七〈月譜〉，收錄於宋鎮豪、段志洪主編：《甲骨文獻集
成》，第 32 冊，頁 302，還是根據傳統「殷正建丑」的思維，建立了
《殷曆譜》。黃沛榮以子之矛，攻子之盾，指出：董氏說法不足採信，
殷商每年的年始並非決然固定。而且自甲骨卜辭、刻辭後續大量出土之
後，董氏之說愈形無法成立。有許多學者質疑殷、夏曆法的「正月」不

祭可謂「迎長日之至也」[58]。周天子另於夏曆冬至之時[59]，也就是周曆正月，圓丘祭天，如《周禮》的〈春官‧大司樂〉[60]所言。可是〈郊特牲〉這段文字的後半明明說：「周之始郊日以至」，迻譯為語體文，周人以冬至或夏至郊祭，鄭《注》與之明顯牴牾，因此鄭玄按照他一貫的手法——只是這次不以三代質文、名稱不同的論式來脫困，改以祭祀者等級不同來化解齟齬，而且變本加厲[61]——乾脆說〈郊特牲〉「周之始郊日以至」所說

僅僅只是相差一月，如常正光：〈殷曆考辯〉，收錄於宋鎮豪、段志洪主編：《甲骨文獻集成》，第 32 冊，頁 347，以為夏曆四月，乃是殷曆一月。常玉芝：《殷商曆法研究》（長春：吉林文史出版社，1998 年），頁 422，以為夏正月為殷九月。本文既然是討論六朝人的看法，就必須以傳統的「三正論」為據，故按黃沛榮：〈三正論研究〉，《周書周月篇的著成時代及有關三正問題的研究》，頁 41，根據傳統「三正論」所分，列表於下，以便對照：

	子	丑	寅	卯	辰	巳	午	未	申	酉	戌	亥
周	正	二	三	四	五	六	七	八	九	十	十一	十二
殷	十二	正	二	三	四	五	六	七	八	九	十	十一
夏	十一	十二	正	二	三	四	五	六	七	八	九	十

58　《禮記》，卷二六〈郊特牲〉，頁 497，鄭《注》：「言迎長日者，建卯而晝夜分。」

59　《周禮》，卷五〈天官‧冢宰下‧凌人〉，頁 81：「凌人掌冰正歲十有二月」，鄭《注》：「正，謂夏正。」賈《疏》：「周雖以建子為正，行事皆用夏之正歲。若據殷，周則十二月，冰未堅；若據夏之十二月，冰則堅厚，故正歲據夏也。」依此，鄭玄當以《周禮》所書以夏曆為據。

60　《周禮》，卷二二〈春官‧宗伯下‧大司樂〉，頁 342：「冬日至，於地上之圓丘奏之，若樂六變，則天神皆降，可得而禮矣。」

61　既說「變本加厲」，即意謂原先以三代不同的論式已經不當。確實如此，因為鄭玄觀念中的三代乃是按照秦、漢以降王朝單線繼承的關係，

的其實是「魯禮」，之所以言「周」，而不說「魯」，乃因「周衰禮廢，儒者見周禮盡在魯，因推魯禮以言周事」。之所以才說「始」，是因為魯「以建子之月郊天」祈穀，較諸周天子建寅之月郊天祈穀，「先（於周）有事也」[62]。換言之，〈郊特牲〉這段文字的撰寫者前半說對，後半說錯，或者說：那位撰寫者將周、魯祭天祈穀的郊祭混為一談了。

這種扭曲傳文、遷就己說的作法蔓延至〈郊特牲〉下文：郊祭當天，「王被袞」，「戴冕璪十有二旒」，「乘素車」前往行禮[63]。

如今張光直：〈從夏商周三代考古論三代關係與中國古代國家的形成〉，《中國青銅史》（北京：三聯書店，1983 年），頁 29、31-33，早已認清：夏、商、周乃同時共存的關係，彼此之間僅有此強彼弱，以及孰為霸主之別，因此，如果要說三代不同，應指因地域不同，而非時代不同，以致同一或類似的事物，彼此的稱謂、禮制不一。至於所以要說「變本加厲」，乃因不論字形或字音，「周」、「魯」二字既不會因形近而致訛，更不可能互相假借。這正如何休所責備的，乃明顯「倍經戾傳」，強行扭曲文本，以就己說。〈明堂位〉一樣論及郊祀大典，就清楚交代那是魯郊，而且通篇書「魯」字不絕。如果〈郊特牲〉的撰者論述的是魯郊，下文怎麼會說：「卜之日，王立于澤」、「祭之日，王皮弁以聽」、「祭之日，王被袞」？縱使按照杜預：〈春秋序〉，《左傳》，頁 16，「黜周而王魯」之說，那也是俗儒表述不清，「王魯」並非以魯取代周，躍升為天下共主，而是假借魯這諸侯國以寄託新王朝的藍圖，則若按照鄭玄這種講法：字面寫的是「周」，其實說的是「魯」，這仍非實際上的魯禮，而是未來新王朝天子之禮。

[62] 以上引文並見《禮記》，卷二六〈郊特牲〉，頁 497，鄭《注》。至於魯侯郊祀祈穀為何要在周天子之先，鄭玄並未說明，孔《疏》闡釋：魯國郊祀祈穀雖然合法，但畢竟是諸侯，因此，「不敢郊天與周同月」，以示「降下天子」。

[63] 《禮記》，卷二六〈郊特牲〉，頁 499。

由於《周禮》說：天子祀天之服爲「大裘而冕」[64]，鄭玄因此也只得將此處的郊祭歸諸「魯禮也」，因爲「魯侯之服自袞冕而下也」，完全不顧及「十有二旒」是天子服制，忘了自己曾說的：侯、伯僅能用七旒[65]。也由於鄭玄認爲：天子祀天所乘的乃玉路[66]，所以只好再說：「素車，殷禮也。魯公之郊用殷禮也」[67]，與前面的《注》文：「儒者見周禮盡在魯」矛盾，因爲魯如果用的是殷禮，魯地儒生怎麼會以殷禮「言周事」？於是再度形成這

64　《周禮》，卷七〈天官・冢宰下・司裘〉，頁 107：「司裘，掌爲大裘，以共王祀天之服」、卷二一〈春官・宗伯・司服〉，頁 323：「王之吉服，祀昊天上帝，則服大裘而冕，祀五帝亦如之。享先王則袞冕……」。

65　《周禮》，卷三二〈夏官・弁師〉，頁 482：「諸侯之繅斿九就」，鄭《注》：「『侯』當爲『公』之誤也」；頁 483，鄭《注》：「冕則侯、伯繅七就……子、男繅五就……孤繅四就……卿繅三就」。

66　《周禮》，卷二七〈春官・巾車〉，頁 413：「王之五路，一曰玉路……以祀。」根據卷八〈天官・夏采〉，頁 132，鄭《注》：「王祀四郊，乘玉路」、《禮記》，卷三十〈玉藻〉，頁 567：「禮不盛，服不充：大裘，不禕；乘路車，不式。」鄭《注》：「謂祭天也。《周禮》：『祀昊天上帝則服大裘而冕，乘玉路』」，可見：由於鄭玄持六天說，所以認爲：只要是祀天，不論受祭對象是昊天上帝或五帝，都乘玉路。

67　這點也表現在《禮記》，卷三一〈明堂位〉，頁 577：「魯君孟春乘大路……祀帝于郊，配以后稷」的鄭《注》上。他說：「孟春，建子之月」，將前有小雪、大雪，後有小寒、大寒的冬至月當作四季中的春天，固然荒唐，因爲「大輅，玉輅也」，見《尚書》，卷十八〈顧命〉，頁 280，孔《疏》，鄭氏爲了牽合自己的建構，不能不推說：「大路，殷之祭天車也。」孔《疏》已經指出：這是「〈郊特牲〉云：『周之始郊日以至』，鄭破周爲魯」的結果。

段文字的撰寫者因爲不明究裏，措辭半對，半不對[68]。

　　王肅痛批這是「不知推經禮之指歸」，而「變易時日」的「妄說」[69]。他認爲：〈郊特牲〉這整段文字講的是周天子祭天的同一個典禮。「迎長日之至」，指的是祭祀的月份；「日以至」，指的是祭祀的日期，所謂「周之始郊，其月以日至，其日用上辛」[70]。因爲，從冬至開始，白晝時間漸長，所以說「迎長日之至也」。這次冬至祭天的典禮即是《周禮》的〈春官·大司樂〉所說：天子在子月，夏曆冬至之時的圜丘祭典[71]。這段文字前、後的「郊」既然是指涉周天子的同一種祭典，後面的「郊」所以要說「始郊」[72]，乃是相對於爾後周天子在寅月，也就是夏曆正月元日的這一天，再次於郊外舉行的祈穀祭典，如同〈月令〉所言：孟春之月[73]，「以元日祈穀于上帝」。而「魯無冬至

---

[68]　至於是哪一半不對，端看著眼點在何處。如果說這是有關周王郊祭的推想，著眼點就要落在服制，則「袞」不對，當說「大裘」；「素車」不對，當說「玉路」。如果說這是魯的郊祭，著眼點在祭制，則「王」不對，當說「魯公」。孔穎達爲了迴護鄭《注》，針對後一點，解釋：「魯公得稱王者，作記之人既以魯禮而爲周郊，遂以魯侯而稱王也。」見《禮記》，卷二六〈郊特牲〉，頁 499，孔《疏》。

[69]　《孔子家語》，卷七〈郊問第二十九〉，頁 68，王《注》。

[70]　《孔子家語》，卷七〈郊問第二十九〉，頁 67，王《注》：「周人始以日至之月，冬日至而日長。」

[71]　《周禮》，卷二二〈春官·宗伯下·大司樂〉，頁 342。

[72]　《禮記》，卷二六〈郊特牲〉，頁 498，孔《疏》引《聖證論》：「言『始郊』者，冬至陽氣初動，天之始也，對啟蟄及將郊祀，故言『始』。」頁 497，孔《疏》撮述王肅的意見時，也說：「此言『始』者，對建寅爲始也。」

[73]　《禮記》，卷十四〈月令〉，頁 279。

大郊之事，降殺於天子，是以不同也」，「至於祈農，與天子同」[74]。

　　既然如此，王肅當然認爲：〈郊特牲〉後文「祭之日，王被袞」，「戴冕璪十有二旒」，「乘素車」也同樣是指周天子於冬至舉行的郊祭。只是王肅爲了讓他的圓丘之祭與郊祭一而不二的說法沒有罅隙，不能不在服制上妥協，將《周禮》所說的「服大裘」與《禮記》所說的「被袞」視爲互文足義，大裘在外；袞在內，而且前者服用時間侷限在前往祭祀的「道路」上。《孔子家語》卷七〈郊問〉即言：

　　　　天子大裘以黼之，被袞象天……既至泰壇，王脫裘矣，服袞以臨[75]。

以上僅是就《周禮》及〈郊特牲〉的文字解讀而論，若再顧及經、傳其它相關記載，鄭、王兩家都還有不少待疏通之處。

　　首先，舉行郊祀這麼重大的祭典，事前是否要尋求神明指示？《左傳》認爲：魯郊是常祀，「禮不卜常祀」，所以認爲僖公三十一年四次卜問是否要舉行郊祭「非禮也」，認爲僅「卜其牲、日」[76]。《公羊傳》剛好相反，認爲：郊祭的對象既然是

---

[74]　以上引文俱見《孔子家語》，卷七〈郊問第二十九〉，頁 68，及王《注》。

[75]　《五禮通考》，卷四〈吉禮四・圓丘祀天・服冕〉，頁 4-5，秦氏引宋陳祥道《禮書》，疑即根據王氏之說，以王內服大裘，外被龍袞疏通之。

[76]　《左傳》，卷十七〈僖公三十一年〉，頁 286-287。

天，唯「天子祭天」，魯乃諸侯，不得郊，所以說「魯郊，非禮
也」，但所謂的「非禮」是指「非常」禮，「吉則爲之，凶則已
之」。魯之所以得舉行郊祭，既然純粹是天子褒獎周公、賜予的
殊禮，因此，不像「禘、嘗不卜」，每次是否舉行郊祭，都必須
卜。無論魯郊是常禮或殊禮，對天子而言，郊祭總是「常事」，
無須卜，所以何休才會說：「禮，天子不卜郊」[77]，可是《禮
記》卷二六〈郊特牲〉有明文：

> 卜郊受命于祖廟，作龜于禰宮……卜之日，王立于澤，親
> 聽誓命。

但因爲鄭玄將前後文字都視爲儒者誤將魯禮當成周禮的記載，所
以這段文字不會構成鄭玄的困擾，而在《公》、《左》兩家歧說
中，根據孔穎達的轉述：

> 若鄭玄意，禮不當卜常祀，與《左氏》同，故鄭《箴膏
> 肓》云：「當卜日、月爾，不當卜可祀與否[78]。」

---

77 《公羊傳》，卷十二〈僖公三十一年〉，頁 157，以及《解詁》、徐
《疏》。至於何休面對〈郊特牲〉這段文字時，如何疏解彼此間的不
協，無從得知。

78 《禮記》，卷三〈曲禮上〉，頁 61，孔《疏》。《周禮》，卷二〈天
官・大宰〉，頁 35：「祀五帝，則掌百官之誓戒，與其具脩。前其十
日，帥執事而卜。」張融據此認爲：昊天上帝與五帝既然同是「天
神」，可推知：天子舉行圜丘之祭前，也要卜日。見《禮記》，卷二六
〈郊特牲〉，頁 498，孔《疏》所引。

王肅因為將〈郊特牲〉那段文字照字面接受，視為天子之禮，還特別在編輯這段文字為〈郊問〉時，於原本沒有主詞的「卜郊」之前加上「天子」二字，而郊祭又是天子必行的常禮，可推知：他大概也認為天子卜問的是舉行這項祭典與否以外的事。至於所卜問事情的實際內容，以及魯郊舉行之前是否應該先卜問，概不詳。

　　其次，《春秋》經文登載魯之郊祀凡九處，以月份而言，或四月，或五月，或九月，僅兩次在正月[79]。透過《左傳》記載的發凡：

　　　　凡祀，啟蟄而郊；龍見而雩；始殺而嘗；閉蟄而烝，過，

---

[79] 用四月者，見《左傳》，卷十七〈僖公三十一年〉，頁 286：「夏，四月，四卜郊不從，乃免牲，猶三望」、卷二六〈成公十年〉，頁 449：「夏，四月，五卜郊不從，乃不郊」、卷三十〈襄公七年〉，頁 517：「夏，四月，三卜郊不從，乃免牲」、卷三一〈襄公十一年〉，頁 543：「夏，四月，四卜郊不從，乃不郊」、卷五七〈哀公元年〉，頁 990：「夏，四月辛巳，郊」。用五月者，見卷五六〈定公十五年〉，頁 985：「夏，五月辛亥，郊。」用九月者，見卷二八〈成公十七年〉，頁 481：「九月辛丑，用郊。」用正月者，見卷二十一〈宣公三年〉，頁 366：「春，王正月，郊牛之口傷，改卜牛，牛死，乃不郊，猶三望」、卷二六〈成公七年〉，頁 443：「春，王正月，鼷鼠食郊牛角，改卜牛，鼷鼠又食其角，乃免牛，不郊，猶三望」。傳統認為《春秋》經用的是周曆，所以才要強調「王正月」。如杜預：〈《春秋》序〉，《左傳》，頁 18：「所用之厤，周正也」，然而杜預此說乃為了反對公羊家王魯之說，實際上，杜預非常清楚《春秋》的時、月記載與所謂的周正不合。卷六〈桓公四年〉，頁 104，孔《疏》所引杜預《釋例》：「三王異正朔，而夏數得天。雖在周代，於言時舉事，皆據夏正，故『公以春狩』，而《傳》曰：『書時，禮也』。」

則書[80]。

襄公七年夏四月三卜郊，不從，所記載的孟獻子領悟之辭：

> 夫郊祀后稷，以祈農事也，是故啟蟄而郊，郊而後耕。今
> 既耕而卜郊，宜其不從也[81]。

可知：四月、五月、九月都不應該是舉行郊祭的月份[82]。下面的
問題是：啟蟄在哪個月份？《大戴禮》卷二〈夏小正〉說：

> 正月，啟蟄……雁北鄉。

《禮記》卷十四〈月令〉也說：

> 孟春之月[83]……蟄蟲始動……鴻雁來。

---

[80]　《左傳》，卷六〈桓公五年〉，頁 107-109。

[81]　《左傳》，卷三十〈襄公七年〉，頁 517-518。

[82]　以《左傳》的話來說，即「不時」，如卷四〈隱公九年〉，頁 76：
　　　「夏，城郎。書，不時也。」相對於此，則為「時」，如卷七〈桓公十
　　　六年〉，頁 128：「冬，城向。書，時也。」若以公羊家的詞彙來說，
　　　則為「過時」、「不及時」，見《公羊傳》，卷十三〈文公九年〉，頁
　　　171。

[83]　《禮記》，卷十四〈月令‧孟春〉，頁 280，孔《疏》：「此言孟春
　　　者，夏正建寅之月也」，所以〈月令〉與〈夏小正〉所說的月份是一致
　　　的。

鄭《注》：「漢始[84]以驚蟄爲正月中」，「雁自南方來，將北反」。因此，可以毫無疑問地說：郊祭祈穀當在夏曆正月。這時東風已解凍，土地開始鬆軟，所以天子「帥三公、九卿、諸侯、大夫躬耕帝藉」[85]之前，先行配以后稷的郊祭，以求這年豐收。這與《禮記》卷三一〈明堂位〉所言：

> 魯君孟春……祀帝于郊，配以后稷。

---

[84] 所以言「始」，《禮記》，卷十四〈月令〉，頁 284，孔《疏》：「以漢之時，立春爲正月節，驚蟄爲正月中氣，雨水爲二月節，春分爲二月中氣，至前漢之末，以雨水爲正月中，驚蟄爲二月節。故〈律厤志〉云：『正月，立春節，雨水中；二月，驚蟄節，春分中』，是前漢之末，劉歆作《三統厤》改驚蟄爲二月節，鄭以舊厤正月啟蟄即驚也。」對照《周禮》，卷四十〈考工記・韗人〉，頁 622，鄭《注》：「啟蟄，孟春之中也」，可知：孔氏理解正確。《左傳》，卷六〈桓公五年〉，頁 107，孔《疏》也曾說明：將驚蟄與雨水對調，乃「大初以後，更改氣名」的結果，「迄于今，踵而未改」。清・朱右曾：《逸周書集訓校釋》（臺北：世界書局，2010 年），卷六〈周月〉，頁 140：「月有中氣，以著時應。春三月中氣：驚蟄、春分、清明」、同卷〈時則〉，頁 142-143：「立春之日……驚蟄之日……雨水之日……春分之日」，堪爲驚蟄原本乃孟春中氣之明證。必須補充，今本的《淮南子》中的〈天文〉是記載雨水在前，驚蟄在後。黃汝成：《日知錄集釋》（上海：上海古籍出版社，2006 年），卷三十〈雨水〉，頁 1701，顧炎武據此說「《淮南子》先雨水後驚蟄，則漢初已有此說」。劉文典：《淮南鴻烈集解》（北京：中華書局，1997 年），卷三〈天文〉，頁 101-102、卷五〈時則〉，頁 161，其根據〈時則〉的登載是驚蟄在前，雨水在後，以爲〈天文〉的記載乃是太初以後，後人所追改，劉氏以爲顧氏之說，失之。何寧：《淮南子集釋》（北京：中華書局，1998 年），卷三〈天文〉，頁 217-218，也按此說。

[85] 《禮記》，卷十四〈月令〉，頁 287。

也可相合。《公羊傳》曾表示：「九月，非所用郊也」，「郊用正月」[86]。《穀梁傳》也曾說：「夏四月郊，不時也；五月郊，不時也」；「『九月用郊』，用者，不宜用也[87]。」本來可以自然推導出：唯正月爲是，使得三《傳》相合。偏偏穀梁家又多說了一句：

> 郊自正月至于三月，郊之時也[88]。

王肅不予理會，直接表示：不論周天子或魯侯，「祈穀之月」都在「啓蟄之月」[89]。鄭玄則嘗試調和，於《駁五經異義》中說：

---

[86] 《公羊傳》，卷十八〈成公十七年〉，頁 234，《解詁》：「三王之郊一用夏正，言正月者，《春秋》之制也」，徐《疏》：「《春秋》因魯以制法，令自今以後之郊接用周之正月。」按：此乃後世公羊家之說，非《公羊傳》本意。

[87] 唐·楊士勛：《春秋穀梁傳注疏》（臺北：藝文印書館，2001 年；以下簡稱《穀梁傳》），卷二十〈哀公元年〉，頁 198。雖然它接著說：「夏之始，可以承春；以秋之末，承春之始，蓋不可也。」楊《疏》已經指出：所謂「可以」，僅是相較於若於九月舉行「其過極多」而言，四月舉行，一樣是「過」，二者僅有「過之深淺」的差異。不論，卷九〈僖公三十一年〉，頁 95、卷十五〈襄公七年〉，頁 149、同卷〈襄公十一年〉，頁 152，都曾表示：「夏四月，不時也。」

[88] 《穀梁傳》，卷二十〈哀公元年〉，頁 198。

[89] 《孔子家語》，卷七〈郊問第二十九〉，頁 68。《禮記》，卷二六〈郊特牲〉，頁 498，孔《疏》轉述的張融按語：「魯以轉卜三正，王與鄭玄同」；孔氏自己也說：「按：《聖證論》及《（五經）異義》皆同《穀梁》之義，魯轉卜三正之內。」張、孔對王肅之說理解得是否正確，不敢必，至少措辭非常不嚴謹，因為縱使王肅認為魯國舉行郊祭可以於一年開始三個月內舉行，那也是從建寅之月、夏正正月起算，不能

　　　　魯數失禮，牲數有災，不吉，則改卜後月[90]。

但他所說的「後月」是指建子之月，即夏曆十一月後的十二月、一月，即「周之二月、三月」[91]，並非《春秋》經或《穀梁傳》所說的夏曆二月、三月。在以魯郊舉行的月份可卜周、殷、夏三正月這點上，何休倒是轉與鄭玄一致。《公羊傳》卷二六〈定公十五年〉針對「夏五月辛亥郊」，有句語意晦澀的傳文：

　　　　曷為以五月郊？三卜之運也。

《解詁》說：

　　　　運，轉也。已卜春三正，不吉，復轉卜[92]夏三月、周五
　　　　月，得二吉，故五月郊也。

　　與周、殷、夏三正的第一個月混為一談。
90　《禮記》，卷三〈曲禮上〉，頁61，孔《疏》所引。
91　《禮記》，卷三〈曲禮上〉，頁61，孔《疏》所引鄭玄：《箴膏肓》。支持鄭說的馬昭為了解釋〈郊特牲〉記載「魯」郊日以至，何以要說「始郊」，也曾說：「魯以轉卜三正，以建子之月為始，故稱始也。」建子、建丑、建寅之月正是傳統所說的周正一、二、三月。見《禮記》，卷二六〈郊特牲〉，頁498，孔《疏》所引。
92　《公羊傳》，卷二六〈定公十五年〉，頁335，徐《疏》作「傳卜」；卷十八〈成公十七年〉，頁234，《解詁》、徐《疏》作「博卜」；《穀梁傳》，卷九〈僖公三十一年〉，頁95，楊《疏》亦作「博卜」，彼處的《十三經校勘記》認為：「『博』當『轉』之懷【壞】字」。對照《禮記》，卷二六〈郊特牲〉，頁497、498，孔《疏》兩度用「轉卜三正」，《校勘記》似是。「傳」、「博」蓋皆形近之訛。

從《解詁》下文稱引〈蒙〉卦卦辭「再三，瀆，瀆則不告」[93]，並闡述「雖吉，猶不當爲也」，可知：何休將此視爲譏詞。徐《疏》講得更直白：「靈龜厭之，不復告其吉凶。」是以龜卜表面顯示的「吉」兆並非眞能視爲吉，不過是神明任憑魯國君臣的表現[94]。換言之，這段話絲毫不意謂從周正正月至五月，即夏正十一月至三月，都可以郊祭。《公羊傳》既然已經表示：「三卜，禮也；四卜，非禮也」[95]，何休不可能踏上在他之前其它公羊經師的後塵：「反傳違戾[96]。」

最後，以日子而言，在《春秋》那九次郊祀的記載當中，僅有成公十七年、定公十五年、哀公元年那三次，眞的舉行了郊祀，而且有意思的是：那三次郊祭的月份都不合禮，可是日期則都在辛日，看來〈郊特牲〉所言「郊之用辛也」，確有所本。《公羊傳》明說：「郊用正月上辛[97]。」《穀梁傳》雖然認爲舉行郊祭的月份可從正月至三月，但不論哪個月，都是該月上辛：

> 以十二月下辛，卜正月上辛。如不從，則以正月下辛，卜二月上辛。如不從，則以二月下辛，卜三月上辛[98]。

93　《周易》，卷一〈蒙〉，頁 23。

94　《禮記》，卷三〈曲禮上〉，頁 61，孔《疏》：「假令（周正）春正月卜，不吉，又卜殷正；殷正不吉，則用夏正郊天。若此三正之內有凶不從，則得卜夏三月，但滿三吉日，則得爲郊，此《公羊》及何休之意也。」全屬誤解。

95　《公羊傳》，卷十二〈僖公三十一年〉，頁 156。

96　何休：〈序〉，《公羊傳》，頁 3。

97　《公羊傳》，卷十八〈成公十七年〉，頁 234。

98　《穀梁傳》，卷二十〈哀公元年〉，頁 199。

《左傳》卷五九〈哀公十三年〉記載子服景伯恫嚇吳太宰的一番
誑言：

> 魯將以十月上辛有事於上帝、先王【公】，季辛而畢。何
> 世有職焉，自襄以來，未之改也。若不會，祝、宗將曰：
> 吳實然。

孔穎達已經指出：「十月非祭上帝、先公之時，且祭禮終朝而
畢，無上辛盡於季辛之事」，但正如一般所說，假話中必然包含
部分事實，是以仍可從側面看出：《左傳》也認爲魯國郊祭傳統
都以上辛。然而若按照《禮記》卷十四〈月令・孟春〉：

> 是月也，天子乃以元日祈穀于上帝。

元日不一定就是辛日，所以盧植、蔡邕就將「元」訓解爲「善」
[99]，「元日」並非意謂第一天，而是指吉日。從鄭玄用「謂以上
辛郊祭天也」，注解「元日」；王肅倒過來，稱引〈月令・孟
春〉中的「元日」，注解〈郊問〉的「上辛」，可推知：他們兩
人也是如此理解的。真正的麻煩在上辛絕對不會在啓蟄之後[100]。

---

[99]　《禮記》，卷十四〈月令・孟春之月〉，頁 288，孔《疏》所引。《呂
　　氏春秋校釋》，卷一〈孟春紀〉，頁 11，高誘針對同一段文字，也
　　說：「元，善也」；於卷二〈仲春紀〉，頁 66：「擇元日」，下注解
　　時，亦然。

[100]　兩個節氣或兩個中氣之間平均日數爲 30.4368 日；一個朔望月則爲
　　29.5306 日，兩者將近有一天的差距。因此，中氣會逐月有將近一天的

不知鄭玄如何疏解這窒礙，王肅似乎意識到了，所以僅說「啓蟄之月」，即正月[101]。

至於《禮記》卷四三〈雜記下〉：

> 孟獻子曰：「正月日至可以有事於上帝，七月日至可以有事於祖。」七月而禘，獻子為之也。

從其語氣，僅論後者「失禮所由」[102]，似乎前者乃禮節慣例，這對於鄭玄的建構是有利的。因爲既言「日至」，則非冬至，即夏至，冬至一定在建子之月，則「正月日至」的「正月」只能就周正而言，鄭玄魯郊月份的說法相符。王肅如何解釋這不協調之處，無從得悉。

爾後，在這課題上的討論，雖礙於史料散佚嚴重[103]，不得而詳，但從孔《疏》看來，似乎大多不出鄭、王所提出的大綱領，

推遲。如此繼續下去，某一月份的中氣正好落在下一個月的月初，古人將此稱之為某一月為月無中氣，並以此置閏月。換言之，某年正月可能無啟蟄，但絕不會有正月份第一個辛日遲至啟蟄之後的情形。

[101] 《禮記》，卷二六〈郊特牲〉，頁498，孔《疏》：「案《聖證論》，王肅與馬昭之徒或云祭天用冬至之日，或云冬至之月……據《禮記》郊日用辛，則冬至不恆在辛，似用冬至之月」，是同一類型的問題。據孔《疏》所攝述的張融說法，也認為：按照鄭《注》僅說「以建子之月郊天」，可推論：「是亦不用冬至之日也。」

[102] 《禮記》，卷四三〈雜記下〉，頁752，鄭《注》。

[103] 如《隋書》，卷三二〈經籍志一·經〉，頁475-476、479，分別著錄：皇侃的《禮記義疏》九十九卷、《禮記講疏》四十八卷；崔靈恩的《集注周官禮》二十卷、《三禮義宗》三十卷、《春秋申先儒傳論》十卷、《春秋左氏傳立義》十卷，均早已不存。

而且水準往往不及前修。例如黨鄭的馬昭[104]說：「夏正月，陽氣始升日也」；冬至乃「陰氣始盛」，若如王肅所云，冬至是「陽氣初動，天之始」之時，此時祭天乃「祭陰迎陽」[105]。按：究竟應從黑夜最長，還是白晝開始漸長來看待冬至，姑置不論，「陽尊陰卑」[106]乃自古通識。馬昭這種迴護反而背離鄭玄以圜丘之祭尊於郊祭的建構。張融依違於鄭、王兩家之間。例如：以「郊與圜丘是一」，「與王肅同」；「以《家語》及此經郊祭并爲魯禮，與鄭玄同」[107]。至於南朝的崔靈恩、皇侃等人認爲魯與周天子同樣有圜丘與祈穀二郊，更是違背西漢以降，包括鄭、王二人在內，經學家普遍認知[108]的歧說[109]。而崔靈恩由此推演出來的說

---

104 後晉・劉昫：《舊唐書》（臺北：藝文印書館，1972 年），卷一百二〈元行沖傳〉，頁 1556：「子雍規玄數十百件，守鄭學者，時有中郎馬昭，上書以為肅繆。」

105 《禮記》，卷二六〈郊特牲〉，頁 498，孔《疏》引《聖證論》所載馬昭申鄭之說。

106 如向宗魯：《說苑校證》（北京：中華書局，2000 年），卷十八〈辨物〉，頁 450、蘇輿：《春秋繁露義證》（北京：中華書局，2002年），卷十一〈陽尊陰卑〉，頁 323、《漢書》，卷八五〈杜鄴傳〉，頁 1501、《後漢書》，卷六二〈荀淑傳附子爽傳〉，頁 732。

107 《禮記》，卷二六〈郊特牲〉，頁 498，孔《疏》所述。

108 《禮記》，卷二六〈郊特牲〉，頁 497，孔《疏》：「王肅用董仲舒、劉向之說，以此為周郊」，但《春秋》經文都明載魯曾九次舉行或欲舉行郊祭，可見：專攻《公羊》學的董仲舒、專攻《穀梁》學的劉向顯然都不認為：魯有鄭玄所說的圜丘之祭；頁 298，孔《疏》：「若杜預……魯唯有建寅郊天」、《太平御覽》，卷五二五〈禮儀部四・祭禮中〉，頁 2515，摘錄許慎《五經異義》中曾引賈逵：「魯無圜丘、方澤之祭者」之說、《穀梁傳》，卷九〈僖公三十一年〉，頁 95，楊《疏》：「魯不得冬至祭天。」

法：

> 凡祭天神，各有二玉，一以禮神，一則燔之。禮神者，訖
> 事卻收；祀神著，與牲俱燎[110]。

圓丘之祭用青牲、蒼璧，郊祭用騂犢、赤玉，以期化解經、傳文
字上的出入：「〈祭法〉云：燔柴於泰壇，用騂犢；《周禮》，
蒼璧禮天，牲從玉色，是牲不同也[111]。」當然一樣無效。

第四節　兩漢、六朝郊祀之實況

僅按文後〈附件一〉、〈附件二〉圖表所示，以祭祀對象、
地點、月份與間隔時間等方向，詳析兩漢、六朝郊祀的實際施行
情況。

---

[109] 《禮記》，卷二六〈郊特牲〉，頁 497，孔《疏》：「崔氏、皇氏用王
肅之說，以魯冬至郊天，至建寅之月又郊以祈穀，故《左傳》云『啟蟄
而郊』，又云『郊祀后稷以祈農事』，是二郊也……崔氏、皇氏以為魯
冬至郊天；夏至【正】又郊，凡二郊。」若說魯有二郊乃本諸「王肅之
說」，恐乃孔穎達的誤解。又，「至」之作「正」，乃從宋・歐陽脩：
《唐書》（臺北：藝文印書館，1972 年），卷一九八〈儒學列傳上・
許叔牙傳附子儒傳〉，頁 2250：「崔靈恩說夏正郊天，王者各祭所出
帝」，校改。

[110] 《舊唐書》，卷一六四〈王播傳附侄起傳〉，頁 2138，稱引崔氏《三
禮義宗》。

[111] 《禮記》，卷二六〈郊特牲〉，頁 497，孔《疏》。所引文獻原始出處
分見《禮記》，卷四六〈祭法〉，頁 796，《周禮》，卷十八〈春官・
大宗伯〉，頁 281。

一、祭祀對象

（一）受祭對象

漢初的郊祀，仍依秦朝故俗，以雍時五色上帝爲受祭對象[112]，直到漢武帝時期，才起了重大變化。元鼎四年（113B.C.）特立后土祠，以祭祀地祇系統中的至上神──后土，這使得郊祀的受祭對象，被劃分成天神、地祇兩大系統[113]。元鼎五年（112B.C.），爲了配合人間世大一統的格局[114]，改用方士向他推薦的太一信仰[115]，於甘泉另立「泰一祠壇」[116]，以祭祀太一，

---

[112] 詳參凌純聲：《中國邊疆民族與環太平洋文化・秦漢時代之時》（臺北：聯經出版事業公司，1979 年），頁 1467-1469、羅保羅：《秦吉禮考》（臺北：私立輔仁大學中國文學系博士論文，2000 年），第二章，第二節，頁 29-32、王柏中：《神靈世界：秩序的建構與儀式的象徵──兩漢國家祭祀制度研究》，頁 47-51。

[113] 《史記》，卷二八〈封禪書〉，頁 501：「冬，天子郊雍，議曰：『今上帝朕親郊，而后土無祀，則禮不答也。』有司與太史公、祠官寬舒議：『天地牲角繭栗，今陛下親祠后土，后土宜於澤中圜丘爲五壇，壇一黃犢太牢具，已祠盡瘞，而從祠衣上黃。』天子遂東，立后土祠汾陰脽丘，如寬舒等議。上親拜望如上帝禮」，從「上親拜望如上帝禮。」可知：后土與上帝同尊。

[114] 詳參陳麒仰：〈太一信仰與西漢郊祀〉（待刊中），頁 12。

[115] 李零：〈太一崇拜的考古研究〉，《中國方術續考》（北京：中華書局，2006 年），頁 169、171、176、180，認爲漢代所崇拜的太一神，與〈九歌〉中的東皇太一並非兩回事，按照湖北荊門出土的戰國時代「避兵」銅戈與戰國楚簡，顯示兩者恐怕還是有關聯。換言之，太一在先秦時，不僅是天神系統的至上神，同時包含道、太極、星等意義，因此錢寶琮：〈太一考〉，《燕京學報》第 12 期（1932 年 12 月），頁 2450、2456、2460，以太一乃先從道的哲學概念，到漢代變成星名，然後才發展成天神系統的至上神。這種先後派生的發展說法，李氏頗不

並將其地位躍居爲后土與五色上帝之上。

　　從神爵四年（58B.C.）漢宣帝詔：

　　　　……修興泰一、五帝、后土之祠[117]。

以及《漢書》卷二五下〈郊祀志〉：

　　　　元帝即位，遵舊儀，間歲正月，一幸甘泉，郊泰時，又東
　　　　至河東，祠后土，西至雍，祠五時。

可知：漢成帝改制以前，太一、五色上帝、后土三者全被列入郊
祀的受祭行列。

　　不過，雍時五色上帝的崇拜，其意義與來源，畢竟與儒家禮
書中的郊祀對象有出入，因此，昭、宣之時，已漸式微，漢成帝

　　以爲然。當然也歸功於現有出土文物、文獻得以佐證，是以顧頡剛：
　　〈「太一」一名的來源〉，《顧頡剛古史論文集》（北京：中華書局，
　　1988 年），第 3 册，頁 57，其「戰國以前是不見有太一這個名稱」的
　　說法，尚可斟酌。

[116]　《史記》，卷十二〈孝武本紀〉，頁 508：「上遂郊雍，……幸甘泉。
　　令祠官寬舒等具泰一祠壇。」與立泰一祠壇的時間，從《校正資治通
　　鑑》，卷二十〈漢紀十二·世宗孝武皇帝中之下·元鼎五年〉，頁
　　665：「冬，十月，上祠五時於雍，……上又幸甘泉，立泰一祠壇，所
　　用祠具如雍一時而有加焉。……十一月，辛巳朔，冬至；昧爽，天子始
　　郊拜泰一，朝朝日，夕夕月，則揖。」可確定是在元鼎五年，冬，十
　　月。

[117]　《漢書》，卷八〈宣帝紀·神爵四年〉，頁 117。

時[118]，始將之屏除在郊祀的受祭對象之外[119]。大約也在這個時候，太一被儒家經典中[120]同樣代表天神系統中至上神的「皇天上帝」[121]給取代了[122]。爾後，六朝以前的郊祀受祭對象就僅剩下皇

---

[118] 根據《漢書》，卷二五下〈郊祀志〉，頁 559，昭帝不曾巡幸甘泉、汾陰、雍等地，並行郊祀之禮。宣帝神爵元年（61B.C.）「修武帝故事」，始巡幸甘泉、汾陰，郊祀泰一與后土。然而根據〈附件三：兩漢諸帝郊祀表〉統計：宣帝在位期間，總共郊祀甘泉泰時 5 次，祠汾陰后土 2 次，祠五時 1 次；元帝在位期間，總共郊祀甘泉泰時 5 次，祠汾陰后土 5 次，親至雍，祠五時 3 次；成帝雖承統之初，即罷廢甘泉泰時、汾陰后土、雍五時等祠，後來又相繼起復，並親祀，在位期間，於長安南、北郊分祭上帝與后土 1 次，郊祀甘泉泰時 5 次，祠汾陰后土 5 次，親至雍，祠五時 4 次。按《漢書》，卷九九上〈王莽傳〉，頁 1724，僅見居攝元年（6）正月，王莽祀上帝於長安城南行郊祀之禮 1 次。東漢明帝以後，雒陽南郊的祭祀情況，史傳有闕，具體的情況不得而知，按理，可能多依《後漢書・續漢志》，卷七〈祭祀志上〉，頁 1146，光武帝於雒陽南郊故事，以皇天上帝與后土神祇為主要的受祭對象。

[119] 《漢書》，卷二五下〈郊祀志〉，頁 562，漢成帝建始二年（32B.C.）春正月，採納儒生匡衡等人之說，以雍青、赤、白、黃四時之「本秦侯各以其意所立」，黑帝時乃是「未定時所立」，將雍五時的五色上帝祭典，罷廢。《通典》，卷五五〈禮十五・沿革十五・吉禮十四・淫祀興廢〉，頁 1557，唐人杜佑甚至將之歸為淫祀。

[120] 《宋書》，卷十六〈禮志三〉，頁 216、《隋書》，卷六〈禮志一〉，頁 62，東晉成帝、梁武帝似乎以太一為星，因而列入祭天的從祀對象之中，這與漢人的認知似乎有所不同。

[121] 《禮記》，卷十六〈月令〉，頁 319。

[122] 如前文所述，宣帝神爵四年（165B.C.），尚可見及太一為天神系統至上神的名稱。不過，從《漢書》，卷二五下〈郊祀志〉，頁 562，漢成帝建始二年（32B.C.）「罷高祖所立……九天……及孝文渭陽（五帝廟）、孝武薄忌泰一、三一……」等，以及卷十〈成帝紀・建始二

天上帝與后土[123]。

曹魏明帝景初元年（237），又起了一個大變化。似乎是鄭《注》郊、禘爲二的影響力逐漸發酵[124]，當時另立一個與郊同類的禘祭。只不過，明帝所理解的郊、禘，並非如前節所示，依照先秦文獻登載，以配享對象作爲區別，也並非如鄭玄的建構，以受祭對象爲昊（皇）天上帝，或五帝中的感生帝來劃分，而是以合祭始祖天上的感生帝父、帝母——皇皇帝天與皇皇后地，與合祭天神、地祇兩個系統中至上神——皇天（上）帝[125]與皇地后

年〉，頁 130，詔曰：「朕親飭躬，郊祀上帝。皇天報應，神光並見」，似是以皇天上帝代替太一。爾後，卷二五下〈郊祀志〉，頁 566，王莽奏議「今稱天神曰皇天上帝」，可知：太一這個名稱已經不再被使用。

[123] 按《漢書》，卷二五下〈郊祀志〉，頁 566，王莽曾將地祇系統中的至上神，改由一個名爲皇墬后祇的代替，后土則被降爲五官之一。不過，從《後漢書》，卷一上〈光武帝紀·建武元年〉，頁 44，即位告祭的祝文：「皇天上帝，后土神祇，眷顧降命，屬秀黎元，爲人父母，……。」顯示：后土的地位又被調回來了。然而《宋書》，卷十六〈禮志三〉，頁 216，東晉成帝時，將后土改爲天神，並降爲祭天從祀對象的作法相當特別。

[124] 活躍於曹魏明帝時期的博士馬昭，曾依鄭《注》駁王肅的《聖證論》。甘露元年（256）曹髦至太學講《尚書》，其曾問曰：「鄭玄曰：『稽古同天，言堯同於天也。』王肅云：『堯順考古道而行之。』二義不同，何者爲是。」可知：鄭氏學說在當時已經相當流行。以上引述依序分見《禮記》，卷二六〈郊特牲〉，頁 498，孔《疏》引《聖證論》馬昭申鄭之說、《三國志》，卷三〈高貴鄉公髦紀·甘露元年〉，頁 174-175。

[125] 詳參《三國志》，卷三〈明帝紀·景初元年〉，頁 104，裴《注》引王沈等《魏書》。

祇[126]，作爲禘與郊這兩種祭典的分別。以感生帝父、帝母爲圓丘的受祭對象，可說是當時的創制。

這樣的創制，與曹魏打對台的典午政權似乎難以接受，是以晉武帝接受了王肅所提倡「帝位係因己德之隆盛而受命」[127]，泰始二年（266）又回到漢室慣例，郊、禘爲一[128]，但僅合祭天神與地祇兩個系統中的至上神。江左各代，郊祀的受祭對象，基本上都依此[129]，只是將合祭改成分祭（詳後文）。

北齊、北周則同采鄭說，圓丘的禘祀，以天神系統中的至上神——昊天上帝爲受祭對象；方丘的禘祀，以祭祀地祇系統中的至上神——崑崙地祇（皇地祇）爲受祭對象。國之南的郊祀，祭

---

126 按《漢書》，卷二五下〈郊祀志〉，頁 566，曹魏明帝「皇地后祇」的稱謂，似乎是按王莽之說。

127 楊晉龍：〈神統與聖統——鄭玄王肅「感生說」異解探義〉，《中國文史哲研究集刊》第 3 期（1993 年 3 月），頁 523。

128 《宋書》，卷十六〈禮志三〉，頁 211，泰始二年（266）「是年十一月，有司又議奏：『古者丘、郊不異，宜并圓丘、方澤於南、北郊，更修治壇兆。其二至之祀合於二郊』……自是後，圓丘、方澤不別立」，依此，若對合《通典》，卷四二〈禮二・沿革二・吉禮一・郊天上〉，頁 1174：「十一月，有司奏：『古者郊、丘不異，宜並圓、方二丘，更修壇兆，二至合祀。』……是後，圓丘、方澤不別立」的登載，前者強調丘、郊合祭，後者強調二丘合併，然而從兩書皆有「古者丘、郊不異」與「是後，圓丘、方澤不別立」的登載來看，晉制乃是合併二丘於南郊。

129 《宋書》，卷十六〈禮志三〉，頁 215，劉宋明帝泰始二年（466），徐爰的奏議曾提到南郊的受祭對象是昊天上帝與地祇、《南齊書》，卷九〈禮志上〉，頁 67，南齊武帝永明二年（484），王儉也曾提到郊祀的對象是昊天與后土、《隋書》，卷六〈禮儀志一〉，頁 62、64，梁郊祀的祭祀對象是天皇上帝與后地之神，陳的郊祀，則大多按照梁制。

祀略低昊天上帝一個層級，五帝之中的感生帝靈威仰；國之北的郊祀，祭祀略低崑崙地祇（皇地祇）一個層級的神州神（后地之祇）[130]。然而統一南、北分裂的隋朝，郊祀受祭對象的基本架構，還是守住北朝模式，只是號稱是接受北周禪讓而獲得政權的隋文帝[131]，依照木生火的原則，將南郊所祭祀的感生帝，由靈威仰改成赤熛怒[132]。然而北朝與隋郊祀的受祭對象皆從鄭，似乎隱含著北方還是比較認同以建構感生神話來說明政權的合法性[133]。

在胡、漢雜糅的文化背景下[134]，北魏道武帝天興元年（298），一方面按照漢人所崇尚的儒門禮制，舉行郊、丘祭典，祭祀皇天上帝與后土[135]。一方面又按照草原文化傳統，故於天賜二年（405）夏四月，復鮮卑舊俗，祭祀西郊天神[136]。且自

---

[130] 以上引述詳參《隋書》，卷六〈禮儀志一〉，頁 65-66。

[131] 《隋書》，卷一〈高祖帝紀上·開皇元年〉，頁 18。

[132] 《隋書》，卷六〈禮儀志一〉，頁 67。

[133] 楊晉龍：〈神統與聖統──鄭玄王肅「感生說」異解探義〉，頁 523。

[134] 詳參逯耀東：《從平城到洛陽：拓跋魏文化轉變的歷程》（臺北：東大圖書公司，2002 年），頁 3。

[135] 《魏書》，卷一百八之一〈禮志四之一〉，頁 1311，道武帝天興元年（298），「定都平城，即皇帝位，立壇兆告祭天地。祝曰：『皇帝臣珪敢用玄牡，昭告于皇天、后土之靈……』」。天興三年（298），「正月……癸亥，瘞地於北郊，……后土、神元后，牲共用玄牡一」，「其後，冬至祭上帝于圓丘，夏至祭地于方澤，用牲幣之屬，與二郊同」。

[136] 《魏書》，卷一百八之一〈禮志四之一〉，頁 1311，道武帝「天賜二年（405）夏四月，復祭天于西郊，為方壇一，置木主七於上。東為二陛，無等；周垣四門，門各依其方色為名。牲用白犢、黃駒、白羊各一。祭之日，帝御大駕，百官及賓國諸部大人畢從至郊所。帝立青門內近南壇西，內朝臣皆位於帝北，外朝臣及大人咸位於青門之外，后率六

天興以後，儒家的郊祀禮制多由公卿代爲行事，皇帝卻常親祀西郊天神[137]，可知：北魏對於後者的重視，更甚於前者。是以縱使力推華化運動的孝文帝，剛開始也得跟隨舊俗，親祀西郊天神。直到孝文帝太和十七年（493）遷都雒陽的隔年，西郊天神才被罷廢[138]。

　　須要補充說明的是：兩漢、六朝時期，對於后土的認知相當混亂。漢代除了王莽攝政時，將后土降爲五官之一[139]，其他大多以后土爲地示系統中的至上神。爾後，又因鄭、王學說的影響（詳後文），除了南齊[140]、北魏將后土視爲地示系統中的至上神，東晉成帝[141]、梁武帝[142]皆視后土爲略低地示系統中的至上神一個層級——五官之神中的土神。

　　宮從黑門入，列於青門內近北，並西面。廩犧令掌牲，陳於壇前。女巫執鼓，立於陛之東，西面。選帝之十族子弟七人執酒，在巫南，西面北上。女巫升壇，搖鼓。帝拜，后肅拜，百官內外盡拜。祀訖，復拜。拜訖，乃殺牲。執酒七人西向，以酒灑天神主，復拜，如此者七。禮畢而返。自是之後，歲一祭」。康樂：《從西郊到南郊——國家祭典與北魏政治》（臺北：稻禾出版社，1995 年），頁 167、174-178，西郊祀天的習俗，其以為這是源於北亞草原遊牧部落習俗。

[137]　《魏書》，卷一百八之四〈禮志四之四〉，頁 1350，道武帝「天興二年（299），命禮官捃採古事……二至郊天、地，四節祠五帝，或公卿行事，唯四月郊天，帝常親行。」

[138]　《魏書》，卷七下〈高祖孝文帝紀‧太和十八年〉，頁 104：「三月庚辰，罷西郊祭天。」

[139]　《漢書》，卷二五下〈郊祀志〉，頁 566。

[140]　《南齊書》，卷九〈禮志上〉，頁 64。

[141]　《宋書》，卷十六〈禮三〉，頁 216。

[142]　《隋書》，卷六〈禮儀志一〉，頁 62。

（二）從祀對象

若根據西漢成帝時匡衡的說法，早在漢武帝元鼎五年（112B.C.）的太一郊祀，就已經依照《尚書》卷三〈舜【堯】典〉：

> 肆類于上帝，禋于六宗，望于山川，徧于羣神。

將天、地相關的自然神、祇[143]，全都列入了從祀對象[144]，王莽在此基礎上，更嚴密地將所有的從祀對象，「分羣神以類相從爲五部，兆天、墜之別神」，使之「祀天則天文從，祭墜則墜理從」[145]。這樣作法，似乎成爲兩漢、六朝的郊祀慣例[146]。

---

[143] 若按前文第一節所引《逸周書集訓校釋》，卷五〈作雒〉，頁 129：「乃設丘兆于南郊，以祀上帝，配以后稷，日月、星辰、先王皆與食」，以及清·王先謙：《荀子集解》（北京：中華書局，1997年），卷十二〈禮論〉，頁 375：「郊者，并百王於上天而祭祀之也」，顯示：先秦郊祀的從祀對象不僅有天神、地祇，也包含歷代先王等人鬼。

[144] 《史記》，卷二八〈封禪書〉，頁 551，漢武帝所立的「泰一壇，壇三垓，五帝壇環居其下，……其下四方地，爲餟羣神從者及北斗……」，《漢書》，卷二五下〈郊祀志〉，頁 562，匡衡爲此解釋「甘泉泰時……五帝壇周環其下，又有羣神之壇。以《尚書》：『禋六宗，望山川，徧羣神』之義。」

[145] 《漢書》，卷二五下〈郊祀志〉，頁 566。

[146] 《漢書》，卷二五下〈郊祀志〉，頁 562，匡衡奏言「今既稽古，建定天、地之大禮，郊見上帝，青、赤、白、黃、黑五方之帝皆畢陳，各有位饌，祭祀備具」、《後漢書·續漢志》，卷七〈祭祀志上〉，頁 1145，建武二年（26），初於雒陽城南七里郊處，依照王莽之說，合祭天、地時，五帝、日、月、五嶽、雷公、先農、風伯、雨師、四海、四

瀆、名山、大川之等皆從祀。《宋書》，卷十六〈禮三〉，頁 216，東晉成帝，祭祀天郊時「五帝之佐、日、月、五星、二十八宿、文昌、北斗、三台、司命、軒轅、后土、太一、天一、太微、鉤陳、北極、雨師、雷、電、司空、風伯、老人六十二神」等從祀；祭祀地郊，「五嶽、四望、四海、四瀆、五湖、五帝之佐、沂山、嶽山、白山、霍山、醫無閭山、蔣山、松江、會稽山、錢唐江、先農凡四十四」等從祀。《魏書》，卷一百八之一〈禮志四之一〉，頁 1310，道武帝天興二年（399），祀上帝南郊時，「從食者合一千餘神」，祭祀北郊時，五岳、中壝內名山，四瀆、大川皆從祀，《隋書》，卷六〈禮儀志一〉，頁 62、64-67：「梁南郊……五方上帝、五官之神、太一、天一、日、月、五星、二十八宿、太微、軒轅、文昌、北斗、三台、老人、風伯、司空、雷電、雨師，皆從祀，……北郊……五官之神、先農、五岳、沂山、嶽山、白石山、霍山、無閭山、蔣山、四海、四瀆、松江、會稽江、錢塘江、四望，皆從祀。」陳制南郊「除十二辰座，加五帝位，其餘準梁之舊」，「北郊從祀亦準梁舊」。北齊圜丘祭祀時，「五精之帝、日月、五星、北斗、二十八宿、司中、司命、司人、司祿、風師、雨師、靈星」皆從祀，方丘祭祀時，「神州之神、社稷、岱岳、沂鎮，會稽鎮：云云山、亭亭山、蒙山、羽山、嶧山、崧岳、霍岳，衡鎮：荊山、內方山、大別山、敷淺原山、桐柏山、陪尾山、華岳，太岳鎮：積石山、龍門山、江山、岐山、荊山、嶓冢山、壺口山、雷首山、底柱山、析城山、王屋山、西傾朱圉山、鳥鼠同穴山、熊耳山、敦物山、蔡蒙山、梁山、岷山、武功山、太白山、恒岳，醫無閭山鎮：陰山、白登山、碣石山、太行山、狼山、封龍山、漳山、宣務山、關山、方山、苟山、狹龍山、淮水、東海、泗水、沂水、淄水、濰水、江水、南海、漢水、穀水、洛水、伊水、漾水、沔水、河水、西海、黑水、澇水、渭水、涇水、酆水、濟水、北海、松水、京水、桑乾水、漳水、呼沱水、衞水、洹水、延水，並從祀」。北周圜丘祭祀時，「五方上帝、日月、內官、中官、外官、眾星，並從祀」。隋圜丘祭祀時，「五方上帝、日月、五星……並皆從祀」，方丘祭祀時，「神州、迎州、冀州、戎州、拾州、柱州、營州、咸州、陽州九州山、海、川、林、澤、丘陵、墳衍、原隰，並皆從祀」。

　　將原本是郊祀受祭對象的五帝，降為從祀行列，以為「太一
佐」，是漢武帝接受方士「天神貴者太一」[147]的信仰後，所妥協
的結果，這樣的結果，確立了一上五下的六天帝結構[148]。爾後，
不管郊祀地點如何變化，六朝官方對於上帝的認知，基本上都守
住了一上五下的六天帝結構，只除了西晉泰始二年（266）朝
議：

> 五帝，即天也，五氣時異，故殊其號。雖名有五，其實一
> 神。……五郊改五精之號，皆同稱昊天上帝，各設一坐而
> 已[149]。

也由於當時對於上帝的認知，是以一個上帝有五個分身，五位為
一體的結構，故郊祀罷除五帝從祀的慣例。只是這番重大的變
動，在太康十年（289）時，即因祖、宗無法全納入配天享食的

147　《史記》，卷二八〈封禪書〉，頁547。

148　根據《史記》，卷二八〈封禪書〉，頁545，漢高祖時，不僅僅將命人
祠雍五時，亦命梁巫祠天、地，九天巫祠九天，可說拜遍了先秦諸侯各
國的至上神。既然是以多神論為信仰，什麼神都拜，當然不會區分先秦
各地信仰中至上神的位階，誰尊誰卑。漢文帝十四年（166B.C.）以前
的情況，大致如此。縱使到了漢文帝十六年（164B.C.），有了郊祀必
須祭祀唯一至上神的覺醒，然而按照陳麒仰：〈太一信仰與西漢郊
祀〉，頁9-10，漢文帝十六年（164B.C.）所興建的渭陽五帝廟，其建
築形制，卻「導致對上帝的認定有兩種發展方向：其一，不區分五帝的
高下，一位上帝而有五位分身，五位一體」，「其二，中央另有一帝，
位在五天帝之上者，即一上五下的六天帝結構」。直到漢武帝元鼎五年
（112B.C.）的太一郊祀，這才確立了一上五下的六天帝結構。

149　《宋書》，卷十六〈禮志三〉，頁211。

行列[150]，又恢復一上五下的六天帝結構。

五帝雖已被降爲從祀對象，但因五行〈主運〉說[151]，以及更古遠的感生說[152]，五帝的地位本來就並非全然平等，是以當後世

---

[150] 《宋書》，卷十六〈禮志三〉，頁 211，太康十年（289），晉武帝更詔曰：「《孝經》：『郊祀后稷以配天，宗祀文王於明堂，以配上帝。』而《周官》云：『祀天旅上帝。』又曰：『祀地旅四望。』四望非地，則明上帝不得爲天也……。」主要是因爲：既然南郊、明堂只需要獨祭昊天上帝，也就只能有一個人鬼配享，如此，晉武帝生父司馬昭就會被排除在祭天配享之外，晉武帝意識到這個問題後，馬上改變立場，因而又將昊天上帝與五帝劃分開來，故南郊以昊天上帝爲受祭對象，五帝從祀，其祖父司馬懿配享；明堂以合祭五帝爲受祭對象，以其父司馬昭配享。

[151] 〈主運〉相傳是騶衍的文章，故《史記》，卷二八〈封禪書〉，頁 541：「騶衍以陰陽〈主運〉，顯於諸侯」，王先謙《集解》引如淳曰：「今其書，有〈主運〉。五行相次轉用事，隨方面爲服。」然而騶衍的五行相次，按梁・蕭統編，唐・李善注：《文選》（臺北：五南圖書出版公司，2002 年），卷二十〈詩甲之二・公讌・晉武帝華林園集詩〉，頁 512，李善《注》引劉向《七略》：「鄒子有終始五德。言土德從所不勝，木德繼之，金德次之，火德次之，水德次之。」按此，若以黃帝行土德來說，以及《史記》，卷一〈五帝本紀〉，頁 26，史遷將黃帝列爲五帝之首。可知：五帝的地位本來就並非全然平等。

[152] 眾所皆知，《毛詩》，卷十七之一〈大雅・生民之什・生民〉，頁 587、卷二十之三〈商頌・玄鳥〉，頁 793，分別是歌頌商朝始祖契與周朝始祖后稷的感生傳說。然而馬承源主編：《上海博物館藏戰國楚竹書（二）》（上海：上海古籍出版社，2002 年），頁 42-44，《子羔》第二簡又登載了夏朝始祖禹的感生傳說。若結合《史記》，卷二八〈封禪書〉，頁 540，秦人以五行相剋，所推演的「周得火德」，周人當以炎帝爲感生帝，炎帝的地位就會比其他四帝特別；「殷得金德」，殷人當以白帝爲感生帝，白帝的地位就會比其他四帝特別；「夏得木德」，夏人當以青帝爲感生帝，青帝的地位就會比其他四帝特別。

帝王推終始五德之傳時，就會有五帝之中的某一帝地位比其他四
帝還要特別的情況。漢武帝或許爲了強化中央集權的觀念，故元
鼎五年（112B.C.）的太一郊祀，以居於五行之中的黃帝爲感生
受命帝[153]，太初元年（96B.C.）以黃爲服色[154]，更是確立[155]了黃
帝的地位比其他四帝還要特別。王莽受到劉向父、子的影響，將
「遞相剋」改成「間相生」以推皇朝「終始」之序[156]，漢室轉爲
應火德而王天下[157]，爾後，當他以「火德銷盡，土德當代，皇天
眷然，去漢與新」爲由篡位，就直接點名黃帝爲新莽政權的受命
感生先祖[158]，如此，黃帝的地位當然也會在其他四帝之上。

　　東漢光武帝既然有中興的包袱，就不能承認漢室已經被王莽
給推翻了，如此只能認了王莽所說的漢乃應火德而王。按理，若

[153] 《史記》，卷二八〈封禪書〉，頁 513，當時祭祀時，特別講到「衣上
黃」與「黃氣屬天」的情況。另參陳麒仰：〈太一信仰與西漢郊祀〉，
頁 12。

[154] 《史記》，卷十二〈孝武本紀〉，頁 218。

[155] 之所以說「確立」，根據《史記》，卷二八〈封禪書〉，頁 505，文帝
之時，漢究竟是以黑帝或黃帝爲感生受命帝，尚未有共識，直到漢武帝
時，才確認下來。

[156] 顧頡剛：〈五德終始說下的政治和歷史‧五行相生說〉，《顧頡剛古史
論文集》，第 3 冊，頁 333，已經指出董仲舒的《春秋繁露》，早就提
出以「間相生」方式推演五行終始。錢穆：〈評顧頡剛五德終始說下的
政治和歷史‧五行相勝及五行相生〉，《顧頡剛古史論文集‧附》，第
3 冊，頁 472，進一步指出董仲舒的某些說法，乃是根據同樣也有五行
相生記載的《呂覽》與《淮南子》而來。

[157] 《漢書》，卷二五下〈郊祀志‧贊〉，頁 567：「劉向父子以爲『帝出
於震』，故包羲氏始受木德，其後以母傳子，終而復始，自神農、黃
帝，下歷唐、虞、三代，而漢得火焉。」

[158] 以上引述詳參《漢書》，卷九九中〈王莽傳〉，頁 1733。

以漢爲火德，與之相對應的炎帝地位會比其他四帝還特別，但從建武七年（31）郊祀的祭品，「天、地、高帝、黃帝各用犢一頭；青帝、赤帝共用犢一頭；白帝、黑帝共用犢一頭，凡用犢六頭」[159]，顯示：黃帝還是比較受到重視。這也說明了當時似乎還未將五行與五帝編織在一起。

曹魏、晉、南朝的宋、齊、陳等朝，是否曾特別尊崇五帝中的某一帝，史傳有闕，具體的情況不得而知。不過，梁「明山賓制儀注，明堂祀五帝，行禮先自赤帝始」，其似乎以「間相生」推演，梁乃應火德而王，是以與之相對應的炎帝，應該要比其他四帝特別，因而將炎帝排在告祭的第一優先順位。然而明山賓的說法並沒有被當時的統治階層接納[160]。

北魏道武帝天興二年（299），雖「以國家繼黃帝之後，宜爲土德」，但黃帝地位與其他四帝並沒有差別，是以當時南郊中五帝的祭品是「共犢一」[161]。縱使孝文帝太和十五年（490）[162]

---

[159]　《後漢書・續漢志》，卷七〈祭祀志上〉，頁 1146。

[160]　《隋書》，卷六〈禮儀志一〉，頁 65，梁朱异奏議：「『明堂既汎祭五帝，不容的有先後，東階而升，宜先春帝。請改從青帝始。』……（梁武）帝並從之。」

[161]　《魏書》，卷一百八之一〈禮志四之一〉，頁 1311。

[162]　《魏書》，卷一百八之一〈禮志四之一〉，頁 1316-1317，北魏孝文帝下詔，以「丘、澤初志【制】，配尚宜定，五德相襲，分敍有常」，命朝議，當時意見大致可分兩派：一、高閭以爲：「漢爲火，（曹）魏承漢，火生土，故（曹）魏爲土德。晉承（曹）魏，土生金，故晉爲金德。（石）趙承晉，金生水，故（石）趙爲水德。（慕容）燕承（石）趙，水生木，故（慕容）燕爲木德。（符）秦承（慕容）燕，木生火，故（符）秦爲火德。……（拓拔）魏承（符）秦，（拓拔）魏爲土德。」二、李彪、著作郎崔光等以爲：「皇魏承晉爲水德。」

改「以皇魏承晉爲水德」[163]，但在沒有具體的史料佐證之下，也難以判斷孝文帝對於五帝之中的某一帝，是否有任何差別待遇。

　　北齊、北周同時打著接續北魏政權爲號召，既然水生木，故皆推己乃應木德而興，也因此雙雙特別推崇太微五帝中的靈威仰，並以之爲受命感生帝。是以靈威仰不僅是圜丘的從祀對象，同時也是南郊的受祭對象。隋的情況也是如此[164]。若依此推論：北齊、北周、隋三代所認定的感生帝，其地位勢必也會在其他四帝之上。

（三）配享對象

　　傳世文獻常有周人郊祀以始祖后稷配享的登載[165]，表面上，這是一種「報本反始」[166]的孝思行爲[167]，實際上，卻也是周人強化王權的政治手段[168]。不過，若按《公羊傳》卷十五〈宣公三

163　康樂：《從西郊到南郊──國家祭典與北魏政治》，頁 192-195，以爲孝文帝最後的裁定，乃是以漢文化爲正統，同時又兼具統一南北政治的企圖心。

164　以上引述詳參《隋書》，卷六〈禮儀志一〉，頁 66。

165　例如：《毛詩》，卷十八之二〈大雅・蕩之什・雲漢〉，頁 660：「后稷不克，上帝不臨」、卷十九之二〈周頌・清廟之什・思文〉，頁 721：「思文后稷，克配彼天」、《禮記》，卷三一〈明堂位〉，頁 557：「祀帝于郊，配以后稷，天子之禮也。」

166　《禮記》，卷二六〈郊特牲〉，頁 500。

167　另參周何：《春秋吉禮考辨》（臺北：嘉新水泥公司文化基金會，1970年），頁 21。

168　《尚書》，卷十九〈呂刑〉，頁 298-299，后稷因「降播種，農殖嘉穀」功成後，使得周人可以「惟克天德，自作元命，配享在下」。另參顧頡剛：〈商周間的神權與政治〉，《顧頡剛古史論文集》，第 2 冊，頁 457-458、463。

年〉：

> 郊則曷為必祭稷，王者必以其祖配。王者則曷為必以其祖
> 配，自內出者，無匹不行；自外至者，無主不止。

所謂的「內出」與「外至」，宋人邢昺有相當獨到的見解：

> 祭天則天神為客，是外至也。須人為主，天神乃至。故尊
> 始祖以配天神，侑坐而食之[169]。

這完全披露了郊祀當中的人鬼配享儀節，遠比昊天上帝等受祭對
象還要重要。因為人王的始祖是整個祭祀活動當中，天、人之間
的媒介[170]，少了這個媒介，「天道闇昧」[171]，縱使人王想開席請
昊天上帝吃頓飯，也難得其門而入。換言之，天、人的溝通必須
要有人鬼促成[172]，恐怕才是周公郊祀以始祖配享的原因[173]。

---

[169] 《孝經》，卷五〈聖治章〉，頁37，邢《疏》。

[170] 從《禮記》，卷二六〈郊特牲〉，頁500：「萬物本乎天，人本乎祖，
此所以配上帝也」，可知：唯有人王的始祖，才是那個與上帝緊密的聯
繫在一起的鬼。

[171] 《公羊傳》，卷十五〈宣公三年〉，頁190。

[172] 錢穆認為早在殷商時，就已經有這種觀念，他說：「考之商代盤庚以來
殷墟甲文，時人已信上帝，能興雨，能作旱，禾黍之有年、無年，需上
帝之力，然而上帝雖為降旱、降雨之主宰，而商王室之祈雨、祈年，則
不向上帝而向祖先。故甲文乃絕無上帝享祭之辭。蓋當時人對上帝之觀
念，謂上帝雖操極大之權能，而不受私情請託與祈求，故凡有事祈求於
上帝者，乃必以其祖先為媒介。於此有相附而起者，即先祖配帝之說。
此亦在甲文已有之。」詳參錢穆：《靈魂與心》（桂林：廣西師範大學

從《漢書》卷十二〈平帝紀‧元始四年〉：

郊祀高祖以配天，宗祀孝文以配上帝。

顯示：漢代是到了王莽攝政時期，才首見人鬼配享的儀節。他又搓合〈大司樂〉裡頭的隻字片段[174]，以爲天地合精，如同夫婦判合，郊天時，墬當與之共牢而食，若祭天有漢高祖配天，祭墬也應該有與之相匹配的人鬼配享，故議定了以漢高祖的元后——呂后，配墬享食[175]。

東漢光武建武元年（25），即位於鄗的南郊，告祭天、地之時，並沒有以人鬼配享。建武七年（31），天、地合祀於雒陽城南七里郊處時，也僅以高祖配享[176]。中元二年（57），更以天、

出版社，2004 年），頁 22。

[173] 《孝經》，卷五〈聖治章〉，頁 36：「昔者周公郊祀后稷以配天。」

[174] 《漢書》，卷二五下〈郊祀志〉，頁 565-566，王莽將〈大司樂〉：「以六律、六同、五聲、八音、六舞，大合樂以致鬼、神、示……。」理解爲：天、地、人鬼合祭時，「以六律、六同、五聲、八音、六舞」合樂，合樂之後，祭祀配樂又依照不同的受祭對象，而演奏不同的音樂，因此才有下文：「乃奏黃鍾，……以祀天神；乃奏大蔟……以祭地示；乃奏姑洗……以祀四望；乃奏蕤賓……以祭山川；乃奏夷則……以享先妣；乃奏無射……以享先祖」的登載。他又結合〈大司樂〉：「大合樂以致鬼、神、示」，與前文的「享先妣」、「享先祖」的登載，說明天、地合祭，應該有先祖、先妣配享之制。

[175] 以上引述詳參《漢書》，卷二五下〈郊祀志〉，頁 565-566。

[176] 《後漢書‧續漢志》，卷七〈祭祀志上〉，頁 1146，東漢光武帝建武七年（31），本欲以郊祭以堯配享，杜林以爲不當如此，奏議曰：東漢政權興起「不因緣堯」，且東漢政權既然自稱是中興，與殷、周的革命

地分祀，故於雒陽城北四里另營地郊，當時依王莽之說，地郊以先妣配享，卻因呂后無道爲由，改立孝文帝生母薄太后配地享食[177]。爾後，東漢諸帝是否皆按照中元故事制禮，史傳有闕，具體的情況不得而知。不過，按理推考，若有變革應該會被記載，既然沒有記載，應該就是沒太大變化，也因爲如此，曹魏明帝太和元年（227），按照漢代舊事[178]，合祭天、地於南郊，以祖父曹操配天，時雖未曾記載以誰配地，但既然是依照漢代舊事，以所生祖母武宣皇后配地的可能性比較大。

　　曹魏明帝景初元年（237），也因以郊、禘爲二的緣故，而以舜與舜妃伊耆氏，分別爲圜、方二丘的配享對象。如此，郊祀以「肇建洪基」的曹操配享，得「以昭功德」，禘祭則因「曹氏系世，出自有虞氏」，以「始祖帝」舜配享，用來彰顯「尊祀世統」[179]。不難推想，這可能是想藉此甩開曹家爲宦官子孫[180]的包袱[181]。出身於名門世家的西晉武帝，當然沒有因「暴貴」[182]，政

型態不同，郊祀當然應該以漢高祖配享。光武帝從之。

[177] 詳參《後漢書》，卷一下〈光武帝紀〉，頁 61，中元元年（56）先朝議更改地祇配享人鬼之後，中元二年（57）方按此立北郊。

[178] 《宋書》，卷十六〈禮志三〉，頁 209：「郊祀以武皇帝以配天，……是時二漢郊禋之制具存，魏所損益可知也。」

[179] 以上引述俱見《三國志》，卷三〈明帝紀・景初元年〉，頁 104，裴《注》引王沈等《魏書》。

[180] 《三國志》，卷一〈武帝紀〉，頁 21-23。

[181] 至於同樣起於微賤的孫吳政權，《宋書》，卷十六〈禮志三〉，頁 210，孫權即位舉行南郊祭天祭典後，就以「郊祀當於中土，今非其所」爲由，不復郊祀。按此，孫吳政權應該僅有這次郊祀。但劉宋何承天卻說，除了這次，孫權掌政末年，又舉行過一次郊祀，這次的郊祀，何氏轉引環氏《吳紀》，提到：「（孫）權思崇嚴父配天之義，追上父

權的合法性可能會被質疑的困擾，故泰始二年（266）以後的郊祀，僅以祖父司馬懿配天與地，強調其「肇開王業」之功[183]。東晉則按西晉就舊例，直到東晉成帝咸和八年（333），另立覆舟山之南為北郊，方以司馬懿的元配——宣穆張皇后，配地享食[184]。

　　南方四朝的郊祀配享之禮，也有起於微賤的困擾，然而白手起家的他們，在無有王迹之功的祖先可攀附情況下[185]，各顯神通。劉宋以開國君主——劉裕配天，以劉裕的元配夫人——宋武敬皇后配地[186]，藉此昭顯劉裕的建國功勳。南齊開國君主蕭道成稱帝後所舉行郊祀的祭典，則讓天、地二郊皆「無配」[187]。若按前節所述，人鬼配享的禮節才是祭祀者最在意的部分，無配，畢竟不符合人情，是以梁武帝、陳武帝、隋文帝[188]似乎都按《孝

堅尊號為吳始祖。」然而何氏所說的郊祀，史傳未曾有具體的記載，當時是否真有此事，或者這只是何氏個人的臆斷，尚待理清。不過，按「權卒後，三嗣主終，吳世不郊祀」，顯示：孫權的後代似乎都貫徹了孫權必須都於洛陽方可郊祀的信念，也因為如此，導致開國創業的孫權，不曾因後代子孫舉行郊祀祭典，而「享配帝之禮」。

182　《禮記》，卷二〈曲禮下〉，頁 73。

183　《宋書》，卷十六〈禮志三〉，頁 211。

184　按照《宋書》，卷十六〈禮志三〉，頁 211，西晉武帝泰始二年（266）省宣穆張皇后配地之禮的情況，至少維持到東晉明帝太寧三年（325），未另立北郊以前。

185　《文獻通考》，卷七十〈郊社考·郊三·魏〉，頁 631：「魏、晉而後，有天下者多起自匹夫，其祖、父未有可以配天之功德。」

186　《宋書》，卷十六〈禮志三〉，頁 216。

187　《南齊書》，卷九〈禮志上〉，頁 64。

188　《隋書》，卷六〈禮儀一〉，頁 68，隋煬帝大業元年（605），南、北二祀，改由其父隋文帝配享，二丘之禮則照舊。

經》卷五〈聖治章〉：

> 孝莫大於嚴父，嚴父莫大於配天。

將「嚴父」的「父」解釋爲開國君主，乃可推崇生父配天，以彰顯孝思。既然以生父配天，當然就會以與之相對應的生母配地。不過，其雖與曹魏明帝同樣在表彰世統，但仔細劃分，兩者還是有些不同。曹魏將血統推到古代聖王，乃是依循「尊尊」原則，梁武帝、陳武帝、隋文帝等人推尊生父，則是依循「親親」原則。比較特別的是以旁嗣入統的陳文帝，似乎爲了化解自己承嗣的矛盾，故將南郊改由叔叔陳霸先配享，以從「尊尊」；北郊改由祖父德皇帝配享，以從「親親」[189]，原本配享於地的祖母，也因此被撤除在配享行列之外。

北朝與曹魏相同，同採郊、禘爲二的論調，不過郊、禘配享對象的選擇，卻因政治環境而有所不同。北魏道武帝稱帝時，以相傳爲天女所生的神元皇帝爲始祖[190]，南郊配天；以神元皇帝的元配竇皇后，北郊配地。這樣的安排似乎是藉由攀附神聖血統，以強化部落聯盟對於國家政權的認同。可能是爲了奠定漢化改革的基礎，北魏孝文帝太和十六年（492），改推尊本統，故將南郊祭天的配享對象，換成北魏政權的建立者——道武帝[191]。

北齊卻不刻意區隔郊、禘二祭的配享對象，文宣帝高洋單以其父高歡，按其王迹功勳，同配南郊、圓丘；被追尊爲武明皇后

---

[189]　以上引述詳參《隋書》，卷六〈禮儀一〉，頁 62、64。

[190]　《魏書》，卷一〈序紀〉，頁 23。

[191]　《魏書》，卷一百八之一〈禮志四之一〉，頁 1310。

的生母，同配北郊、方丘。北周孝閔帝圜、方二丘以炎帝神農氏
配享，南、北二郊則以帶領宇文部落南遷有功的宇文莫那配享
[192]。將中原文化中的聖王，與部落的民族英雄分置，各以為郊、
丘的配享對象，似乎有同時攏絡胡、漢兩大民族的用意[193]。

　　另者，配享對象往往也披露當時人對於天、地尊卑的認知。
就王莽創定天、墬合祭於南郊的禮制來說，當時雖以天、地同
向、同席，不過，若按照「墬配」的說法，乃是以天尊地卑[194]。
東漢光武帝中元二年（57），尚未改採天、地分祀之前，同樣合
祭天、地於雒陽城南七里郊處時，雖將天、地同置於南面，西
上，但僅以漢高祖配享的作法[195]，乃是以天、地同尊。爾後，除
了南齊郊祀無配[196]，不清楚當時對於天、地尊卑的認知，西晉武
帝、北周孝閔帝、隋文帝等人皆以同一個祖先配天享地，乃是以
天、地同尊[197]。曹魏明帝景初元年（237）[198]、北魏道武帝[199]、

---

[192]　唐‧令狐德棻：《周書》（臺北：藝文印書館，1972 年），卷三〈孝
　　　閔帝紀〉頁 26、《隋書》，卷六〈禮儀志一〉，頁 66。

[193]　萬繩南：《魏晉南北朝史論稿》（臺北：雲龍出版社，2002 年），頁
　　　358-361，北周一開始就以儒生的建議為依據，慢慢的從選舉、經濟、
　　　戶籍、宗教、兵制等方面著手改革，促使各民族、階層得以融合在一
　　　起。

[194]　以上引述詳參《漢書》，卷二五下〈郊祀志〉，頁 565-566。

[195]　《後漢書》，卷一下〈光武帝紀〉，頁 61。

[196]　《南齊書》，卷九〈禮志上〉，頁 64。

[197]　《隋書》，卷六〈禮儀志一〉，頁 66。

[198]　《三國志》，卷三〈明帝紀‧景初元年〉，頁 104，裴《注》引王沈等
　　　《魏書》。

[199]　《魏書》，卷一百八之一〈禮志四之一〉，頁 1310。

東晉、劉宋[200]、梁、陳、北齊[201]等各代，皆分別以先祖、妣配天享地，顯示：當時的主流認知爲天尊地卑。

二、祭祀地點

西漢郊祀的改革，乃是方士與儒生之間的角力戰[202]。漢初的統治者，大多採用方士的意見，因此當時郊祀的地點與方位[203]，大多不符合儒家所言。直到漢成帝建始元年（32B.C.），儒學得勢後才在儒生匡衡等人的建議下，將皇天上帝與后土的祭祀地點，從雲陽（甘泉）與汾陰脽丘，徙置「聖王所都之南」，也就是長安的南郊[204]。爾後，郊祀的地點雖反反覆覆遷徙好幾次[205]，

200　《宋書》，卷十六〈禮志三〉，頁 216。

201　《隋書》，卷六〈禮儀志一〉，頁 66。

202　錢寶琮：〈太一考〉，頁 2458-2459、美・巫鴻著，鄭岩等譯：〈五岳的衝突〉，《禮儀中的美術》（北京：三聯書店，2005 年），頁 633。

203　《史記》，卷二八〈封禪書〉，頁 547，漢武帝元朔三年（126B.C），「亳人謬忌奏祠太一方，曰：『天神貴者太一，太一佐曰五帝。古者天子以春、秋祭太一東南郊，用太牢，七日，爲壇開八通之鬼道。』於是天子令太祝立其祠長安東南郊，常奉祠如忌方」。另參顧頡剛：〈漢武的郊祀與求仙〉，《秦漢的方士與儒生》（上海：上海古籍出版社，2005 年），頁 14-16。

204　《漢書》，卷十〈成帝紀〉，頁 130，王先謙《補注》引應劭曰：「天郊在長安城南。」今考古發掘漢代的長安城南郊，有十幾個規模巨大的建築遺址，似乎與西漢南郊祭天有關。詳參黃展岳等人：〈漢長安城南郊禮制建築遺址學發掘簡報〉，《考古》第 7 期（1960 年 6 月），頁 36。

205　東漢光武帝定都雒陽之前，長安南郊泰畤與雲陽（甘泉）泰畤，歷經了好幾次的罷、復，根據《漢書》，卷二五下〈郊祀志〉，頁 562-566，永始三年（14B.C.）十一月，因成帝久無嗣，復雲陽（甘泉）泰畤。綏

東漢以後，就完全按照匡衡的說法，以都城的南、北郊作爲天、地的祭祀地點。是以漢家郊祀從來就不曾針對郊、丘之間的牴悟，進行討論，況且，以圜丘、方澤分別爲天、地的祭祀場所，乃是《周禮》獨有的說法，而《周禮》被漢武帝視爲「末世瀆亂不驗之書」[206]，該說在當時還無法發揮任何作用，因此漢武帝才會將后土祠也立在圜丘之上[207]。爾後，因鄭、王二氏的影響，方使郊祀禮制，從方士、儒生之爭，轉爲郊、丘分合之制。大抵上南朝皆從王說，合併郊、丘以爲制；北朝、隋則依鄭《注》，以郊、丘分立爲禮[208]。

　　或許是受到東漢光武帝於南郊即位告天的影響[209]，袁術、曹丕、孫權、劉備、司馬炎、劉裕、蕭道成、蕭衍、陳霸先、拓拔珪、高洋等人[210]，皆於南郊稱帝。而王敦的「尚未南郊，何得稱

和二年（7B.C.）成帝崩，元后詔復長安南郊泰時（按此推測：成帝永始三年（14B.C.）復雲陽泰時之祀時，可能隨之罷廢長安南郊泰時，因此才有接下來的元后復其祀）。哀帝建平三年（4B.C.），哀帝寢疾，元后復雲陽（甘泉）泰時如故，罷南郊。平帝元始四年（4），從王莽議，復長安南郊泰時之祀如故。爾後「三十餘年間，天、地之祠五徙焉」。

206　賈公彥：〈序周禮廢興〉，《周禮》，頁 7-9。

207　《史記》，卷二八〈封禪書〉，頁 548。

208　詳參《宋書》，卷十六〈禮志三〉，頁 212-213、《南齊書》，卷九〈禮志上〉，頁 75、《隋書》，卷六〈禮儀志一〉，頁 64。

209　詳參《後漢書・續漢志》，卷七〈祭祀志上〉，頁 1145。

210　依序分見：《三國志》，卷六〈袁術傳〉，頁 244-243、卷四七〈吳主孫權傳・黃龍元年〉，頁 942、《通典》，卷四二〈禮二・沿革二・吉禮一・郊天上〉自注，頁 1174、吳士鑑、劉承幹：《晉書斠注》（臺北：藝文印書館，1972 年；以下簡稱《晉書》），卷三〈武帝本紀・

天子」[211]之說，披露了南郊已經變成六朝人心目中的受命聖地。似乎也是因爲這樣的政治地位，故兩晉與南方四朝，以郊、丘合併爲制者，皆是以圓丘并入南郊，而不是以圓丘取代南郊。

必須補充的是：「江左初，未立北壇，地祇眾神，共在天郊」，至東晉成帝咸和八年（333），特別將天、地分祀，並於覆舟山南方處設立北郊壇，使得北郊從南郊祭典中獨立出來的作法[212]，似乎僅是藉此苟且偷安，未曾失去北方國土的自我催眠[213]。劉宋[214]、南齊、梁、陳等朝，皆因襲東晉之法[215]。

泰始元年），頁 64、《宋書》，卷三〈武帝本紀·永初元年〉，頁 37、《南齊書》，卷二〈高帝本紀下·建元元年〉，頁 24、唐·姚思廉：《梁書》（臺北：藝文印書館，1972 年），卷二〈武帝本紀·天監元年〉，頁 26、唐·姚思廉、魏徵：《陳書》（臺北：藝文印書館，1972 年），卷二〈高祖本紀下·永定元年〉，頁 21、《魏書》，卷一百八之一〈禮志四之一〉，頁 1310、隋·李百藥：《北齊書》（臺北：藝文印書館，1972 年），卷四〈文宣帝本紀·天保元年〉，頁 29。

211 《晉書》，卷九八〈王敦傳〉，頁 1679。
212 以上引述俱見《宋書》，卷十四〈禮志一〉，頁 175。
213 《南齊書》，卷四七〈王融傳·史臣論〉，頁 386：「晉世遷宅江表，人無北歸之計，英霸作輔，芟定中原，彌見金德之不競也。元嘉再略河南，師旅傾覆，自此以來，攻伐寢議。雖有戰爭，事存保境。」
214 南郊兆位，劉宋先是承東晉之制，建於建康東南巳地，孝武帝大明三年（459），移郊兆至秣陵牛頭山西，正在宮之午地，前廢帝繼位後，以舊郊地較爲吉利，而移還本處。見《宋書》，卷十四〈禮志一〉，頁 175。
215 《宋書》，卷十六〈禮志三〉，頁 212-213、《南齊書》，卷九〈禮志上〉，頁 75、《隋書》，卷六〈禮儀志一〉，頁 64。

三、祭祀月份與間隔時間

　　秦始皇於夏曆十月，也就是秦曆孟春正月郊祀[216]。漢家草創之初，郊祀時間並不固定，是以文帝常於孟夏四月郊祀[217]，景帝曾於二月郊祀雍時[218]，武帝初年，乃按秦制於十月郊祀，後來又分別於正月、三月、四月、十一月、十二月舉行郊祀，宣帝以後，方確立正月祭天，三月祭地[219]。至元始年間，因王莽的關係，郊祀時間又發生劇烈的變動。王莽似乎以陰、陽之說爲依據，並串聯〈大司樂〉[220]，以及當時以正月爲郊祀時間的學術共識[221]，以爲陰、陽二者本有離、合，制定天子孟春正月親自合祭天、地於南郊，是爲陰、陽相合的祭典；夏日至與冬日至，則遣使分別獨祭地與天，是爲陰、陽相離的祭典。他又進一步搓合《周禮》「兆五帝於四郊」[222]，以及〈月令〉的登載，落實了立

---

[216] 《史記》，卷二八〈封禪書〉，頁 544：「秦以冬十月為歲首，故常以十月，上宿郊見，通權火，拜於咸陽之旁……。」

[217] 《史記》，卷二八〈封禪書〉，頁 546，登載漢文帝親郊雍時，或渭陽五帝廟，皆在孟夏四月，然而《漢書》，卷二五下〈郊祀志〉，頁 565，王莽奏書：「孝文十六年（164B.C.）用新垣平，初起渭陽五帝廟，……日冬至祠泰一，夏至祠地祇，皆并祠五帝，而共一牲……。」王莽之所以這樣說，可能是為了讓郊祀改革可以順利進行，而特意添油加醋，以之為事證。

[218] 《史記》，卷十一〈孝景帝紀·中六年〉，頁 205。

[219] 詳參〈附件三：兩漢諸帝郊祀表〉。

[220] 《周禮》，卷二二〈春官·大司樂〉，頁 342：「冬日至於地上之圜丘奏之……夏日至於澤中之方丘奏之。」

[221] 詳參前文第二章，第三節。

[222] 《周禮》，卷十九〈春官·小宗伯〉，頁 209。

春、立夏、立秋、立秋十八日、立冬之時，各自於長安東、西、
南、北、未地等郊處，分祭五帝，以迎五時之氣。是以昊天上帝
的祭祀，一年有兩次；五帝的祭祀，一年只有一次，並無本末倒
置的問題。

　　東漢僅於正月舉行郊祀。六朝雖大抵依東漢之制，於正月舉
行郊祀[223]，卻因郊、丘分立的關係，曹魏、北魏、北齊[224]、隋，
則另有冬、夏二至之時，各於圓、方二丘的祭典[225]。然而也因東

---

[223] 是以曹魏明帝太和元年（227）正月郊祀；西晉武帝太康三年（282）正
月親郊；東晉康帝建元元年（343）正月親奉南郊、成帝咸和八年
（334）正月郊天；劉宋武帝永初二年（421）正月、孝武帝孝建二年
（456）正月、大明二年（458）正月都曾舉行南郊之祀；南齊武帝建元
五年（483）正月祀南郊；梁制間歲正月上辛祀郊，故梁武帝分別於天
監四年（505）、天監八年（509）、天監十年（511）、天監十二年
（513）、天監十四年（515）、天監十六年（517）、天監十八年
（519）、普通二年（521）、普通四年（523）、普通六年（525）、大
通元年（527）、中大通元年（529）、中大通三年（531）、中大通五
年（533）、大同二年（536）、大同五年（539）、大同七年（541）、
太清元年（547）等年的正月，親祀南郊、陳制亦以間歲正月上辛祀天
地於南北二郊，故有陳武帝永定二年（558）正月親祀南郊、北周「祭
圓丘及南郊，並正月上辛」。隋文帝則大部分有事才祀南郊，因此時間
不固定。以上引述依序分見《三國志》，卷三〈明帝紀‧景初元年〉，
頁 104，裴《注》引王沈等《魏書》、《宋書》，卷十六〈禮志三〉，
頁 212-215、《梁書》，卷二〈武帝本紀中〉，頁 30、33-37、卷三
〈武帝紀下〉，頁 40-47、50、《陳書》，卷二〈高祖本紀下〉，頁
23、《隋書》，卷六〈禮儀志一〉，頁 62、64-66、卷一〈高祖本紀
上〉，頁 22、卷二〈高祖本紀下〉，頁 29、32、33。

[224] 《隋書》，卷六〈禮儀志一〉，頁 65-66，北齊初，圓丘禘祭的時間本
是在正月，後諸儒定禮，改為冬至。

[225] 以上引述依序分見《三國志》，卷三〈明帝紀‧景初元年〉，頁 104，

漢明帝始依采西漢元始故事，制五郊迎氣[226]，以及落實正月於雒陽明堂合祭五帝之禮[227]，使得昊天上帝與五帝的祭祀次數，呈現

裴《注》引王沈《魏書》、《魏書》，卷一百八之一〈禮志四之一〉，頁1114、《隋書》，卷六〈禮儀志一〉，頁67。

[226] 王莽所制的迎氣於郊的時間，按《後漢書・續漢志》，卷八〈祭祀志中〉，頁1153，東漢明帝永平二年（59），制雒陽五郊迎氣之禮，其按「禮《讖》及〈月令〉」，因采元始中故事，「立春之日，迎春于東郊，祭青帝、句芒。……立夏之日，迎夏于南郊，祭赤帝、祝融。……先立秋十八日，迎黃靈于中兆，祭黃帝、后土。……立秋之日，迎秋于西郊，祭白帝、蓐收。……立冬之日，迎冬于北郊，祭黑帝、玄冥」。既是采元始故事，如此，王莽所制的迎氣於郊的時間，可能也是立春、立夏、立秋、立秋十八日、立冬，故《漢書》，卷九九上〈王莽傳〉，頁1724，王莽居攝元年正月，有迎春於長安東郊的登載。

[227] 兩漢、六朝人雖多以明堂為祭祀上帝的場所，不過，因對於上帝的認知不同，受祭對象還是有些差異，按《史記》，卷二八〈封禪書〉，頁553，漢武帝元封五年（106B.C.），始於汶上營立明堂，拜明堂如郊禮，并祠太一神與五色天帝，且以漢高祖配之。爾後，《漢書》，卷九九中〈王莽傳〉，頁1730-1731，王莽改以夏、殷、周、漢等四代古宗，為明堂的受祭對象，並以舜王氏始祖，配祭享食，換言之，將天神從明堂的受祭對象中移除，明堂也因此變成純粹是大享人鬼的祭典。然而這卻不為後人所接受，因此，《後漢書・續漢志》，卷七〈祭祀志上〉，頁1146，東漢明帝永平二年（59）回復以天神為明堂的受祭對象，不過，只合祭五帝，昊天上帝並沒有列入其中。撇除隋朝不建明堂的例外，從《宋書》，卷十六〈禮志三〉，頁210-211、《隋書》，卷六〈禮儀志一〉，頁69、《魏書》，卷九十〈逸士列傳・李謐傳〉，頁960-962，可知：曹魏明帝、西晉武帝太康年間以後的變制，以及南齊高帝、北齊、北魏，大多依照東漢舊儀，合祭五帝。另按照《隋書》，卷六〈禮儀志一〉，頁65，以及《通典》，卷四四〈禮四・沿革四・吉禮三・大享明堂〉，頁1220，梁武帝、陳之制，皆以明堂室數為十二的議論，可知：梁武帝、陳制乃是依漢汶上儀，並祭昊天上帝

1 比 2 的情況。

與五帝。然而根據《宋書》，卷十六〈禮志三〉，頁 210，劉宋武帝大
明五年（461），先依漢汶上儀，祭皇天上帝，設五帝位。大明六年
（462），又改用鄭玄議，明堂只合祭五帝。就配享對象而言：《後漢
書・續漢志》，卷七〈祭祀志上〉，頁 1146，東漢明帝以光武帝配
享，以推尊其父之功業。然而六朝時期，明堂配享的人鬼，性質顯得比
較複雜，有的以生父配享，如《宋書》，卷十六〈禮志三〉，頁 211、
216，曹魏明帝以曹丕配享、西晉武帝太康年間後以司馬昭配享、《魏
書》，卷七〈高祖孝文帝紀下〉，頁 101-102，北魏孝文帝以其父顯祖
獻文皇帝配享、《隋書》，卷六〈禮儀志一〉，頁 69，陳武帝以其父
德皇帝配享。有的論功德，如《南齊書》，卷九〈禮志上〉，頁 69，
南齊明帝以蕭賾配享。就祭祀時間而言：《漢書》，卷六〈孝武帝
紀〉，頁 98-100、102，漢武帝祭祀明堂的時間，大多在三月，直到
《漢書》，卷十二〈平帝紀・元始四年〉，頁 144，王莽以春正月，同
祀郊與明堂為制後，兩漢、六朝人大多依此為據，故《宋書》，卷十六
〈禮志三〉，頁 209，曹魏明帝太和元年（227）正月丁未「始宗祀文
帝于明堂」、東晉孝武帝太元十三年（388）正月後辛，祭祀明堂、
《宋書》，卷六〈孝武帝紀〉，頁 70，劉宋孝武帝大明六年（462）正
月，親奉明堂、《南齊書》，卷九〈禮志上〉，頁 65，南齊高帝建元
四年（482）制隔年正月先郊祀，後祭明堂之禮。《梁書》，卷二〈武
帝本紀中〉，頁 34、卷三〈武帝本紀下〉，頁 39-49、42、44、47，登
載梁武帝分別於天監十年（511）、普通二年（521）、普通四年
（523）、中大通元年（529）、中大通五年（533）、大同七年（541）
等年正月，親祠明堂、《陳書》，卷二〈高祖武帝本紀下〉，頁 23，
陳武帝永定二年（558）正月祀明堂、《魏書》，卷七〈高祖孝文帝紀
下〉，頁 101，太和十六年（492）正月於明堂宗祀。至於六朝以前的
明堂廟室數目、建築形制、禮儀沿革等相關討論，詳參濮傳真：《北朝
二戴禮記學》，第四章，第三節，頁 158-185、邱靜綺：《明堂制度研
究》（桃園：中央大學中國文學研究所碩士論文，2005 年），第一
章，頁 12-14、張一兵：《明堂制度源流考》（北京：人民出版社，
2007 年），頁 97-173。

　　鄭玄一方面參考王莽貫串群經諸傳的作法，另一方面又接續東漢明堂、五郊迎氣的舊例[228]，再加上自己對於〈月令〉仲夏「大雩帝」的詮釋[229]，如前文所說，建構了一年僅僅祭祀昊天上帝一次，卻祭祀五天帝中的感生帝四次的祭天系統。若受鄭《注》影響越深的政權，昊天上帝與五帝祭祀次數，與其地位不成正比的情況，就會比其他各朝嚴重[230]，一如北齊，其一年就祭祀了五天帝中的感生帝四次，卻每間隔三年，才祭祀昊天上帝一次[231]。

　　至於必須間隔多久才舉行郊祀。按禮，「王者每歲郊享」[232]，然而秦始皇時，卻是以三年一郊爲制，也就是每間隔二年，

228　六朝的五時迎氣之禮，按《宋書》，卷十六〈禮志三〉，頁 216，魏、晉之制乃因循漢制不改。另依卷十五〈禮志三〉，頁 192-193、《魏書》，卷一百八之四〈禮志四之四〉，頁 1352-1353，從劉宋、北魏朝議所論及五時迎氣之服來推看：兩朝因循漢制的可能性比較大。南齊是否有五時迎氣之禮，史傳有闕，具體的情況不得而知。《隋書》，卷七〈禮儀志二〉，頁 73，梁、陳、北齊、北周、隋行迎氣之禮時，雖皆依漢制按時令分祭五帝，以迎五時之氣，不過，卻加入五官、三辰、七宿於其方從祀，還會有人鬼配享於旁。

229　六朝的雩祭，未見爭疑，僅有受祭對象有些許差異。西晉乃按漢制，以山川社稷爲受祭對象，東晉把上帝加進來，梁武帝則將所有能興風作雨的天神、地祇、人鬼全都納入，陳、隋皆因襲梁之制，北齊則僅以五帝爲受祭對象。詳參《通典》，卷四三〈禮三‧沿革三‧吉禮二‧大雩〉，頁 1203-1207。

230　另參〈附件四：六朝時期昊天上帝與五帝中的感生帝祭祀次數比較表〉。

231　詳參《隋書》，卷六〈禮儀志一〉，頁 64、卷七〈禮儀志二〉，頁 73。

232　《宋書》，卷十六〈禮志三〉，頁 215。

才舉行一次郊祀[233]。漢武帝一開始從其制，後來似乎有所變動[234]，宣、元、成三帝時，常常是二年一郊，也就是每間隔一年，舉行一次郊祀[235]，可能是因襲漢家，曹魏、兩晉也依循這樣的規律[236]。泰始六年（470），劉宋明帝認爲：郊祀的祭祀年份，應該與明堂祭祀時間有所區隔，以彰顯兩者「疏、數有分」，提議改成三年一郊，當時的禮官居然也從善如流。不過，三年一郊畢竟間隔太長，因此後廢帝元徽二年（474）又改回二年一郊[237]。爾後，除了郊、丘分立的北齊，融合了秦、漢二制，「圓丘、方澤，並三年一祭」，「南、北郊則歲一祀」[238]，南齊[239]、梁、陳的郊祀，以及隋的圜丘祭典，皆是二年一郊。不過，仔細分判南齊、梁、陳的郊祀，其形式上還是有些許差異：南齊、陳兩朝乃是同年、分日、分地祭祀南、北二郊，梁是一年祭祀南郊，一年祭祀北郊，南、北二郊交替祭祀的形式。至於北魏、北周兩朝實際情況，史傳有闕，具體的情況不得而知。

233　《史記》，卷二八〈封禪書〉，頁 544。

234　《漢書》，卷二五下〈郊祀志〉，頁 565，平帝元始五年（5），王莽的奏言，雖提及漢武帝初按秦制，元鼎五年（112B.C.）開始，改爲「二歲一郊，與雍更祠」。但從〈附件三：兩漢諸帝郊祀表〉看來，漢武帝時期郊祀的間隔時間，似乎沒有這麼規律。

235　詳參〈附件三：兩漢諸帝郊祀表〉。

236　《南齊書》，卷九〈禮志上〉，頁 65，記載南齊武帝時的王儉奏議：「魏、晉因循，率由漢典，雖時或參差，而類多閏歲。」

237　以上引述俱見《宋書》，卷十六〈禮志三〉，頁 215-216。

238　以上引述俱見《隋書》，卷六〈禮儀志一〉，頁 62、64-65、67。

239　《南齊書》，卷九〈禮志上〉，頁 65。

附　錄

附件一：兩漢郊祀異動表

	發生時間	受祭對象	配享對象	從祀對象	祭祀時間	祭祀地點	備註
西漢文帝	十四年以前	五色上帝	闕	闕	闕	雍五畤	
	十六年	五色上帝	闕	闕	夏四月	雍五畤	郊祀目的是爲了祈穀，求豐年。
		五色上帝	闕	闕	夏四月	長安東北方渭陽五帝廟	
		泰一	漢高祖	五帝	冬至	長安東北方渭陽五帝廟	此乃王莽以後律前，對於文帝十六年事例的推演，是否屬實，不敢必。
		地祇			夏至		
西漢武帝	建元七年	五色上帝	闕	闕	秋、冬	雍五畤	
	元朔三年	**亳人謬忌建議**：將郊祀天神系統的至上神設定爲太一。	闕	闕	春、秋	長安東南郊	是否同時也祭五帝；若同時也祭五帝，當如何安頓，皆未詳說[240]。
	元鼎四年	后土	闕	闕	三月	汾陰脽丘	
	元鼎五年	泰一	闕	五帝與群神	冬	長安北方甘泉宮泰畤	泰一地位在五帝之上，爲一上五下的六天帝結構。三歲一郊。

---

[240] 詳參陳麒仰：〈太一信仰與西漢郊祀〉，頁 10。

西漢成帝	建始二年	上帝	闕	五方之帝與群神	正月	長安南郊	上帝在五方之帝之上，爲一上五下的六天帝結構。
		后土	闕	闕	三月	長安北郊	
西漢平帝	元始年間	**王莽奏議**：天子親自合祭天神系統至上神皇天上帝，與地祇系統的至上神皇墬后祇。	漢高祖配天			長安南郊	皇天上帝在五帝之上，爲一上五下的六天帝結構。
			呂后配地	五帝、六宗等天、地群神	正月		不論主祭、從祭，或配享對象，皆共壇而祭。
東漢光武帝	建武元年	皇天上帝與后土神祇	無	六宗羣神皆從	即位時	鄗之陽	天地合祀。從天、地共用一犢，可知：天地同尊。
	建武二年	皇天上帝與后土神祇	闕	五帝、先農等千五百一十四神皆從祀	正月	雒陽城南七里	天地合祀。天在五帝之上，爲一上五下的六天帝結構。不論主祭、從祭對象，皆共壇而祭。
	建武七年	皇天上帝與后土神祇	漢高祖	五帝、先農等天地羣神從祀	平定隴、蜀後	雒陽城南七里	天地合祀。天在五帝之上，爲一上五下的六天帝結構。
	中元二年	后土	薄太后	五嶽、海、四瀆等地理羣神從食	正月	雒陽城北四里	初制天地分祀。

附件二：六朝郊、丘分合表

	發生時間	郊丘分合	祭祀地點	受祭對象	配享對象	祭祀時間	從祀對象	備註
	太和元年	合	雒陽南郊	天	追尊爲太祖武皇帝的祖父	正月	闕	
				地	所生祖母武宣皇后			
曹魏明帝	景初元年	分	雒陽南郊	祀天：皇天帝	追尊爲太祖武皇帝的祖父	正月	闕	●《宋書》卷十六〈禮志三〉「（曹）魏承後漢，正月祭天，以地配」，顯示：天、地合祀於南郊。●以先皇、先后爲配享者，乃依天尊地卑。
				祀地：皇地后祇	所生祖母武宣皇后			
			雒陽東南方委栗山圜丘壇	圜丘：皇皇帝天	舜	冬至	闕	只營委栗山的圜丘壇，不見另營方丘壇，推想：圜、方二丘可能合祀於圜丘之上。
				方丘：皇皇后地	舜妃伊耆氏			
西晉武帝	泰始二年	合	雒陽南郊	祀天：昊天上帝	追尊爲高祖宣皇帝的祖父	正月	本有五帝從祀，後罷省。太康十年（289）又復南郊五帝位	●罷省五帝從祀，顯示當時對上帝的認知以五位爲一體的結構。●泰始二年（266）又省先后配地之儀。同於東漢建武七年，將女性排在郊
				祀地：地祇				

								祀祭典之外，單以男性祖先配天享食之禮，其認知同樣也是以天、地同尊。
東晉成帝	咸和八年	合	南郊：建康東南巳地	昊天上帝	追尊為高祖宣皇帝	正月	五帝、后土、太一、天一、太微……，凡六十二神也	●以五帝從祀顯示，對上帝的認知還是一上五下的結構。 ●后土被并為天神。 ●雖天、地分祀，但配享對象分別為先皇、先后，顯示天尊地卑。
			北郊：覆舟山南	地祇	追尊為宣穆張皇后		五岳、四望、四海、四瀆、五湖、諸山江等凡四十四神，及諸小山	
南劉宋武帝	永初三年	合	南郊：建康東南巳地	昊天上帝	劉宋武帝	正月	闕	●劉裕開國時，硬是以自己為郊祀配享者。 ●雖天、地分祀，但配享對象分別為皇帝、先后，顯示天尊地卑。 ●宋孝武帝大明三年（459），曾移南郊於牛頭山西，正在宮之午地；北郊於鍾山北原道西，與南郊相對。前廢帝移還原處。
			北郊：覆舟山南	地祇	劉宋武敬皇后			

南齊高帝	缺即位時	合	南郊：建康東南巳地	昊天	無配	正月	闕	●對上帝的認知還是一上五下的結構。 ●天、地分祀。 ●南齊武帝時，以其父高帝配享南郊；以其母高昭皇后配享北郊。
			北郊：覆舟山南	后土				
南梁武帝	集即位時	合	南郊：建康南郊丙地	天皇上帝	追尊爲太祖文皇帝的所生父	正月	五方上帝、五官之神、太一、天一……等皆從祀	●對上帝的認知還是一上五下的結構。 ●雖天、地分祀，但配享對象分別爲先皇、先后，顯示天尊地卑。 ●天監十七年南郊五方上帝不再從祀，改成五方上帝只在明堂享祀。
			北郊：建康北郊	后地之神	追尊爲德皇后的所生母		五官之神、先農、五岳及國內山川皆從祀	
南陳武帝	永定二年	合	南郊：建康南郊	上帝	追尊爲德皇帝的所生父	正月	加五帝位	●對上帝的認知還是一上五下的結構。 ●雖天、地分祀，但配享對象分別爲先皇、先后，顯示天尊地卑。縱使陳文帝天嘉中，北郊改由祖父德皇帝配，南郊改以其叔叔陳霸先配享，還是以天尊地卑。
			北郊：建康北郊	地祇	追尊爲昭皇后的所生母		闕	

				地點	祭祀對象	配享	時間	從祀	備註
北魏道武帝	天興二年	分	郊	南郊：平城國南巳地	皇天上帝	追尊為始祖神元皇帝的先祖	正月	五精帝、五人帝從祀	●上帝的認知還是一上五下的結構。 ●雖天、地分祀，但配享對象分別為先皇、先后，顯示天尊地卑。 ●郊祀同月不同日。
				北郊：平城國北	后土	追尊為神元竇皇后的先妣		五岳名山在中壇內，四瀆大川於外壇內從祀	
			丘	平城圜丘	皇天上帝	闕	冬至	闕	
				平城方澤	后土	闕	夏至	闕	
	天賜二年			平城西郊	天神	無	正月 **241**	無	此乃鮮卑舊俗。
北魏孝文帝	太和十六年			南郊：平城國南巳地	昊天上帝	道武帝	正月	闕	
北齊	分	分	郊	南郊：國南	五帝中感生先皇的靈威仰	高歡	正月	無	●圜丘祭典一開始是正月祭祀，後改冬至祭祀。 ●上帝的認知還是一上五下的結構。 ●雖天、地分祀，但配享對象分別為先皇、先后，顯示天尊地卑。
				北郊：國北	神州神	追尊為武明皇后的所生母		無	
			丘	圜丘：國南郊處	昊天上帝	高歡	冬至	五精帝等從祀	
				方澤：在國北郊	崑崙地祇	追尊為武明皇后的所生母	夏至	神州、社稷、天下山水皆從祀	

241　《魏書》，卷一百九〈樂志五〉，頁 1355：魏收雖曾提到「舊禮：孟秋祀天西郊」，不過北魏西郊祀天，往往在四月。

北周孝閔帝		分	郊	南郊：國南五里處	五天帝中感生先祖的靈威仰	被稱爲始祖的宇文莫那	無	●對上帝的認知還是一上五下的結構。 ●天、地分祀。 ●以炎帝神農氏同配昊天上帝與皇地祇，顯示天地同尊。
				北郊：國北六里處	后地之祇			
			丘	圜丘：國南七里處	昊天上帝		正月	五方上帝等從祀
				方丘：在北郊壇之右，被命爲神州壇	皇地祇	炎帝神農氏	闕
隋文帝	即位時	分	郊	南郊：國南太陽門外道西一里	五帝中感生先祖的赤熛怒	追尊爲太祖武元皇帝的所生父	正月	闕	●對上帝的認知還是一上五下的結構。 ●天、地分祀。 ●以父考同配昊天上帝與后土地祇，顯示天地同尊。
				北郊：似乎在國北	神州之神		闕
			丘	圜丘：國南，太陽門外道東二里	昊天上帝	追尊爲太祖武元皇帝的所生父	冬至之日	五方上帝等從祀
				方丘：宮城之北十四里	皇地祇		夏至之日	九州、山、海、川、林、澤、丘陵、墳衍、原隰等從祀

附件三：兩漢諸帝郊祀表

	年份	時令	月份	郊祀對象	出處
文帝	孝文前元十五年（165B.C.）	夏	四月	雍時五色上帝	《史記》卷二八〈封禪書〉
景帝	中元六年（144B.C.）	春	二月	雍時五色上帝	《漢書》卷五〈景帝紀〉
武帝	元光二年（133B.C.）	冬	十月	雍時五色上帝	《漢書》卷六〈武帝紀〉
	元狩元年（122B.C.）	冬	十月	雍時五色上帝	
	元狩二年（121B.C.）	冬	十月	雍時五色上帝	
	元鼎四年（113B.C.）	冬	十月	雍時五色上帝	
	元鼎四年（113B.C.）	冬	十一月	拜望后土祠	
	元鼎五年（112B.C.）	冬	十月	雍時五色上帝	
	元鼎五年（112B.C.）	冬	十月	始立甘泉泰壇	
	元鼎五年（112B.C.）	冬	十一月	始郊甘泉泰壇	
	元鼎六年（111B.C.）	秋	闕	郊甘泉泰壇	
	元鼎六年（111B.C.）	秋	闕	汾陰祠后土	
	元封二年（109B.C.）	冬	十月	雍時五色上帝	
	元封二年（109B.C.）	冬	十月	祝祠甘泉泰壇	
	元封四年（107B.C.）	冬	十月	雍時五色上帝	

元封四年 （107B.C.）	春	三月	汾陰祠后土	
元封五年 （106B.C.）	夏	四月	郊甘泉泰壇	
元封六年 （105B.C.）	春	三月	汾陰祠后土	
太初元年 （104B.C.）	冬	十二月	汾陰祠后土	
太初二年 （103B.C.）	春	三月	汾陰祠后土	
天漢元年 （100B.C.）	春	正月	郊甘泉泰壇	
天漢元年 （100B.C.）	春	三月	汾陰祠后土	
太始四年 （93B.C.）	冬	十月	雍時五色上帝	
後元元年 （88B.C.）	春	正月	郊甘泉泰壇	
神爵元年 （61B.C.）	春	正月	始郊甘泉泰壇	
神爵元年 （61B.C.）	春	三月	汾陰祠后土	
五鳳元年 （57B.C.）	春	正月	郊甘泉泰壇	
五鳳二年 （56B.C.）	春	三月	雍時五色上帝	《漢書》卷八〈宣帝紀〉
五鳳三年 （55B.C.）	春	三月	汾陰祠后土	
甘露元年 （53B.C.）	春	正月	郊甘泉泰壇	
甘露三年 （51B.C.）	春	正月	郊甘泉泰壇	
黃龍元年 （49B.C.）	春	正月	郊甘泉泰壇	

宣帝

元帝	初元二年（47B.C.）	春	正月	郊甘泉泰壇	《漢書》卷九〈元帝紀〉
	初元二年（47B.C.）	春	三月	汾陰祠后土	
	初元四年（45B.C.）	春	正月	郊甘泉泰壇	
	初元四年（45B.C.）	春	三月	汾陰祠后土	
	初元五年（44B.C.）	春	三月	雍時五色上帝	
	永光元年（43B.C.）	春	正月	郊甘泉泰壇	
	永光元年（43B.C.）	春	三月	汾陰祠后土	
	永光四年（40B.C.）	春	三月	雍時五色上帝	
	永光五年（39B.C.）	春	正月	郊甘泉泰壇	
	永光五年（39B.C.）	春	三月	汾陰祠后土	
	建昭元年（38B.C.）	春	三月	雍時五色上帝	
	建昭二年（37B.C.）	春	正月	郊甘泉泰壇	
	建昭二年（37B.C.）	春	三月	汾陰祠后土	
成帝	建始二年（31B.C.）	春	正月	始祠長安城南郊上帝	《漢書》卷十〈成帝紀〉
	建始二年（31B.C.）	春	三月	始祠長安城北郊后土	
	永始二年（15B.C.）	春	三月	雍時五色上帝	
	永始四年（13B.C.）	春	正月	郊甘泉泰壇	

	永始四年 （13B.C.）	春	三月	汾陰祠后土	
	元延元年 （12B.C.）	春	三月	雍時五色上帝	
	元延二年 （11B.C.）	春	正月	郊甘泉泰壇	
	元延二年 （11B.C.）	春	三月	汾陰祠后土	
	元延三年 （10B.C.）	春	三月	雍五時五色上帝	
	元延四年 （9B.C.）	春	正月	郊甘泉泰壇	
	元延四年 （9B.C.）	春	三月	汾陰祠后土	
	綏和元年 （8B.C.）	春	三月	雍時五色上帝	
	綏和二年 （7B.C.）	春	正月	郊甘泉泰壇	
	綏和二年 （7B.C.）	春	三月	汾陰祠后土	
光武帝	建武元年（25）	夏	六月	於鄗即位而告天、地	《後漢書·續漢志》卷八〈祭祀志上〉
	建武二年（26）	春	正月	初立雒陽城南合祭天、地	
	建武十八年（43）	春	三月	汾陰祠后土	《後漢書》卷一下〈光武帝紀〉
	中元二年（57）	春	正月	初立雒陽城北郊祀后土	
明帝	永平二年（59）	依時令	依時令	初迎氣於雒陽城五郊	《後漢書》卷二〈孝明帝紀〉
獻帝	建安元年（196）	春	正月	郊祀上帝於安邑	《後漢書》卷九〈孝獻帝紀〉
	建安元年（196）	秋	七月	郊祀上帝於雒陽	

附件四：六朝昊天上帝與五帝中的感生帝祭祀次數比較表

		正月南郊	冬至圓丘	正月明堂	雩祭	五郊迎氣	六宗	比重
曹魏		皇天帝	皇皇帝天	五帝	闕	五帝	先祀六子之掛，後改祀太極中和之氣	1：2
兩晉	西晉	昊天上帝	無	五帝	社稷山川	五帝	先罷後復按曹魏舊事祀太極中和之氣	1：2
	東晉	昊天上帝	無	五帝	昊天上帝、社稷、山林、川澤	五帝	闕	2：2
南朝	宋	昊天上帝	無	五帝	闕	先昊天上帝、五帝，後改只祭祀五帝	闕	1：2
	齊	昊天上帝	無	五帝	闕	闕	闕	1：1
	梁	昊天上帝	無	五帝	祈禱所有能興風作雨的天神、地祇、祖宗人鬼	昊天上帝、五帝	闕	2：3
	陳	昊天上帝	無	五帝	祈禱所有能興風作雨的天神、地祇、祖宗人鬼	昊天上帝、五帝	闕	2：3
北朝	魏	皇天上帝	皇天上帝	五帝	州、郡界內大、小神、祇	五帝	昊天上帝、五帝	3：3
	齊	五帝中的感生上帝	昊天上帝	五帝	五帝	五帝	闕	1：4
	周	五帝中的感生上帝	昊天上帝	闕	闕	五帝	闕	1：2
隋		五帝中的感生上帝	昊天上帝	無	五帝	五帝	闕	1：3

第三章 社 祭

　　傳世文獻往往將「社稷」省文爲「社」，例如《禮記》「諸侯祭社稷」[1]，《荀子》卻只說「社止於諸侯」[2]，又如《周禮》一書中〈小宗伯〉「右社稷，左宗廟」[3]，後來補入的《考工記》卻簡化爲「左祖，右社」[4]。不僅傳世文獻如此，卜辭[5]同樣有「又宅土」（《屯南》T04400）[6]的記載，而西周早期的銘文[7]，也只看見指稱「社」的字眼，如〈宜侯夨簋〉：

1　《禮記》，卷十二〈王制〉，頁 242。

2　《荀子集解》，卷十三〈禮論〉，頁 350。

3　《周禮》，卷十九〈春官・小宗伯〉，頁 290。

4　《周禮・考工記下》，卷四一〈冬官・匠人〉，頁 643。

5　卜辭中只有祭社，沒有祭稷的登載，或許也是因為省文，似乎不見得如陳夢家：《殷虛卜辭綜述》，頁 583，所斷定的「殷人只有社而無稷」。

6　曹錦炎、沈建華編著：《甲骨文校釋總集・小屯南地甲骨》，卷十八，頁 6458。常玉芝：《商代宗教祭祀》，頁 137，以為：「『又宅』」即『右宅』，即右邊的房宅。古代宗廟設置為『左祖右社』，看來該辭的『右宅』，即是祭祀社神的宗廟『右社』。」

7　以下青銅器的資料來源，主要是以中央研究院歷史語言研究所金文工作室製作的「殷周金文暨青銅器資料庫」：http://www.ihp.sinica.edu.tw/~bronze/detail-db-1.php，書面資料的部分，以下列兩本著錄書為主要範圍，分別是 1984-1994 之間，由中國社會科學院考古研究所編：《殷周

隹（唯）四月，辰才（在）丁未，王省斌王、成王伐商
圖，征省東或（國）圖，王卜于宜，入土[8]南鄉。（《集
成》04320）

至戰國晚期的〈中山王䦅鼎〉銘文：

速（使）智（知）社稷之賃（任）。……社稷其庶虖。
（《集成》02840）

方見及「社稷」連言之詞。又因兩漢、六朝的禮議，稷常常是附
帶在社底下來談[9]。職是之故，本章篇名僅單稱〈社〉，不言
〈社稷〉。

金文集成釋文》（香港：香港中文大學中國文學研究所，2001 年；以
下簡稱《集成》），以及延續前書，由鍾柏生、陳昭容等人編：《新收
殷周青銅器銘文暨器影彙編》（臺北：藝文印書館，2006 年；以下簡
稱《NA》）。

8　按馬承源主編：《商周青銅器銘文選》（北京：文物出版社，1988
年），第三卷，頁 34，該器中的「入土」即是「入社」。

9　之所以如此，或許如明·丘濬：《大學衍義補》（京都：中文出版社，
1979 年），卷六十，頁 659，引宋人馬希孟所說：「古人之言社必有
稷，此言社而不言稷，蓋社總祭五土之神，而山林、川澤、丘陵、墳
衍、原隰皆是也，稷則止于原隰而已，言社可以兼稷也。」清·金鶚：
〈社稷考〉，《求古錄禮說》，《清經解續篇》，卷六七一，頁 305，
則以尊、卑來解釋這個現象，故說：「經典凡止言社而不及稷者，以社
尊稷卑，故省文而以社該稷也。」若按照六朝人的認知：「先農非
稷」。稷為穀子神，先農為農業神（詳後文）。

第一節　出土文獻與儒門經、傳中的社

一、土與地

截至目前，卜辭中從未見到「地」字，祭祀土地的時候，用的是「土」這個字[10]。近年雖於西周晚期的〈馱簋〉銘文中見到寫作「墬」的「地」字[11]，但得改讀為「施」[12]。傳述文獻也慣以「下土」[13]、「下土方」[14]指稱後世所說的「地」。所以加一

10　例如：「貞爰于土三小宰，卯一牛，沈十牛」（《合集》00779 正）、「爰于土宰」（《合集》07359）、「爰于土」（《合集》07861）、「其爰于土」（《合集》34187）、「爰于土」（《合集》39503）。

11　《說文解字注》，十三篇下〈土部〉，頁 682，許慎以為「墬」是「地」的籀文。

12　詳參陳劍：〈金文「象」字考釋（上）〉，收入《甲骨金文考釋論集》（北京：線裝書局，2007 年），頁 250-251。另者，雖然戰國晚期的〈䢷蚉壺〉銘文：「不敢寧處，敬命新墬（地），雨（寧）祠先王。」（《集成》09734）、〈三年相邦呂不韋矛〉銘文：「高工□，丞申，工地。」（NA1390）、〈四年相邦呂不韋矛〉銘文：「高工倫，丞申，工地。」（NA1391）等三處的「墬」必須如字讀為「地」，但既然三者皆是戰國晚期的器物，更可以證實下文「戰國以降，天、地相對逐漸取代了原先似乎居主流的天、土相對」的論述。從這個角度而言，郭沫若：〈金文所無考〉，《金文叢考》，收錄於郭沫若著作編輯出版委員會編：《郭沫若全集・考古編》（北京：科學出版社，2002 年），第五卷，頁 88-89，以為「金文中，無後世所說的『地』字」的說法，在某個時代斷限上，仍可成立。

13　如《毛詩》，卷十六之五〈大雅・文王之什・下武〉，頁 851：「成王之孚，下土之式」、卷二十之二〈魯頌・閟宮〉，頁 776：「奄有下土，纘禹之緒」、《國語集解》，卷十九〈吳語〉，頁 554：「余心豈忘憂恤，不唯下土之不康靖」、清・孫詒讓：《墨子閒詁》（北京：中

個「下」為狀詞，主要應該是因為相對於「天」在上[15]。以既有
史料而言，最早以天、地相對者，大概見諸《周易》卷四〈明
夷·上六〉：

> 初登于天，後入于地。

《尚書》卷十九〈呂刑〉：

> 乃命重黎絕地、天通。

戰國以降，天、地相對逐漸取代了原先似乎居主流的天、土相
對，然而「土」、「地」乃同一指謂，則斷無疑義。是以〈太一

華書局，2001 年），卷八〈明鬼下〉，頁 239：「嘗上觀乎《商書》
曰：『……若能共允，佳天下之合，下土之葆』」。

14　如《尚書》，卷三〈汩作·序〉，頁 48：「帝釐下土方，設居方」、
《毛詩》，卷二十之四〈商頌·長發〉，頁 800：「洪水芒芒，禹敷下
土方」。

15　先秦古書中的「上、下」經常指的就是天、地。如《尚書》，卷十〈西
伯戡黎〉，頁 145：「祖伊反曰：『嗚呼！乃罪多參在上』」、卷十五
〈召誥〉，頁 221：「越祀于上、下」、卷二十〈文侯之命〉，頁
309：「丕顯文、武，克慎明德昭升于上；敷聞在下」、《毛詩》，卷
十八之二〈大雅·蕩之什·雲漢〉，頁 660：「上、下奠瘞」、《周
禮》，卷十九〈春官·小宗伯〉，頁 293：「祠于上、下神、示」、
《禮記》，卷四七〈祭義〉，頁 814：「其死，則形與氣分，其氣之精
魂發揚升於上」、《國語集解》，卷三〈周語下〉，頁 103：「夫道成
命者，而稱昊天，翼其上也」、《墨子閒詁》，卷一〈辭過〉，頁
37：「天、地也，則曰上、下」。

生水〉說：

> 下，土也，而胃（謂）之墬（地）。上，燹（氣）也，而
> 胃（謂）之天[16]。（簡 10）

二、地與社

　　卜辭「土」字的其中一種用法，可與「社」字相通[17]。傳世文獻同樣有這種現象，例如：〈王制〉的「宜乎社」[18]，僞古文〈泰誓〉易作「宜于冢土」[19]，顯示了「土」即是「社」，祭祀土（地）祇，往往就是指祭祀社神。

　　然而問題並不這般單純。《周禮》卷二二〈春官・大司樂〉說：

16　陳偉等著：《楚地出土戰國簡冊（十四種）・郭店 1 號墓簡冊》，頁 159。

17　自王國維：《殷禮徵文》，收錄於謝維揚、房鑫亮主編：《王國維全集》（杭州：浙江教育出版社，2009 年），第五卷，頁 55-56，根據卜辭，提出土、社一字說之後，儘管後來於《古史新證》，《王國維全集》，第十一卷，頁 248-249，放棄了這樣的說法。然而傅斯年、晁福林、戴家祥等人或是贊同，或是發展卜辭土、社一字的說法。詳參傅斯年：〈新獲卜辭寫本後記・跋〉，《民族與古代中國史・附錄一》，頁 178、晁福林：《先秦民俗史》（上海：上海人民出版社，2001 年），頁 282、戴家祥：〈社、杜、土古本一字考〉，《王國維學術論文集》第 2 輯（上海：華東師範大學出版社，1987 年），頁 85-95。

18　《禮記》，卷十二〈王制〉，頁 235。

19　《尚書》，卷十一〈（偽）泰誓上〉，頁 154。

> 夏日至，於澤中之方丘奏之，若樂八變，則地示皆出，可
> 得而禮矣。

「地示皆出」的「皆」字，顯示：在「方丘」這個地方所祭祀的
「地示」並非某一個特定的對象，而是同時遍祭「地示」系統底
下，所有大大小小的靈祇[20]。換言之，祭祀地示也包括祭祀社，
反之，則未必然。其次，雖然《周禮》卷十二〈地官·鼓人〉又
說：

> 以雷鼓鼓神祀，以靈鼓鼓社祭，以路鼓鼓鬼享。

明顯以「社」爲「地示」的總代表，若順此推演：祭了社，也就
算祭祀了大、小的地祇。雖然出任代表者，並不意謂就是該系統
中的最高領袖，不過，從《禮記》卷二二〈禮運〉：

> 祭帝於郊，所以定天位也；祀社於國，所以列地利
> 也。……禮行於郊，而百神受職焉；禮行於社，而百貨可
> 極焉。

帝、社對舉的現象，顯示了地祇系統中的至高神，應該也就是社
祭的主要對象[21]，是以《禮記》卷二五〈郊特牲〉才說：

---

[20]　周何：《春秋吉禮考辨》，頁 19。

[21]　按《禮記》，卷二五〈郊特牲〉，頁 490-491，從孔《疏》引許慎、鄭
　　　玄、王肅等人之說，可知：兩漢、六朝時期，不論是以社爲五土之神，
　　　或是以社爲人鬼，基本上都以社不等同於地。然而宋代的主流意見，卻

> 社所以神地之道也。地載萬物，天垂象，取財於地，取法
> 於天，是以尊天而親地也，故教民美報焉。

社祭的核心要義是「神地之道」，其乃與郊祭的核心要義「明天
道」[22]相對。

　　令人疾首的是：問題的複雜性並未就此告罄。若按照周代的
封建體制，天子擁有天下的土地之後，會將土地分封給諸侯，諸
侯則將封土，再分封給國內大夫，天下的土地在這樣的層層分封
之後，變成大大小小不同的區塊。又因「有人此有土，有土此有
財」[23]，天下眾人既然皆立於土之上，當然也都可以各自立社，
故《禮記》卷四六〈祭法〉：

> 王為羣姓立社曰大社，王自為立社曰王社；諸侯為百姓立社
> 曰國社，諸侯自為立社曰侯社；大夫以下成羣立社曰置社。

是以社即是地，例如：《五禮通考》，卷三七〈吉禮三七・方丘・祭
地〉，頁 8，引宋人張載：「郊者，郊天之位；社者，祭地之位，郊外
無天神之祀；社外無地示之祀，澤中方丘亦社也，故凡言社者，即地示
之祭」、宋人胡宏：「古者祭地於社，猶祀天於郊也。故〈泰誓〉曰：
『郊、社不修。』而周公祀於新邑，亦先用二牛於郊，後用太牢於社。
《（禮）記》曰：『天子將出，類乎上帝，宜乎社。』而《周禮》以禋
祀昊天上帝，以血祭祭社稷，別無地示之位。四圭有邸，舞〈雲門〉以
祀天神；兩圭有邸，舞〈咸池〉以祭地示，而別無祭社之說，則以郊對
社可知矣」、宋・黎靖德編：《朱子語類》（臺北：華世出版社，1987
年），卷九十〈禮七・祭〉，頁 2290：「先生（朱熹）因泛說祭祀，
以社祭為祀地。」

22　《禮記》，卷二六〈郊特牲〉，頁 499。

23　《禮記》，卷六十〈大學〉，頁 987。

只不過天子爲天下所立的大社，與諸侯爲封國百姓所立的國社，
其所祭祀的土（地）祇，會因土地範圍的廣、狹之分，而有大、
小之別，如同宋人楊復所說：

> 曰里社，則所祭者一里之地而已；曰州社，則所祭者一州
> 之地而已；諸侯有一國，其社曰侯【國】社，則所祭者一
> 國之地，一國之外不及也；天子有天下，其社曰王【大】
> 社，則所祭者天下之地，極其地之所至，無界限也，故以
> 祭社爲祭地，惟天子可以言之[24]。

這也就是傳世文獻中爲何有時會出現社不等同於地的措辭，例
如：

> 喪三年不祭，唯祭天地、社稷，爲越紼而行事。

> 天子祭天地，諸侯祭社稷，大夫祭五祀。

> 孔子曰：「……天子祭天地。諸侯祭社稷[25]。」

天子以天、地祭祀爲隆禮，諸侯以祭祀社稷爲貴祀，若以相對性
而言，諸侯所祭祀的國社，雖是諸侯國中最大的地祇，但相對於
天子所祭祀的地祇爲小。

24　《五禮通考》，卷三七〈吉禮三七・方丘祭地〉，頁7。
25　以上引文分見《禮記》，卷十二〈王制〉，頁 238、242、卷二一〈禮
　　運〉，頁 421。

三、社與后土

春秋時期，北方的晉國大夫與南方的越王勾踐，都曾將「后土」與「皇天」[26]對舉，縱使到了戰國時期，楚人宋玉都還有「皇天淫溢而秋霖兮，后土何時而得漧」[27]的哀嘆，顯示：以后土爲地示系統中的至上神，是不受時、空侷限的普遍認知。而社既然代表地，當然可以將社與后土畫上等號，《左傳》、《國語》、〈祭法〉之所以將后土與社合爲同一祭典[28]，可能也基於這個原因。

麻煩的是，中國幅員廣大，各地、各國民俗信仰不同，因此有些地方固然將后土與社合流，有些地方又將兩者區隔開來，好比講述春秋、戰國制度的〈司馬法〉就說：

> 將用師乃告于皇天上帝、日月、星辰，以禱于后土、四海神祇、山川、冢社[29]。

冢社，大社也，用師前，同時祈禱大社與后土，彰顯出兩者的受

26　《左傳》，卷十四〈僖公十五年〉，頁 231：「晉大夫三拜稽首曰：『君履后土而戴皇天，皇天后土，實聞君之言，羣臣敢在下風』」、《國語集解》，卷二一〈越語下〉，頁 589，越王勾踐曾說：「後世子孫有敢侵（范）蠡之地者……皇天后土、四鄉地主正之。」

27　宋・洪興祖：《楚辭補注》（臺北：天工書局，2000 年），卷八〈九辯〉，頁 188。

28　《左傳》，卷五三〈昭公二十九年〉，頁 925、《國語集解》，卷四〈魯語上〉，頁 155-156、《禮記》，卷四六〈祭法〉，頁 803。

29　《周禮》，卷二五〈春官・大祝〉，頁 383，鄭《注》。

祭對象不同，且從書寫順序來看，殿居地祇系統之末位的大社，位階當然不如可與「皇天」互為對舉的后土。

在此同時，另有將后土與五行之中的土正兜合在一起，並提出「后土為社」[30]的說法，導致后土與社的地位同時下降，這或許也是楚國的卿[31]、公族[32]能祭禱后土的原因之一[33]。

---

[30] 《左傳》，卷五三〈昭公二十九年〉，頁 925。

[31] 何浩：〈文坪夜君的身分與昭氏世系〉，《江漢考古》第 3 期（1992年 8 月），頁 69，包山二號楚墓之墓主昭𩇕，官至楚國左尹。從陳偉等：《楚地出土戰國簡冊（十四種）‧包山 2 號墓簡冊》，頁 93、95：「侯（后）土、司命、司禍，各一少環」（簡 213）、「賽禱宮侯（后）土，一𦏰」（簡 214）、「大、侯（后）土、司命、司禍、大水⋯⋯」（簡 215），頁 95：「侯（后）土、司命、各一羘」（簡 237）、「侯（后）土、司命，各一羘」（簡 243）等記載，說明楚國卿曾多次祭禱后土。

[32] 朱德熙：〈從望山一號墓楚簡文看悊固的身份和時代〉，收錄於湖北省文物考古研究所、北京大學中文系編：《望山楚簡》（北京：中華書局，1996 年），頁 136，指出：望山一號楚墓悊固，乃楚國公族。從陳偉等著：《楚地出土戰國簡冊（十四種）‧望山 1 號墓簡冊》，頁273：「矦（后）土、司命，各少（小）環」（簡 54）、「句（后）土、司【命】」（簡 56）等記載，說明楚國公族祭禱后土。

[33] 若后土是地示系統中的至上神，那麼按照禮書的記載，唯有天子方能祭祀地祇系統中的至上神，其他階層的貴族若祀之，即被視為僭越，不過，禮書的記載可能只是戰國儒生的規劃，而非實際情況。若禮書的記載是當時實際情況，楚國貴族祭祀地示系統中的至上神——后土，也有可能是因為未受王化影響。以上可能也是楚國貴族祭祀地示系統中的至上神——后土的「原因之一」。

第二節　鄭、王對於社祭建構之異同

鄭玄不但對於祭天建構出一系統，也針對祭地這大禮建構出一系統。

按照他的建構，天上有眾神，其中的至上神是上帝，或者說昊天上帝；下土也有眾祇，其中的至上神是崑崙山神[34]。社僅是

34　《周禮》，卷二二〈春官·大司樂〉，頁 340，鄭《注》：「地祇所祭於北郊，謂神州之神及社稷」；頁 342，鄭《注》：「地祇則主崑崙」，可知：他將《周禮·大司樂》的敘述硬生生拆成兩半，將上、下文中的同一「地示」，分別指涉不同的受祭對象：一為祭祀地祇系統中的至上神：崑崙山神，另一乃祭祀同屬「大示」之神，卻略低一層級「神州之神」。所謂「神州之神」，根據《禮記》，卷五〈曲禮〉，頁 97，孔《疏》引《地統書·括地象》，昆侖山的東南方為神州，《通典》，卷四五〈禮五·沿革五·吉禮四·方丘〉，頁 1256，杜佑以為神州之神是「王者所卜居吉土，五千里之內地名」。崑崙山神與神州之神的祭典，就地點而言，於方丘，祭崑崙山神；於北郊，祭神州之神。以時間而言，方丘祭典在夏至；北郊祭典在夏之正月。以所執之玉而言，《周禮》卷十八〈春官·大宗伯〉，頁 281，所登載的「黃琮」，乃是禮崑崙山神；卷二十〈春官·典瑞〉，頁 314，所登載的「兩圭有邸」，乃是禮神州之神。鄭玄之所以將崑崙山神視為地示系統中的至上神，可能是接受了中國古代的原始神話思維。根據郭啟傳：《太初之道──聖在世界秩序的展開》（新竹：國立清華大學中國文學系博士論文，2001 年），第二章，頁 34、陳麒仰：《與巫術相關之周代部分禮俗探賾》，第五章，第一節，頁 86，王者為了與天、地至上神祇相通，必須在宇宙中心建都，方可獲得最強的聖力，從《禮記》，卷五〈曲禮〉，頁 97，孔《疏》所引《地統書·括地象》：「地中央曰昆侖」，可知：古人常以崑崙山為宇宙中心的象徵，是以周生春：《吳越春秋輯校匯考》（上海：上海古籍出版社，1997 年），卷八〈勾踐歸國外傳〉，頁 131，才會有天上、地下、人間的王者皆居於此之說。鄭

「地祇」之一[35]，因此，社的祭祀等級只是中祀，而非大祀[36]。

　　鄭玄主張「土神」的「土」，必須以《周禮》卷十〈地官・大司徒〉：「山林、川澤、丘陵、墳衍、原隰」等五種不同型態的土地為界定範圍。不過，他似乎又按照當時以土為社的普遍認知[37]，以為土神就是社神[38]，同時又加入《孝經緯（援神契）》[39]

玄之所以特別建構北郊祭典，根據《周禮》，卷二二〈春官・大司樂〉，頁 340，賈公彥的理解，乃是為了與南郊祭祀感生帝的祭典相對。卷十八〈春官・大宗伯〉，頁 281，鄭《注》：「禮地以夏至，謂神在崑崙者也」，至於北郊祭典祭祀時間，卻未曾明說，若根據《禮記》，卷五〈曲禮〉，頁 97，孔《疏》的推演，應該與南郊祭祀感生帝的時間同在夏之正月。

[35]　《周禮》，卷十二〈地官・鼓人〉，頁 198，鄭《注》：「社祭，祭地祇也」、卷十八〈春官・大宗伯〉，頁 272：「以血祭祭社稷、五祀、五嶽；以貍沈祭山林、川澤；以疈辜祭四方百物」，鄭《注》：「不言祭地，此皆地祇可知也」。《禮記》，卷二五〈郊特牲〉，頁 491，孔《疏》引許慎《五經異義》：「《春秋》稱公社，今人謂社神為社公，故知社是上公，非地祇。」鄭駁之云：「『社祭土而主陰氣』，又云：『社者神地之道』，謂社神但言上公，失之矣。今人亦謂雷曰雷公，天曰天公，豈上公也？」

[36]　《周禮》，卷十九〈春官・肆師〉，頁 298，鄭《注》：「鄭司農云：『大祀天、地；次祀日月、星辰；小祀司命已下。』玄謂：『大祀又有宗廟；次祀又有社稷、五祀、五嶽；小祀又有司中、風師、雨師、山川、百物』」、卷二一〈春官・司服〉，頁 323：「祭社稷、五祀則希冕，祭羣小祀則玄冕」，鄭《注》：「羣小祀：林澤、墳衍、四方百物之屬」。

[37]　《毛詩》，卷二十之三〈商頌・玄鳥〉，頁 793：「宅殷土芒芒」，《史記》，卷十三〈三代世表〉，頁 225，作「殷社芒芒」；《禮記》，卷五〈曲禮下〉，頁 97、卷十二〈王制〉，頁 242、卷二一〈禮運〉，頁 421，皆作「諸侯祭社稷」，而《公羊傳》，卷十二〈僖公三

的記載，說明社神是指五土上「能生萬物者」[40]的地祇，對於《周禮》卷十八〈春官・大宗伯〉：

> 以血祭祭社稷、五祀、五嶽……。

他強調這樣的撰寫順序，意謂著社的地位，居於五祀、五嶽之上[41]。

鄭玄如此刻意兜攏群經諸傳的建構，就產生了社與后土兩者關係攪混不清的情況，連他的弟子門人也為此感到相當困惑，因此趙商才會問鄭玄：

> 〈郊特牲〉：「社祭土而主陰氣。」〈大宗伯〉職曰：「王大封則先告后土。」《注》云：「后土，土神也。」若此之義，后土則社，社則后土，二者未知云何？敢問后土祭誰，社祭誰乎？

田瓊也跟著問：

十一年〉，頁 157：「諸侯祭土」，何《注》：「土謂社」；《漢書》，卷二五〈郊祀志下〉，頁566，王莽奏曰：「社者，土也」。

38　《周禮》，卷十八〈春官・大宗伯〉，頁 272，鄭《注》。

39　《周禮》，卷十〈地官・大司徒〉，頁 149，賈《疏》：「鄭義依《孝經緯（援神契）》：『社者，五土之總神』」。

40　《毛詩》，卷十四之一〈小雅・甫田之什・甫田〉，頁 469，孔《疏》所引鄭玄《駁異義》。

41　《禮記》，卷二五〈郊特牲〉，頁 491，孔《疏》引鄭玄駁許慎之說：「若是句龍……不得先五嶽而食。」

《周禮》：「大封先告后土」，《注》云：「后土，社
也」；前答趙商曰：「當言后土，土神，言社，非也」；
〈檀弓〉曰：「國亡大縣邑，或曰君舉而哭於后土」，
《注》云：「后土，社也」；〈月令〉：仲春「命民
社」，《注》云：「社，后土」；〈中庸〉云：「郊、社
之禮，所以事上帝也」，《注》云：「社，祭也【地】
神，不言后土，省文」。此三者皆當定之否[42]？

趙、田二氏的疑問，可以分成二個層面：首先，鄭《注》既然將
社與后土互訓，不就等於是以社為后土，后土為社，若社是地
祇，后土也應該是地祇。然而根據他迎氣於各郊，祭祀五官之
神，以五人神配享的五祀祭典之建構[43]，五人神既是人鬼，五人

---

[42] 以上引文俱見《毛詩》，卷十四之一〈小雅·甫田之什·甫田〉，頁
469，孔《疏》引。

[43] 《周禮》，卷十八〈春官·大宗伯〉，頁 272，鄭《注》：「此五祀
者，五官之神在四郊，四時迎五行之氣於四郊而祭，五德之帝亦食此神
焉。少昊氏之子曰重，為句芒，食於木；該為蓐收，食於金；脩及熙為
玄冥，食於水；顓頊氏之子曰黎，為祝融；后土食於火、土。」另按
《禮記》，卷五〈曲禮下〉，頁 97，鄭《注》：「祭四方，謂祭五官
之神於四郊也，句芒在東；祝融、后土在南；蓐收在西；玄冥在北。
《詩》云：『來方禋祀』，方祀者，各祭其方之官而已。」可知：鄭玄
將《左傳》，卷五三〈昭公二十九年〉，頁 923：「五官」，與《禮
記·月令》的「五神」撮合在一起，並將此編織入《周禮》「五祀」的
脈絡中，主張：天子四時迎氣以祭祀五天帝於各郊時，也會同時祭祀
金、木、水、火、土等五官地祇，祭祀五官地祇時，五人神則各按時
令，從其配享，就是〈大宗伯〉與《左傳》所說的「五祀」，其內容與
《毛詩》所說的「方祀」、〈曲禮〉所說的「祭四方」皆相同，但與

神之一的后土，當然也是人鬼，一如《禮記》卷十七〈月令〉鄭
《注》：

> 后土亦顓頊氏之子曰黎，兼為土官。

為此，他辯稱：

> 后土，土官之名也。死以為社，社而祭之，故曰后土。句
> 龍為后土，後轉為社，故世人謂社為后土，無可怪也[44]。

換言之，他又按照建構五帝的那一套方法，主張社與后土的差別
是本質的不同，社本來就是地祇，后土則是由人鬼轉化後，方為
地祇。

　　其次，〈中庸〉的「郊、社之禮，所以事上帝也」，鄭
《注》認為是軍事行動之前，天子所舉行的非常之祭[45]：祭天於

　　《禮記》，卷二一〈禮運〉，頁 422，「降於五祀之謂制度」中所指的
　　「中霤、門、戶、竈、行之神」之「五祀」不同，兩者實屬同名異實。

[44]　《毛詩》，卷十四之一〈小雅・甫田之什・甫田〉，頁 469，孔《疏》
　　引《鄭志》答趙商曰。

[45]　關於儒門經典中的郊、社連稱，與郊、社對舉的現象，鄭玄似乎將之界
　　定為非常之祭，是以對於類、造、宜等祭典，宋・邢昺：《爾雅注疏》
　　（臺北：藝文印書館，2001 年；以下簡稱《爾雅》），卷六〈釋
　　天〉，頁 100：「起大事，動大眾，必先有事乎社，而後出謂之宜」，
　　《周禮》，卷二五〈春官・大祝〉，頁 283，鄭《注》依此說：「大師
　　宜于社，造于祖，設軍社，類上帝。」

南郊，所事的天帝是感生本朝太祖的上帝[46]，社則代表五土之上的所有地祇，因此，祭地於社，並非指祭祀五土之上的所有地祇，而是祭祀五土之上地祇系統中的至上神——后土，禮文所以只說上帝，不說后土，鄭玄解釋乃因撰寫者「省文」所造成的。不過，這樣的說法顯然讓其後學更混亂了，因此，黨鄭的馬昭，就誤以為鄭玄所說的后土，也會通《左傳》「皇天后土」[47]之說，因而說鄭玄的意思是：代表地祇系統中的至上神——后土，與代表土官之神的后土，兩者同名異實。

　　至於王肅對於地祇系統當中的至上神之稱謂，儒門《經》、《傳》中祭地的記載，是否就是祭祀地祇系統中的至上神之祭典，以及祂之下，有哪些大、小地祇等問題，史料闕如，加上唐人注疏又僅引《聖證論》之中反駁鄭說的部分[48]，故難以探實。其中唯一可以確定的是：王肅繼承了許慎、賈逵、馬融等人之說，主張「社非地也」[49]。如果「非」如同「白馬非馬」[50]的

---

[46] 《禮記》，卷十二〈王制〉，頁 235：「類乎上帝」，鄭《注》：「帝謂五德之帝，所祭於南郊者。」

[47] 《左傳》，卷十四〈僖公十五年〉，頁 231。

[48] 這些部分有的頗牽強。例如《禮記》，卷二二〈禮運〉，頁 438：「祀帝於郊，所以定天位；祀社於國，所以列地利」，《禮記》，卷二五〈郊特牲〉，頁 490，孔《疏》所引王肅《聖證論》其竟據此說：「社若是地，應云：『定地位』，而言『列地利』，故知社非地也。」這似乎直接忽視了儒門經、傳中某些郊、社連稱，與帝、社對舉的現象。

[49] 以上引文俱見《禮記》，卷二五〈郊特牲〉，頁 490，孔《疏》引《聖證論》。以此對照《孔子家語》，卷六〈五帝第二十四〉，頁 58，王《注》：「不知者以祭禮為祭地，不亦失之遠矣」，「祭禮為祭地」中的「禮」當為「社」之誤。

[50] 王琯：《公孫龍子懸解》（北京：中華書局，2007 年），卷二〈白馬

「非」，意謂「不等於」，如上一節所言，在某一種意義上，此
說確實可以成立，不過他們的看法卻非如此，而是以祭地乃是祭
地祇；「社祭句龍，稷祭后稷，皆人鬼也」[51]。

由於社祭受祭對象本質的界定，鄭、王觀點迥別，因此直接
導致社祭是否有人鬼配享之爭。

鄭玄之所以堅持社是地祇，乃因唯有如此，他才可以照應
《左傳》卷五三〈昭公二十九年〉所說：

> （蔡墨）對曰：「夫物，物有其官，官脩其方。……故有
> 五行之官，是謂五官，實列受氏姓，封為上公，祀為貴
> 神。社稷、五祀，是尊是奉。木正曰句芒，火正曰祝融，
> 金正曰蓐收，水正曰玄冥；土正曰后土。……」（魏）獻
> 子曰：「社稷、五祀，誰氏之五官也？」（蔡墨）對曰：
> 「……共工氏有子曰句龍，為后土。……后土為社。」

而推演出：祭社時，會有人鬼配享[52]。這樣的推演也並非無所
本，在此之前，王莽就曾以「夏禹配食官社」[53]。

論〉，頁 42-43。

51 《禮記》，卷二五〈郊特牲〉，頁 490，孔《疏》引《聖證論》。

52 《毛詩》，卷十四之一〈小雅・甫田之什・甫田〉，頁 469，孔《疏》
引鄭玄《駁異義》：「社者……以古之有大功者配之」、《周禮》，卷
十〈地官・大司徒〉，頁 149，賈《疏》認為鄭玄「以句龍生時為后土
官，有功於土，死配社而食」、卷十八〈春官・大宗伯〉，頁 272，鄭
《注》：「社……有德者配食焉，共工氏之子曰句龍，食於社」、《禮
記》，卷五十〈仲尼燕居〉，頁 853，鄭《注》：「社有句龍」。

53 《漢書》，卷二五下〈郊祀志〉，頁 566。

　　王肅根據上引《左傳》卷五三〈昭公二十九年〉那段文字，
以及《禮記》卷四六〈祭法〉：

> 共工氏之霸九州也，其子曰后土，能平九州，故祀以為
> 社[54]。

主張：

> 句龍能平水土，故祀以為社。不云「祀以配社」，明知社
> 即句龍也[55]。

換言之，社祭就是五祀祭典裡頭，以后土為受祭對象的祭典[56]，

---

[54]　〈祭法〉的登載，似乎是依循《國語集解》，卷四〈魯語上〉，頁
　　155-156：「共工氏之伯九有也，其子曰后土，能平九土，故祀以為
　　社」的說法。

[55]　《禮記》，卷二五〈郊特牲〉，頁490，孔《疏》所引《聖證論》。

[56]　《左傳》，卷十九〈文公十五年〉，頁339：「日有食之，天子不舉，
　　伐鼓于社」，《尚書》，卷七〈（偽）胤征〉，頁102，偽孔《傳》：
　　「凡日食，天子伐鼓於社，責上公」，王肅據此二說，以為：「『伐鼓
　　於社，責上公』，不云：『責地祇，明社是上公也』」，是以社祭上公
　　之神。然而根據《孔子家語》，卷六〈五帝第二十四〉，頁58：「昔
　　少暤氏之子有四叔，曰重、曰該、曰修、曰熙，實能金、木及水，使重
　　為勾芒，該為蓐收，修及熙為玄冥；顓頊氏之子曰黎，為祝融；共工氏
　　之子曰勾龍，為后土，此五者，各以其所能業為官職。生為上公，死為
　　貴神，別稱五祀」，王《注》：「五祀，上公之神」，可知：鄭、王二
　　氏皆以后土為五祀之中所祭祀五官之一，只不過王肅以「五祀」是上公
　　之神的祭典，所謂上公，乃是曾擔任五行之官職，因生前有大功，死後

后土與句龍，乃是同一個對象的指稱，祭祀后土，就是祭祀句龍。是以后土祭典，並非地祇的祭典，乃是人鬼祭祀，既是祭祀人鬼，當然「無配祭之人」[57]。至於王肅在《孔子家語》之中，句龍配食於社的注解[58]，到底是他忘了自己之前曾說過的話，還是後來修正了自己的主張，就不得而知了。

從曹植的〈社頌〉：

於惟太社，官名后土，是曰句龍，功著仁古，德配帝皇[59]。

顯示曹魏政權依從鄭玄的說法，以社祭時，會有人鬼配享。北魏天興二年（399），道武帝以「句龍配社」[60]，同出一轍。西晉摯虞《決疑》：

社，勾龍之神，天子之上公[61]。

以及晉世禮議多以王肅之說決斷的現象來看，當以社無人鬼配享為制。至於南北朝的情況如何，史傳有闕。不過，若按朝儀大多

祠以為神。五祀祭典屬地，其相對於四時迎五行之氣於四郊，祭祀佐天生物之大暤等五人帝的祭典。

57 《禮記》，卷二五〈郊特牲〉，頁490，孔《疏》所引《聖證論》。

58 《孔子家語》，卷六〈五帝第二十四〉，頁58：「唯句龍氏兼食於社」，王《注》：「兼猶配也。」

59 唐・歐陽詢等編撰：《藝文類聚》（上海：上海古籍出版社，2008年），卷三九〈禮部中・社稷〉，頁709。

60 《魏書》，卷一百八之一〈禮志四之一〉，頁1311。

61 《宋書》，卷十四〈禮志一〉，頁177。

轉相沿襲，從晉制來研判，南方可能採取王說；若從北魏之制來
研判，北方可能遵從鄭說。

第三節　天子社數

一、以幾個社為制

　　若按〈祭法〉與〈三正記〉，天子只會立「大社」與「王
社」兩個社[62]，但有人主張：應包含亡國之社為三社[63]。《尚
書》卷八〈夏社・序〉：

　　　湯既勝夏，欲遷其社，不可，作〈夏社〉。

根據巫術思維：若背離自己的社神，而本末倒置地遷徙戰敗國的
社神，到自己的地方奉祀，會令神、人共憤，難以接受。似乎是

---

[62]　《禮記》，卷四六〈祭法〉，頁 801、《白虎通疏證》，卷三〈社
　　稷〉，頁 85，漢儒議禮時的稱引。

[63]　《白虎通疏證》，卷三〈社稷〉，頁 86：「王者、諸侯必有誡社」、
　　《周禮》，卷十二〈地官・州長〉，頁 183，賈《疏》：「天子、諸侯
　　三社皆稷對之」、《通典》，卷四五〈禮五・沿革五・吉禮四・社
　　稷〉，頁 1263，杜佑以為天子立大社、王社、亳社等三社。唐人以天
　　子必須特立亡國之社的說法，可能是附會漢人的說法，然而該說似乎沒
　　有考慮到實際情況。舉例來說：按照六朝以禪讓為號的政治型態，舊有
　　的政權既然不是被消滅，而是被另一個政治集團接替，立亡國之社引以
　　為戒的意義，也就失去了存在的價值，這與周滅商而興，漢滅秦而起的
　　政治型態不同，也因此漢儒會針對立亳社的意義進行討論，六朝禮家卻
　　從來不關注這個問題。

因爲如此，方使商湯打消了遷夏社的念頭。然而商人雖不將夏社一如九鼎[64]般地納爲己有，卻也會擔心祂繼續發揮作用，再度作怪，對於這樣的燙手山芋，周人的應對措施是將「（商）社蓋於周之屛」，使之「不得見於天」[65]以爲防備。這也顯示了無法任意遷、毀的亡國之社，是不得已才被留下來的，當朝政權不會刻意建立一個亡國之社，以「示有存亡」[66]，可能就是因爲如此，〈三正記〉與〈祭法〉的撰寫者才會異口同聲地將亡國之社排除在天子所應立的社數之外。

二、何謂大社

根據《墨子》的傳述：各代君王，「始建國營都日」，都會特別崇立都城之內的社[67]。戰國、兩漢的儒生將都城之內，那個

---

64 根據《史記》，卷二八〈封禪書〉，頁 550，相傳夏禹鑄九鼎。《左傳》，卷五〈桓公二年〉，頁 95，商滅夏、周滅商之後，都將那九鼎遷往自己的都城。《逸周書集訓校釋》，卷四〈克殷〉，頁 92，還指出：同時將殷商溝通天人的「三巫」「遷」往己方。「遷社」與「遷鼎」、「遷巫」的用意應該一致。

65 《呂氏春秋校釋》，卷二三〈貴直論・貴直〉，頁 1532，狐援勸諫齊湣王曰：「殷之鼎陳於周之廷，其社蓋於周之屛，……亡國之社，不得見於天。」所謂「不得見於天」，當如《禮記》，卷二五〈郊特牲〉，頁 489，所言：「喪國之社屋之，不受天陽。」而《公羊傳》，卷二七〈哀公四年〉，頁 344，補充：亡國之社不僅要「揜其上」，還要「柴其下」。似乎有完全阻絕亡國之社神力的用意。

66 《白虎通疏證》，卷三〈社稷〉，頁 86。

67 《墨子閒詁》，卷八〈明鬼下〉，頁 235-236：「昔者虞、夏、商、周三代之聖王，其始建國營都日，……必擇木之脩茂者，立以爲菆位【社】。」

與宗廟相對的社，並列爲「建國之神位」⁶⁸。若按此，商湯想要遷徙的那個夏社，應該就是夏人的建國神社，而商湯的作法，說明了王朝的正式開創者必須興立一個建國神社，用以表明天下已改朝換代，政權已經易主了。

卜辭商王占問「亳土」⁶⁹的記載，顯示商湯克夏後，確實以亳爲都⁷⁰，並順水推舟地將亳邑裡頭的社⁷¹，升格爲建國神社，

---

68 《周禮》，卷十九〈春官‧小宗伯〉，頁 290：「小宗伯之職，掌建國之神位，右社稷，左宗廟」、《禮記》，卷四八〈祭義〉，頁 826：「建國之神位，右社稷而左宗廟」。

69 例如：「其又𩁹亳土，又雨」（《合集》28108）、「戊子卜，其又歲于亳土三小〔宰〕」（《合集》28109）、「其又亳土」（《合集》28110）。姚孝遂、肖丁：《小屯南地甲骨考釋》（北京：中華書局，1985 年），頁 81，以爲「亳土」爲亳地之社。

70 《尚書》，卷七〈帝告‧序〉，頁 104：「自契至于成湯八遷，湯始居亳，從先王居」、卷八〈湯誥‧序〉，頁 112：「湯既黜夏命，復歸于亳」。《史記》，卷三〈殷本紀〉，頁 60，《正義》說：「湯即位，都南亳，後徙西亳」、《後漢書‧續漢志》，卷二十〈郡國志二‧豫州‧梁國〉，頁 1240，劉昭《注補》曰：「《帝王世紀》曰：『有北亳，即景亳，湯所盟處』。」現今學者大多同意：凡湯所居之處皆可稱亳。詳參杜金鵬：〈「偃師商城界標說」解析〉，《夏商周考古學研究》（北京：科學出版社，2007 年），頁 247。同型案例也見諸楚，凡楚國領導人所居之處皆曰郢。詳參清華大學出土文獻研究與保護中心編，李學勤主編：《清華大學藏戰國竹簡（壹）‧楚居》，頁 181。

71 河南省文物考古研究所編著：《鄭州商城 1953 年－1985 年考古發掘報告》（北京：文物出版社，2001 年），上冊，頁 493-505，發掘了社祀遺跡，考古斷代爲商代早期。鄒衡：〈鄭州商城及湯都亳說〉，《文物》第 2 期（1978 年），頁 69-71、郝本性：〈試論鄭州出土商代人頭骨飲器〉，《華夏文物》第 2 期（1992 年），頁 98，肯定了鄭州商城乃是湯商的都邑——亳，而該處極可能就是西亳的遺址。詳參夏商周斷

以代替夏社，藉此標示天下土地的所有權劃歸商政權所有，從此
地示系統中的至上神由子姓天子享祀[72]，一如「溥天之下莫非王
土」[73]之說。這個代表天下政權的社，似乎就是商湯以自身爲犧
牲，祈禱求雨的「桑林之社」[74]，〈三正記〉與〈祭法〉所說的

代工程專家組編著：《夏商周斷代工程 1996-2000 年階段報告成果》
（北京：世界圖書出版公司，2000 年），頁 72。

[72] 天子大社的受祭對象既然是地祇系統中的至上神，應該不能隨便變置。
《孟子》，卷十四上〈盡心下〉，頁 251：「諸侯危，社稷則變置。犧
牲既成，粢盛既絜，祭祀以時，然而旱乾水溢，則變置社稷」，孫
《疏》以爲可以變置的對象，並非受祭對象，而是配享對象，故曰：
「自顓帝以來用句龍爲社；柱爲稷，及湯之旱，以棄易其柱，是亦知社
稷之變置。」縱使如此，孟子所說的變置，也僅限於諸侯國社，而非天
子大社這層級。

[73] 《毛詩》，卷十三之一〈小雅・谷風之什・北山〉，頁 444。

[74] 《呂氏春秋校釋》，卷九〈季秋紀・順民〉，頁 479：「昔者湯克夏而
正天下，天大旱，五年不收，湯乃以身禱於桑林……用祈福於上帝，民
乃甚說，雨乃大至」，其中的「禱於桑林」，《左傳》，卷三一〈襄公
十年〉，頁 539，孔《疏》引《尚書大傳》作：「禱于桑林之社」。然
而必須釐清：商湯所立的桑林之社，並非周時宋國所祀奉的那個桑林之
社，按《呂氏春秋校釋》，卷十五〈慎大覽・慎大〉，頁 844：「武王
勝殷……立成湯之後於宋，以奉桑林」；《墨子閒詁》，卷八〈明鬼
下〉，頁 229：「燕之有祖，當齊之社稷、宋之有桑林」；《左傳》，
卷五十〈昭公二十一年〉，頁 869：「六月庚午，宋城舊廊及桑林之門
而守之」，均顯示：周初殷商遺民被封於宋後，在宋地又另立一個社，
這個社既然是爲了奉祀商湯而立，因此沿襲舊名，也叫桑林。《左
傳》，卷四十〈襄公三十年〉，頁 681：「或叫于宋太廟，曰譆譆出
出；鳥鳴于亳社，如曰譆譆」，互文見義，可知：宋國的領域雖然早已
不在亳，其宗廟旁邊的社仍以舊名亳社稱之，這才會造成魯、宋皆有亳
社。

「大社」。依此反推，既然大社是天下政權的象徵[75]，大社的受祭對象必然也會是地祇系統中的至上神，是以〈郊特牲〉的撰寫者才會以大社爲「祭土」的總代表，並將大社與亡國之社的處理方式相互對照[76]。

三、何謂王社

　　雖然什麼是王社，以及其所在位置爲何，「書、傳無文」[77]，然而根據清華戰國簡所謂〈繫年〉的記載：

> 昔周武王監觀商王之不恭上帝，禋祀不寅，乃作帝籍，以登祀上帝天神，名之曰千畝，以克反商邑，敷政天下，……宣王即位，共伯和歸于宋〈宗〉。宣王是始棄帝籍田，立卅又九年，戎乃大敗周師于千畝[78]。（簡1）

證實周初確實曾規劃出一塊田地作爲「帝籍」，並將之稱爲「千

75　《楚辭補注》，卷三〈天問〉，頁113：「伯昌號衰，秉鞭作牧，何令徹彼岐社，命有殷國」、《墨子閒詁》，卷五〈非攻下〉，頁151-152：「赤鳥銜珪，降周之岐社」、《呂氏春秋校釋》，卷十三〈有始覽·應同〉，頁677：「文王之時，天先見火，赤鳥銜丹書集于周社」，可知：「岐社」即是「周社」，一如宋·朱熹：《楚辭集注》（上海：上海古籍出版社，1979年），卷三〈天問〉，頁69：「岐社，太王所立岐周之社也。武王既有殷國，遂通岐周之社于天下以爲太社」。

76　詳參《禮記》，卷二五〈郊特牲〉，頁491。

77　《禮記》，卷四六〈祭法〉，頁801，孔《疏》。

78　清華大學出土文獻研究與保護中心編，李學勤主編：《清華大學藏戰國竹簡（貳）》（北京：中西書局，2011年），頁1。

畝」，專門種植祭祀上帝所用的稻穀之聖地[79]，其亦符合傳世文獻的零星登載，如：

> 甸師，掌帥其屬而耕耨王藉，以時入之，以共齍盛。

> 天子……帥三公、九卿、諸侯、大夫，躬耕帝藉。

> 昔者天子為藉千畝，冕而朱紘，躬秉耒。……以事天地、山川、社稷、先古，以為醴酪齊盛。

> 王治農於藉。

> 季秋之月……命冢宰，農事備收，舉五種之要，藏帝藉之收於神倉[80]。

而〈繫年〉「宣王是始棄帝籍田」的記載，也與《國語》中周宣王大臣虢文公的說詞一致[81]。

79　對照《尚書》，卷十六〈無逸〉，頁 242：「我周太王、王季克自抑畏；文王卑服，即康功田功……自朝至于日昃，不遑暇食」，周武王此舉似乎是延續其先人的作法。

80　以上引述依序分見《周禮》，卷四〈天官・甸師〉，頁 63、《禮記》，卷十四〈月令・孟春〉，頁 287、卷四八〈祭義〉，頁 819、《國語集解》，卷一〈周語上〉，頁 25、《呂氏春秋校釋》，卷九〈季秋紀〉，頁 467。

81　《國語集解》，卷一〈周語上〉，頁 15：「宣王即位，不藉千畝。虢文公諫曰：『不可。夫民之大事在于農，上帝之粢盛於是乎出』。」然

《禮記》卷四九〈祭統〉：

　　天子親耕於南郊，以共齊盛。

其與〈雅〉、〈頌〉之中，時常歌詠的「南畝」[82]之耕，相互呼
應，這顯示了天子的私田（千畝）確實是在「南郊」[83]。然而千
畝的地點之所以與郊祀上帝的地點相同，當如魯人孟獻子「郊而
後耕」[84]的領悟，乃是耕作之前，爲了要促使「天氣下降，地氣
上騰，天地和同，草木萌動」[85]，因此，不僅要先向上帝祈穀，
同時也必須向所耕地（千畝）的地祇祈穀。卜辭的記載也顯示了
早在殷商時期，商王會向社神求雨[86]、求年[87]，也會同時並祭

　　而戰國儒生有志一同地強調天子必須藉千畝，可能也是爲了凸顯周宣王
　　忘了祖宗家法，恣意妄爲地不禮敬天，才遭天責。

[82]　《毛詩》，卷十四之一〈小雅・甫田之什・甫田〉，頁 466、同卷〈小
　　雅・甫田之什・大田〉，頁 472、同卷〈周頌・閔予小子・載芟〉，頁
　　747、卷十九之四〈周頌・閔予小子・載芟〉，頁 749。

[83]　《周禮》，卷十三〈地官・載師〉，頁 198：「以廛、里任國中之地，
　　以場、圃任園地，以宅田、士田、賈田任近郊之地，以官田、牛田、賞
　　田、牧田任遠郊之地，以公邑之田任甸地，以家邑之田任稍地，以小都
　　之田任縣地，以大都之田任畺地」，可知：都城裡頭只是單純的住宅
　　區，沒有田地，城郊之外才有田地。另按《禮記》，卷四九〈祭統〉，
　　頁 831，按孔《疏》對於鄭《注》的理解，其以爲：「王藉田在遠
　　郊。」是以千畝在郊區內。

[84]　《左傳》，卷三十〈襄公七年〉，頁 518。

[85]　《禮記》，卷十四〈月令・孟春〉，頁 288。

[86]　例如：「……叀土，不其介雨」（《合集》14393 反）、「王桒雨于
　　土」（《合集》32301）。

[87]　「貞勿桒年于邦土」（《合集》00846）、「貞勿桒年于邦〔土〕」

社、方之神[88]，甚至以「御」[89]迎社神，這又符合《毛詩》卷十四之一〈小雅・甫田之什・甫田〉所言：

> 以我齊明，與我犧羊，以社以方。我田既臧，農夫之慶。
> 琴瑟擊鼓，以御田祖[90]，以祈甘雨，以介我稷黍，以穀我

（《合集》00847）。陳夢家：《殷虛卜辭綜述》，頁 584，解釋「邦土」，乃是邦地之社，常玉芝：《商代宗教祭祀》，頁 144，皆以為「邦土」是指「邦」這個地區的社。縱使曹錦炎、沈建華編著：《甲骨文校釋總集・甲骨文合集》，卷一，頁 138，將「邦土」校改釋為「封土」。不論是釋解為「邦土」，或是「封土」，兩者皆可推論：商王似乎曾以勿的方法向某個特地區域的土地神求穀。

[88] 例如：「夐于土宰，方帝」（《合集》11018 正）、「□□〔卜〕，亘，貞夐土、方帝」（《合集》14305）、「□辰卜，夐土三宰，四方宰」（《合集》21103），沈建華：〈由卜辭看古代社祭範圍及起源〉，《出土文獻研究》第 5 集（1999 年），頁 73、常玉芝：《商代宗教祭祀》，頁 133-134，以為卜辭中的「四方」即是四方之神，常常被簡稱為「方」，而「方帝」，即是以禘的方法來祭祀四方之神，其根據上述卜辭，說明卜辭中同時並祭社、方的記載，與傳世文獻相符。

[89] 「壬辰卜，钘于土」（《合集》32012）、曹錦炎、沈建華編著：《甲骨文校釋總集・小屯南地甲骨》，卷十八，頁 6166，「……其钘于土大牢」（《屯南》T01448）等登載，常玉芝：《商代宗教祭祀》，頁 141，以為「『钘』即御，為御除之意，是卜問向社神祈求御除某種災禍」。是以「御」祭積極面迎地祇，以祈福；消極面抵擋惡靈，以避禍，常氏講的側重後者；古書中講側重前者。

[90] 田祖，當如王利器：《風俗通義校注》（臺北：漢京文化事業公司，2004 年），卷八〈祀典・社神〉，頁 354，應劭以田祖為社神的界定。同卷〈祀典・先農〉，頁 353，也提到東漢民間將先農稱之為「田官」。由此可知：田祖與田官是兩個不同的神明。麻煩的是，就連鄭玄也不清楚田祖的意思，因此雖於《周禮》，卷十〈地官・大司徒〉，頁

士女。

而「我田」的歌詠，凸顯這是周成王[91]私田上的祭祀活動，既然如此，受祭對象就不會是地示系統中的至上神，因此「以社以方」中的社神，應該是指天子耕地上的地祇。劉宋的禮家崔靈恩「王社在藉田，王自所祭」[92]的說法，應該可信。

只不過自周宣王以後，王社祭典似乎逐漸式微。到了漢代，官方已經完全不了解籍田與王社祭典的關係，因此，漢文帝之時，於東郊置籍田，開春正月[93]躬耕之前所祭祀的對象是先農[94]，而非王社裡頭的地祇。六朝大都沿用此制[95]，將籍田與帝社

149，鄭《注》田主之田為「王田，神，后土」，而田主，「詩人謂之田祖」，卻又於《周禮》，卷二四〈春官·龥章〉，頁 368，作《注》時說：「田祖，始耕田者，謂神農也。」

[91] 《毛詩》，卷十四之一〈小雅·甫田之什·甫田〉，頁 470：「曾孫來止。以其婦子，饁彼南畝，田畯至喜」。鄭《箋》：「曾孫謂成王也。」

[92] 《禮記》，卷四六〈祭法〉，頁 801，孔《疏》引。《通典》，卷四五〈禮五·沿革五·吉禮四·社稷〉，頁 1263，杜佑從其說，而言：「王親藉田，所以供粢盛，故因立社以祈之。」

[93] 《漢書》，卷四〈文帝紀·二年〉，頁 72：「春正月丁亥，詔曰：『夫農，天下之本也，其開藉田，朕親率耕，以給宗廟粢盛。……。』」

[94] 《後漢書》，卷二〈孝明帝紀·永平四年〉，頁 68，李賢《注》引漢人衛宏《漢舊儀》：「先農即神農，炎帝也。祠以太牢，百官皆從，皇帝親執耒耜而耕。天子三推，三公五，孤卿七，大夫十二，士庶人終畝。乃致藉田倉，置令丞，以給祭天、地宗廟，以為粢盛。」

[95] 《後漢書·續漢志》，卷四〈禮儀志上〉，頁 1126：「正月始耕。畫漏上水初納，執事告祠先農，已享」、《宋書》，卷十四〈禮志一〉，

（王社），劃分爲兩個不同的祭典，前者祠先農，後者祭社神。

四、大社、王社的祭祀次數與時間

若按《毛詩》卷十八之二〈大雅・蕩之什・雲漢〉：

> 王曰：「……祈年孔夙，方、社不莫。昊天上帝，則不我虞。」

天子有按時舉行祭祀方、社等土地神的常祭。

然而一年之中似乎不只舉行一次社祭，例如《禮記》說：

> 孟春之月……乃擇元辰，天子親載耒耜……躬耕帝藉。

> 仲春之月……擇元日，命民社。

> 孟冬之月……天子乃祈來年于天宗，大割祠于公社及門

頁 179：「晉武帝泰始四年（268），有司奏始耕祠先農，可令有司行事」、劉宋文帝「元嘉二十年（443），……立先農壇於中阡西陌南……耕日，太祝以一太牢告祠先農」、《南齊書》，卷九〈禮志上〉，頁 76，南齊武帝「永明三年（485），有司奏：『來年正月二十五日丁亥，可祀先農……』」、「明年春，帝始躬耕藉田，祭先農，用羊一」、《魏書》，卷一百八之一〈禮志四之一〉，頁 1311，北魏道武帝天興三年（400），「春，帝始躬耕藉田，祭先農，用羊一」、《隋書》，卷七〈禮儀志二・藉田〉，頁 81：「北齊藉於帝城東南千畝內，……每歲正月上辛後吉亥，使公卿以一太牢祠先農神農氏於壇上，無配饗」。

閤，臘先祖、五祀，勞農以休息之。

春社[96]。

可知：春、冬兩季都會舉行社祭。又《周禮》卷十九〈春官·肆師〉：

> 肆師之職，掌立國祀之禮……嘗之日，涖卜來歲之芟；獮之日，涖卜來歲之戒；社之日，涖卜來歲之稼。

「嘗」[97]與「獮」[98]必然在秋季，按此，「涖卜來歲之稼」的社祭，應該也是在秋季，加上《毛詩》卷十四之一〈小雅·甫田之什·大田〉：

> 不稂不莠，去其螟螣，及其蟊賊，無害我田穉。田祖有神，秉畀炎火。……曾孫來止，……來方禋祀，以其騂黑，與其黍稷，以享以祀，以介景福。

---

[96] 《禮記》，卷十四〈月令·孟春〉，頁 287、卷十五〈月令·仲春〉，頁 299、卷十七〈月令·孟冬〉，頁 343、卷三一〈明堂位〉，頁 579。

[97] 《禮記》，卷十二〈王制〉，頁 424：「天子諸侯宗廟之祭……秋曰嘗」。

[98] 《左傳》，卷三〈隱公五年〉，頁 59：「秋獮」。

天子似乎在「夏苗」[99]之時，也會祭祀社、方等土地神，以抵禦蟲害，是以天子春、夏、秋、冬四季都有社祭活動。

　　然而前文的引述，哪些是大社的祭典？哪些是王社的祭典？若按〈月令〉記載的兩次春季的社祭活動，僅僅相差一個月看來，應該不會指同一個受祭對象，是以《毛詩》卷十九之四〈周頌・閔予小子・載芟〉孔《疏》：

> 〈月令〉「孟春……天子……躬耕帝籍」、「仲春，擇元日，命民人[100]社」；〈大司馬〉「仲春教振旅……遂以蒐田……，獻禽以祭社」[101]，然則天子祈社亦以仲春，與耕籍異月。……〈祭法〉云「王為群姓立社，曰泰社；王自為立社，曰王社。」此二社皆應以春社之。

天子孟春祭祀王社，仲春祭大社的說法，應該沒有錯。若對照《國語》卷一〈周語上〉：

> 虢文公諫曰：「……古者，太史順時覛土，陽癉憤盈，土

99　《左傳》，卷三〈隱公五年〉，頁 59。

100　今本《禮記・月令》無「人」字。古人稱引舊籍，往往有增損，何況「民人」乃成詞，如《毛詩》，卷十八之五〈大雅・蕩之什・瞻卬〉，頁 694：「人有民人，女覆奪之」、《左傳》，卷四〈隱公十一年〉，頁 81：「禮經國家，定社稷，序民人」、宋・邢昺：《論語注疏》（臺北：藝文印書館，2001 年；以下簡稱《論語》），卷十一〈先進〉，頁 100：「子路曰：『有民人焉。有社稷焉……』」，故此處的「人」不當視為衍文。

101　《周禮》，卷二九〈夏官・大司馬〉，頁 442。

　　氣震發，農祥晨正，日月底于天廟，土乃脉發。……及
　　期……王裸鬯，饗醴乃行，百吏、庶民畢從。及籍，后稷
　　監之，膳夫、農正陳籍禮……。王耕一墢，班三之，庶民
　　終于千畝……王歆太牢，班嘗之，……是日也……王則大
　　徇。耨、穫亦如之。」

「農祥晨正，日月底于天廟」，顯示孟春開耕之前，周天子確實
會在千畝上舉行祭典，而受祭對象可能就是耕地上王社裡頭的地
祇。然而「耨、穫亦如之」也透露了夏耨、秋收之時，還會再舉
行這樣的祭典。換言之，天子分別會於孟春、夏耨、秋收之時，
在耕地上舉行社祭活動，一年總共會有三次。

　　除了仲春之祭[102]，〈月令〉的「仲春，擇元日，命民
社」，另有與之相對的「仲秋之月，擇元日，命民社」[103]佚文，
則秋亦祭大社。加上〈月令〉孟冬之時所祠「公社」，乃相對於
「私社」而言，按〈祭法〉天子為民立大社，為己立王社的說法
來看[104]，「公社」當指大社，「私社」當指王社，是以冬亦有大
社之祭。總而言之，大社的祭典，當如孔穎達所說，一年也總共

---

[102]　《呂氏春秋校釋》，卷二〈仲春紀・仲春〉，頁 63：「擇元日，命人
　　　社」，高《注》：「社祭后土，所以為民祈穀」、《禮記》，卷十五
　　　〈月令〉，頁 299：「擇元日，命民社」，鄭《注》：「社，后土也，
　　　使民祀焉，神其農業也。祀社日用甲」。高誘、鄭玄均將仲春社祭的受
　　　祭對象界定為「后土」。

[103]　《白虎通疏證》，卷三〈社稷〉，頁 84。

[104]　《禮記》，卷四六〈祭法〉，頁 801。《白虎通疏證》，卷三〈社
　　　稷〉，頁 85，〈三正記〉改「羣姓」為「天下」。

會有三次[105]。

五、六朝以前社祭之爭與實際落實情況

漢家其實一開始，也就只知道天子必須立一個社，以「示有土」[106]。無土而王的劉邦，先是廢除秦朝那個象徵天下政權的社，直到平定天下後，方以故里枌榆的社，取而代之，四時常祀[107]。這個社、稷一體的社，就是漢人所說的「諸侯王始封者，必受土於天子之社」[108]的那個社，時人稱其為「官社」[109]。東漢光

---

[105] 《禮記》，卷二五〈郊特牲〉，頁 491，孔《疏》：「一歲有三：仲春『命民社』，一也；《詩》云：『以社以方』，謂秋祭，二也；孟冬云：『大割祠於公社』，是三也。」「以社以方」是否為秋祭大社，不得而知，姑且不論〈月令〉的佚文，單以《周禮》，卷十九〈春官·肆師〉，頁 298：「社之日，涖卜來歲之稼」，其乃是由建立國家祀典的大宗伯的屬官肆師來執掌推論：秋季也會祭祀大社。

[106] 《白虎通疏證》，卷三〈社稷〉，頁 83。

[107] 《史記》，卷八〈高祖本紀·二年〉，頁 171：「二月，令除秦社稷，更立漢社稷」、卷二八〈封禪書〉，頁 544：「後四歲，天下已定，詔御史，令豐謹治枌榆社，常以四時，春以羊彘祠之」。

[108] 《史記》，卷六十〈三王世家〉，頁 848，漢武帝時，始以「諸侯王始封者，必受土於天子之社，歸之以為國社」。這樣的觀念，一直延續到東漢末年，依然如此，是以《尚書》，卷六〈禹貢·徐州〉，頁 82，孔《疏》引蔡邕《獨斷》說：「天子大社以五色土為壇，皇子封為王者授之大社之土，以所封之方色，苴以白茅，使之歸國，以立社謂之茅社。」按：《百川學海》本無此文。大社以五種顏色的土築成，已見諸《逸周書集訓校釋》，卷五〈作雒〉，頁 129：「乃建大社于國中，其壇東青土，南赤土，西白土，北驪土，中央釁以黃土」。鄭玄說：「土五色者，所以為大社之封」，大概即據此推想三代大社的材質。見《史記》，卷二〈夏本紀〉，頁 47，《集解》所引。

[109] 《漢書》，卷二五下〈郊祀志〉，頁 566，「王莽奏言：『帝王建立

武帝建武二年（26），於都城雒陽的太廟旁，又另立了「太社、
稷」，每年固定於仲春、仲秋、臘冬祠之。只不過當時是依照王
莽的作法，將本是一體的社稷，分割成兩個不同的受祭對象，是
以雒陽有一座太社壇，一座太稷壇[110]。又因光武號稱中興，故無
法罷廢西漢所立的官社，這就造成了東漢天子有兩個社，一個象
徵西漢政權，一個象徵東漢政權，且「太社有稷，而官社無稷，
故常二社一稷」[111]。

　　按理，曹魏是異姓政權，當然可以捨棄漢家所立的社稷，另
立自己的社稷。曹魏建國之初，本來也只立了一個象徵天下政權
的社。曹魏明帝時，又增立了一個「帝社」，因而使都城的宗廟

社、稷，百王不易。社者，土也。……稷者，百穀之王，所以奉宗廟，
共粢盛，……聖漢興，禮儀稍定，已有官社，未立官稷。』遂於官社後
立官稷，以夏禹配食官社，后稷配食官稷。」可知：從頭至尾，西漢就
只立一個社，也就是枌榆之社；社、稷可能同祠。王莽只是將本來不分
彼此的社、稷之神，割裂開來，另立一個專門祭祀稷神的場所，並稱之
為官稷。官社與官稷則以不同的人鬼配享。然而，顏師古《注》引臣瓚
曰：「高帝除秦社稷，立漢社稷，禮所謂太社也。（王莽）時又立官
社，配以夏禹，所謂王社也」，恐非是。

110　以上引述俱見《後漢書・續漢志》，卷九〈祭祀志下〉，頁 1161。

111　《晉書》，卷十九〈禮志上〉，頁 454。西、東漢社數本不同，曹書
　　杰：《后稷傳說與稷祀文化》（北京：社會科學文獻出版社，2006
　　年），頁 360：「兩漢四百多年間，京城的社稷制度基本上是兩社一稷
　　——太社、官社、太稷，而沒有『官稷』」，以及王柏中：《神靈世
　　界：秩序的建構與儀式的象徵——兩漢國家祭祀制度研究》，頁 13，
　　以為西、東漢僅有一社一稷、喬秀岩：〈論鄭王禮說異同〉，收錄於國
　　立政治大學中國文學系：《中國經學研究國際學術研討會論文集》（臺
　　北：政大中文系，2009 年），頁 294：「漢代一直是一社」。以上之
　　說，均悖乎史實。

旁有兩個社並立[112]。再立一個「帝社」的原因不明,只能推測:
東漢有兩個社,承接漢政權的曹家所以也要有兩個社,只不過漢
家官社具有故里的意涵,曹操之父為宦官養子,「未能審其生出
本末」[113],既然沒有真正的祖先故居里社,可以龍興之地為由,
升格為大社,因而轉為強調以官爵意涵為名的帝社。

在都城的宗廟旁立二社一稷的作法,「晉初仍魏,無所增
損」。直到西晉咸寧元年(275)發生了一件大事,《宋書》卷
十七〈禮志四〉:

> 大風吹帝社樹折,有青氣出社中。占者以為:東莞有天子
> 氣。

晉武帝這時尚未滅吳,突然冒出南方另有天子之氣的預言,豈非
無望・統江山,成為天下共主?太康九年(289),當時雖已滅
吳,大概是擔心預言要至未來才會應驗,因此,他就藉由「改建
宗廟,而社、稷壇與廟俱徙」的機會,想廢立帝社,故詔曰:

> 社實一神,其并二社之祀[114]。

---

[112] 《通典》,卷四五〈禮五・沿革五・吉禮四・社稷〉,頁 1267,杜佑
自注引西晉博士孔晁議:「漢氏及魏初,皆立一社一稷。至景初之時,
更立太社、太稷,又特立帝社」,所指的「漢氏」當指西漢王莽增立官
稷之時。

[113] 《三國志》,卷一〈武帝紀〉,頁 23。

[114] 以上引文俱見《宋書》,卷十七〈禮志四〉,頁 242。晉武帝此舉其實

從前面的論述可知：太社與帝社（王社）的受祭對象，本來就不同。晉武帝乃是依循王肅之說，以為人鬼句龍為社祭中的唯一受祭對象，如此才會說太社與帝社的受祭對象若都是人鬼句龍，分兩個社祭祀是不合理的矛盾現象。

　　兩晉與南方四朝[115]的主流意見，似乎是以王肅之說為根據，因此當時不論是贊成與反對的聲音，完全弄錯方向，致使有些人就僅鎖定在〈祭法〉某個片段字面意思，進行討論，例如：贊成派的孔晁，將〈祭法〉「為群姓」的「為」字，當作「使」來解，因此「為群姓」就是指天子允許天下所有的人都可以立社，並非天子自己為天下百姓立社的意思[116]。這種扭曲文義的說法，當然會遭受撻伐[117]，只不過代表當時主流意見傅咸等人的批判[118]，也不過是了無創意地按照漢人「太社為天下報功，王社為京師報功」[119]的說詞，強調〈祭法〉「為群姓」與「自為立」的意

是秦始皇故計的變形。《三國志》，卷五三〈張紘傳〉，頁 1029，裴《注》引〈江表傳〉：「昔秦始皇東巡會稽，經此縣，望氣者云：『金陵有王者都邑之氣。』故絕斷連岡，改名秣陵。」

115 《南齊書》，卷九〈禮志上〉，頁 73，何佟之：「謂二社，語其義，則殊；論其神，則一。」

116 《通典》，卷四五〈禮五・沿革五・吉禮四・社稷〉，頁 1268，杜佑自注引。

117 《通典》，卷四五〈禮五・沿革五・吉禮四・社稷〉，頁 1268，杜佑自注引晉人劉喜難曰：「〈祭法〉：『為羣姓立社』，若如晁議，當言『王使』，不得言『為』。」

118 《宋書》，卷十七〈禮志四〉，頁 243，詔曰：「社實一神，而相襲二位，眾議不同，何必改作，其便仍舊，一如魏制。」

119 《白虎通疏證》，卷三〈社稷〉，頁 85。即因晉人大多接受此說，因此《宋書》，卷十七〈禮志四〉，頁 243，東晉元帝祭祀大社的祝文為

思。換言之，大社與帝社最大的差異，主要是祭祀目的上頭：前者爲民；後者爲己。爲此，傅咸等人主張帝社不可罷廢，當與大社並存[120]。

也因六朝時人大多已經不清楚帝社就是籍田之社，其實也就是王社，一如蔡邕《獨斷》所說：

> 天子之社，曰王社，一曰帝社[121]。

這才會有西晉禮家孔晁以帝社即是大社[122]，劉宋沈約以官社即是帝社[123]，這類混淆不清的說法。縱使西晉時，傅咸曾指出：帝

「地德普施，惠存無疆，乃建太社，保佑萬邦」，祭祀帝社的祝文則是「坤德厚載，王畿是保，乃建帝社」。王畿遠小於萬邦。

120 詳參《宋書》，卷十七〈禮志四〉，頁 242-243。

121 漢・蔡邕：《獨斷》，收錄於嚴一萍選輯：《百部叢書集成初編・百川學海》（臺北：藝文印書館，1966 年），上卷，頁 8a。

122 孔晁就是因為將帝社與大社混淆在一起，才會明明說的是帝社，卻不挑王社的記載，而以〈祭法〉：「王為羣姓立社，曰大社」來舉證。詳參《通典》，卷四五〈禮五・沿革五・吉禮四・社稷〉，頁 1268，杜佑自注所引。

123 《宋書》，卷十七〈禮志四〉，頁 242：「《禮》『王為群姓立社，曰太社，王自為立社，曰王社』，故國有二社，……漢、魏則有官社，無稷，故常二社一稷也」，《校正資治通鑑》，卷四十〈漢紀・世祖光武皇帝上・建武二年〉，頁 1295，胡《注》引此，特別標明這是沈約之說。沈約「漢、魏則有官社」的「漢」，是指東漢，東漢才有二社一稷。然而東漢「官社」的本質，與曹魏所立的帝社不同。若對照〈祭法〉，東漢「官社」也當是大社，換言之，東漢有兩個大社，如前面所說，乃是一個象徵西漢政權，一個象徵東漢政權，然而曹魏所立的帝社，並非政權的象徵，因此曹魏所立的帝社，地位必然在大社之下。沈

社、王社、籍田之社三者皆指同一個社，其又與大社的性質不同
[124]，卻不了解當時的問題，主要是出在受祭對象的認知上頭，因
此還是摸不著邊。

東晉初年，根據西晉摯虞的奏議，以天子立兩社為「永
制」，既是按摯虞所言，這兩者社就絕對不是以受祭對象為區
別，因為摯虞根本不知道王社的具體意義，是以當初才會語出驚
人地說：

> 軍旅宜乎社，則王社也。太社為羣姓祈報，祈報有時，主
> 不可廢[125]。

打仗的時候，不恭請地祇系統之中，法力最強，在大社裡頭受祭
的至上者隨軍助陣，反而帶了位某塊耕田上的土地神，假使這種
巫術儀式真能發揮作用，則如此之舉恐怕是遺大抱小，自削威勢
了。更沒想到，北齊天子親征時，還真的「載帝社石主」[126]同
行。

另者，縱使傅咸與沈約等人皆認為：既然已經將社、稷分立
為兩座祭壇，天子有兩個社，按理來說，也應該要有兩個稷來與
之配對[127]，然而朝儀制度往往因襲前代，是以這樣的意見不為主
流所接納。因此，除了北周似乎是按照《周禮》變法，而單立社

約不清楚情況，才會將曹魏所立的帝社也說成了官社。
[124] 《宋書》，卷十七〈禮志四〉，頁242。
[125] 以上引述俱見《晉書》，卷十九〈禮志四〉，頁456。
[126] 詳見《隋書》，卷八〈禮儀志三〉，頁89。
[127] 《宋書》，卷十七〈禮志四〉，頁242-243。

稷一壇，以及隋分立一個社壇，一個稷壇，其他如東晉、劉宋、
南齊、北魏、北齊，皆在都城裡頭並立了兩個社壇，一個與大社
相配的大稷壇，完全不知道大社與帝社的地點[128]、祭祀時間[129]皆
不同。大同初年時，多多益善的梁武帝，則將在此之前，所有曾
被討論過的社、稷名稱，全都立了祭壇，故梁時候的建康城內有
大社、帝社、官社、大稷、官稷等五個社、稷壇。陳居然也從梁
之制[130]。

---

[128] 以上引述詳見《隋書》，卷七〈禮儀志二〉，頁 80。

[129] 六朝時期，大社、大稷、帝社等三壇的祭祀時間，可能都依循東漢之
制，故梁令仲春、仲秋、臘各祠社稷於壇，北齊於每年仲春、仲秋、
臘。不過，北魏一年只有兩次祭社，分別在仲春、仲秋之時。詳參《魏
書》，卷一百八之一〈禮志四之一〉，頁 1311、《隋書》，卷七〈禮
儀志二〉，頁 80。

[130] 以上引述詳見《隋書》，卷七〈禮儀志二〉，頁 80。

第四章　廟　享

　　截至目前，六朝以前的宗廟享祀研究乃以殷周[1]、秦漢爲大宗[2]，六朝部分鄙陋所見[3]，似乎僅有陳戌國[4]與金子修一[5]兩大

---

[1]　殷、周部分舉隅，如周何：《春秋吉禮考辨》、章景明：《殷周廟制論稿》（臺北：學海出版社，1979 年）、陳夢家：《殷虛卜辭綜述》、江美華：《甲金文中宗廟祭禮之研究》（臺北：國立政治大學中國文學系碩士論文，1983 年）、梁煌儀：《周代宗廟祭禮之研究》（臺北：國立政治大學中國文學系博士論文，1986 年）、陳戌國：《中國禮制史・先秦卷》（長沙：湖南教育出版社，1991 年）、張鶴泉：《周代祭祀研究》（臺北：文津出版社，1993 年）、董蓮池：〈殷周禘祭探真〉，《人文雜誌》第 5 期（1994 年）、秦照芬：《商周時期的祖先崇拜》（臺北：蘭臺出版社，2003 年）、劉源：《商周祭祖禮研究》（北京：商務印書館，2004 年）、劉正：《金文廟制研究》（北京：中國社會科學出版社，2004 年）、日・島邦男：《殷虛卜辭研究》（上海：上海古籍出版社，2006 年）、常玉芝：《商代宗教祭祀》等。

[2]　秦、漢部分舉隅，如張寅成：《西漢的宗廟與郊祀》（臺北：國立臺灣大學歷史系碩士論文，1985 年）、陳戌國：《中國禮制史・秦漢卷》（長沙：湖南教育出版社，1995 年）、洪千惠：《東漢郊祀與宗廟祭祀制度研究》（臺中：國立中興大學中國文學系碩士論文，1997 年）、羅保羅：《秦吉禮考》（臺北：私立輔仁大學中國文學系博士論文，2000 年）、王柏中：《神靈世界：秩序的建構與儀式的象徵——兩漢國家祭祀制度研究》、張富秦：《東漢時期的宗廟與政權正當性》（臺南：國立成功大學歷史系碩士論文，2009 年）、楊英：《祈望和

家[6]，但因著書性質與關注重心的影響，不免讓人覺得有所不足，是以本章先談「廟數」，後言「昭穆」，以及禘、袷，期盼藉此拋磚引玉。

第一節　天子廟廟數議

《墨子》卷八〈明鬼下〉說：

> 昔者虞、夏、商、周三代之聖王，其始建國營都日，必擇國之正壇，置以為宗廟。

誥：周秦兩漢王朝祭禮的演進及其規律》（北京：商務印書館，2009年）、張書豪：《西漢郊廟禮制與儒學》（臺北：國立臺灣師範大學國文學系博士論文，2010 年）、陳惠玲：《兩漢祀權思想研究——以《春秋》與《禮記》中郊廟二祭之經典詮釋為例》（新竹：國立清華大學中國文學系博士論文，2012 年）。

3　日·金子修一：〈以國家祭祀為中心魏晉南北朝隋唐研究使回顧與展望〉，《日本中國史研究年刊》（上海：上海古籍出版社，2008年），頁 39，也提到日本的學術界，「在魏晉南北朝隋唐史中，祭祀研究開始於上個世紀 70 年代，相對而言，是一個比較新的領域」。

4　陳戍國：《中國禮制史·魏晉南北朝卷》（長沙：湖南教育出版社，1995 年）。

5　日·金子修一：《古代中國と皇帝祭祀·魏晉到隋唐的郊祀、宗廟制度》（東京：汲古書院，2001 年）。

6　最近則有郭善兵：《中國古代帝王宗廟禮制研究》（北京：人民出版社，2007 年），頁 243-244、293-304、328-329，也涉及六朝官方廟制，但該書還是屬於通論性質的研究著述，重心亦著重於皇統思維的詮釋。

各朝的君主都設有宗廟，大概無庸置疑[7]，但各朝有多少祭祀他
們先君的宗廟，則是另一問題。《禮緯·稽命徵》、《孝經緯·
鉤命決》都說：

> 唐、虞五廟：親廟四，始祖廟一；夏四廟，至子孫五；殷
> 五廟，至子孫六；周六廟，至子孫七[8]。

是否屬實[9]，是一回事，至少透露：每個朝代的宗廟廟數不一。

7　據王曉毅：〈古城·宮殿·大墓·觀象台——唐堯帝都考古新進展〉，
　　《文物世界》（2004 年 3 月），頁 43，近年來在山西襄汾陶寺一帶，
　　發現了黃河流域史前最大的考古城址以及「與城垣相匹配的貴族大
　　墓」，尚有「高規格的宮殿建築、宗教建築以及與天文曆法有關的建築
　　設施等『帝都』級聚落所應當具備的標誌性建築物」。考古斷代：距今
　　約 4300 年，是傳統歷史譜系中的唐、虞時期已經有宗廟了。石璋如：
　　〈自序〉，《殷虛建築遺存乙編·中國考古報告集之二小屯第一本遺址
　　的發現與發掘乙編》（臺北：中央研究院歷史語言研究所，1959
　　年），頁 10，從地下遺址的種種現象可知：殷代確實有宗廟的存在。
　　河南殷虛安陽小屯中的乙組基址，從其建築程序可判斷，其可能即是殷
　　王宗廟所在。西周銅器銘文已見及「廟」字，而且非常確定是宗廟的稱
　　謂。詳參陳夢家：《西周銅器斷代》（北京：中華書局，2004 年），
　　頁 36-37、唐蘭：〈西周銅器斷代中的「康宮」問題〉，故宮博物院
　　編：《唐蘭先生金文論集》（北京：紫禁城出版社，1995 年），頁
　　125-133、周建邦：《先秦朝覲考》（新竹：國立清華大學中國文學系
　　碩士論文，2009 年），第二章，第一節，頁 15。
8　《禮記》，卷十二〈王制〉，頁 241，孔《疏》所引《禮緯·稽命
　　徵》。同頁，孔《疏》所引《孝經緯·鉤命決》「虞」為「堯」，「始
　　祖廟一」為「與始祖五」，「夏」為「禹」。
9　若按〈南宮柳鼎〉的銘文：「隹（唯）王五月初吉甲寅，王才（在）康
　　廟」（《集成》02805）、〈師兌簋〉的銘文：「隹（唯）元年五月初

戰國年間，最流行的是七廟制：

> 天子七廟：三昭、三穆，與大祖之廟而七。

> 禮有以多為貴者：天子七廟，諸侯五，大夫三，士一。

> 天下有王，分地建國，置都立邑，設廟、祧、壇、墠而祭
> 之，乃為親疏多少之數。是故王立七廟、一壇、一墠。曰

吉甲寅，王才（在）周，各康廟，即立（位），……」（《集成》
04274），兩者皆有「康廟」的記載。若能確定這兩個器物的年代，即
能判定周代廟數實際的情況，可惜〈師兌簋〉與〈南宮柳鼎〉的斷代，
學界至今依然沒共識。下列表格根據陳夢家：《西周銅器斷代》，頁
229、240、馬承源主編：《商周青銅器銘文選》，第三卷，頁 200、
289、郭沫若：《兩周金文辭大系圖錄考釋》（上海：上海書店出版
社，1999 年），頁 154-156、彭裕商：《西周青銅器年代綜合研究》
（成都：巴蜀書社，2003 年），頁 442-443、李學勤：〈論師兌簋的先
後配置〉、〈細說師兌簋〉，夏商周斷代工程專家組編著：《夏商周斷
代工程 1996-2000 年階段成果報告（簡本）》（北京：世界圖書出版公
司，2003 年），頁 32、劉啟益：《西周紀年》（廣州：廣東教育出版
社，2002 年），頁 367、410、陳公柔、張長壽、王世民等：《西周青
銅器分期斷代研究》（北京：文物出版社，1999 年），頁 46、89，彙
整目前對於此二器的時間斷代，如下表所示：

	陳夢家	郭沫若	馬承源	彭裕商	李學勤	劉啟益	王世民等
南宮柳鼎	孝		厲			夷	早於宣王
師兌簋	孝	幽	孝	宣	厲	共和	夷王前後

按此，〈師兌簋〉最早在孝王，至晚為幽王；〈南宮柳鼎〉最早在孝
王，至晚為厲王。若是兩器都是在孝王時期，康王尚未出五服，宗廟存
在並不稀奇，若是在宣、幽之世，康王為其七、八世祖，早該毀的廟卻
還在的話，則顯示：緯書的文字並非周代天子宗廟的實際情況。

考廟、曰王考廟、曰皇考廟、曰顯考廟、曰祖考廟，皆月
祭之。遠廟為祧，有二祧，享嘗乃止。去祧為壇。去壇為
墠。壇、墠，有禱焉，祭之；無禱，乃止。去墠曰鬼。

天子至于士皆有廟：天子七廟，諸侯五，大夫三，士二[10]。

以致並非專門講禮文儀節的儒生也如是認定，例如《荀子》卷十
三〈禮論〉說：

有天下者事十【七】世；有國者事五世，有五乘之地者事
三世，有三乘之地者事二世。

《新書》卷一〈過秦上〉也說：

一夫作難而七廟墮。

為何會形成此說，不得而詳。然而結合前面所引緯書的文字，西
漢儒生大多認為這就是周代的廟制，這就引發兩項彼此相關的問
題：從學術研究方面而言，周代為何比以往王朝的宗廟數目為
多。從現實制度方面而言，昭代憲章應該有幾座宗廟。

10　以上引文依序分見《禮記》，卷十二〈王制〉，頁 241、卷二三〈禮
　　器〉，頁 451、卷四六〈祭法〉，頁 799、《穀梁傳》，卷八〈僖公十
　　五年〉，頁 83。

一、周天子宗廟總數多於前朝之解釋

《禮記》卷十二〈王制〉鄭《注》：

> 此周制，七者，大祖及文王、武王之祧與親廟四，大祖后
> 稷。殷則六廟，契及湯與二昭二穆。夏則五廟，無大祖，
> 禹與二昭二穆而已。

「祧之言超也，超上去意也」[11]，所謂「超上去意」，即是超然
親廟之上而特立焉。配合「祧，遷主所藏之廟」，「先公之遷主
藏于后稷之廟，先王之遷主藏于文、武之廟」[12]，文、武之廟顯
然不得毀，否則無從收納其他遷主，可見：按照鄭玄的看法，
文、武廟不毀，以致周代宗廟有七，乃特例，無怪乎後人會說：
按照鄭玄的意見，「天子唯立四親廟」，乃常態；「周以文、武
爲受命之祖，特立二祧，是爲七廟」[13]，乃特例。

王肅也認爲文、武是特立不毀之廟，但主張天子宗廟七廟才
是常態：

> 尊者尊統上，卑者尊統下，故天子七廟，諸侯五廟，其有
> 殊功異德，非太祖而不毀，不在七廟之數[14]。

11　《禮記》，卷四六〈祭法〉，頁799，鄭《注》。
12　以上引文分見《周禮》，卷十九〈春官・小宗伯〉，頁 290，鄭
　　《注》、卷二一〈春官・守祧〉，頁328，鄭《注》。
13　以上引文俱見《隋書》，卷七〈禮儀志二〉，頁77。
14　《隋書》，卷七〈禮儀志二〉，頁77。

王肅對前面〈祭法〉引文的體會是：從「去祧爲壇」的文脈來看，「遠廟爲祧」，即是「親盡之上」猶存「高祖之父及高祖之祖廟爲二祧」，祧既是可遷毀的遠祖廟，而文、武二廟「百代不遷」，明顯不適用於文、武二廟[15]，所以文、武二王當稱「宗」，不稱「祧」。換言之，太祖之下、高祖廟之上，另立高祖之父及高祖之祖等五、六世遠祖之廟，凡六親廟，「天子七廟是通百代之言」[16]；周制因爲加文、武二宗之廟，即爲九廟，乃特例。

　　周代文、武二廟特立不毀，有歷史因素。文王受命是周人自己一再標榜的，見諸《詩》、《書》明文[17]；至武王，才擊垮商紂，進而邁向共主的地位，又是具體事實[18]，經文中也明顯有二后受命的說法[19]，二者不毀，確實有理據。鄭、王兩家在這方面

15　以上引文俱見《通典》，卷四七〈禮七・沿革七・吉禮六・天子宗廟〉及自注，頁 1299。

16　《隋書》，卷七〈禮儀志二〉，頁 77。

17　《尚書》，卷十六〈無逸〉，頁 242：「文王受命惟中身，厥享國五十年」、卷十六〈君奭〉，頁 245：「天不庸釋于文王受命」、《毛詩》，卷十六之一〈大雅・文王之什・文王〉，頁 531：「文王受命作周也」、卷十六之五〈大雅・文王之什・靈臺・序〉，頁 578：「文王受命，而民樂其有靈德，以及鳥獸、昆蟲焉」、卷十六之五〈大雅・文王之什・文王有聲〉，頁 583：「文王受命，有此武功。」另外，《逸周書集訓校釋》，卷三〈文傳〉，頁 65：「文王受命之九年」、卷八〈祭公〉，頁 202：「皇天改大殷之命，維文王受之。」

18　詳參《史記》，卷四〈周本紀〉，頁 74。

19　《尚書》，卷十五〈洛誥〉，頁 231：「文、武受命」、《毛詩》，卷十八之四〈大雅・蕩之什・江漢〉，頁 686：「文、武受命」、卷十九之二〈周頌・清廟之什・昊天有成命〉，頁 716：「昊天有成命，二后

並爲異辭，分歧出在：按常制，太祖之下立幾廟。鄭玄的四親廟說側重的是親親原則。《禮記》卷三二〈喪服小記〉：

> 親親以三爲五，以五爲九，上殺，下殺，旁殺，而親畢矣。

是以「上湊高祖，下至玄孫」，「生相親愛，死相哀痛」[20]，「服盡，而後視如路人」[21]，《禮記》卷十六〈大傳〉：

> 四世而緦，服之窮也；五世袒免，殺同姓也；六世親屬竭矣。

既然高祖以上五、六世先祖，已是路人，玄孫以下的子孫，與之也已經「親疏恩愛究竟」[22]，他們的宗廟就必須按親盡而毀，如晉人范寧所云：「親過高祖，則毀其廟，以次而遷，將納新神故，示有所加」[23]。唐人朱子奢也曾分析：

> 若使天子、諸侯，俱立五廟，便是賤可以同貴，臣可以濫主，名器無準，冠、屨同歸，「禮亦異數」[24]，義將安

受之，成王不敢康。」
[20]　《白虎通疏證》，卷八〈宗族〉，頁398。
[21]　《白虎通疏證》，卷四〈昆弟相繼〉，頁151，陳立《疏證》。
[22]　《白虎通疏證》，卷八〈宗族〉，頁398。
[23]　《穀梁傳》，卷十〈文公二年〉，頁98，范寧《集解》。
[24]　《左傳》，卷九〈莊公八年〉，頁159。

設？《戴記》又稱「禮有以多為貴者，天子七廟，諸侯五廟」，若天子五廟，纔與子、男相埒，以多為貴，何所表乎[25]？

可見王肅六親廟之說側重的是尊尊原則。

二、應該以幾廟為制

蔡邕講得非常直率：

漢承亡秦滅學之後，宗廟之制不用周禮。每帝即世，輒立一廟，不止於七，不列昭、穆，不定迭毀[26]。

直到元帝之世，一方面，儒學逐漸得勢[27]；另方面，毫不節制地廣立宗廟，已經構成帝國經濟嚴重負擔了[28]，這才開始考慮這課

25　《舊唐書》，卷二五〈禮儀志五〉，頁 508。

26　《後漢書‧續漢志》，卷九〈祭祀志〉，頁 1160，劉昭《注補》所引袁山松：《（後漢）書》。

27　《漢書》，卷九〈元帝紀〉，頁 122，元帝為太子時，「柔仁好儒」，「見宣帝所用多文法吏，以刑名繩下」，勸諫宣帝莫要「持刑太深，宜用儒生」，「宣帝作色曰：『漢家自有制度，本以霸王道雜之，奈何純（住）【任】德教，用周政乎！不知所守，何足委任！』」甚至想因此廢黜太子。是以當時得勢的乃是法家。元帝以後，儒學方才逐漸得勢，故元、成、哀三朝的丞相：于定國、韋玄成、匡衡、王商、張禹、薛宣、翟方進、孔光、平當、王嘉、馬宮，除了王商、薛宣二人，其他均為儒生，詳參錢穆：《國史大綱》（北京：商務印書館，2004 年），頁 148。

28　《漢書》，卷七二〈貢禹傳〉，頁 1367：「是時年歲不登，郡國多

題。綜觀當時議論，乃以五廟說爲基本框架，再妥協而後形成
的。所謂妥協是指：根據「祖有功而宗有德」[29]的原則，太祖之
外，其他被尊爲祖、宗者雖親盡，其宗廟仍不遷毀，所以太宗文
帝廟，後來還加上世宗武帝廟都不毀。五廟說雖居主流，然而在
實際執行上，非特出爾反爾[30]，而且不倫不類[31]。至東漢，因爲
號稱中興，長安高廟得維持，西漢諸先帝都在奉祀之內，故
「成、哀、平且祠祭長安故高廟」，沒有各自單獨的宗廟，可是
因爲論輩份，光武與成帝同輩，乃繼體元帝者，洛陽高廟以「高
帝爲太祖，文帝爲太宗，武帝爲世宗」，「加祭孝宣、孝元，凡

困」，卷七三〈韋賢傳附子玄成傳〉，頁 1381：「一歲祠，上食二萬
四千四百五十五，用衛士四萬五千一百二十九人，祝宰、樂人萬二千一
百四十七人，養犧牲卒不在數中。」另可參雷海宗：《中國文化與中國
的兵》（北京：商務印書館，2003），頁 95-97。

29　《史記》，卷十〈文帝紀〉，頁 199、《漢書》，卷七三〈韋賢傳附子
玄成傳〉，頁 1318。對照《漢書》，卷四八〈賈誼傳〉，頁 1068，蓋
根據《禮記》，卷四六〈祭法〉，頁 796、802-803，撮要而來。

30　元帝永光五年（39B.C.）十二月，「毀太上皇、孝惠皇帝寢廟園」，建
昭五年（34B.C.）七月，「復太上皇寢廟園、原廟（是指特別設立於渭
北的漢高祖廟）」，竟寧元年（33B.C.）三月，「復孝惠皇帝寢廟
園」，五月，「毀太上皇、孝惠、孝景皇帝廟」；成帝河平元年
（28B.C.）九月，「復太上皇寢廟園」。以上引述依序分見《漢書》，
卷九〈元帝紀〉，頁 126-128、卷十〈成帝紀〉，頁 131。

31　以最初奏可的協議而言，高祖、文帝因爲是太祖、太宗，不算在內，爲
了保留景帝廟，竟將昭、宣同時算爲昭，加上武帝、從未即帝位的悼皇
考，使得這些將來要遷毀的宗廟，論昭穆，三昭（景、昭、宣）一穆
（武）；論實際世代，五代，固非四親，也非六親。詳參《漢書》，卷
七三〈韋賢傳附子玄成傳〉，頁 1383。

五帝」[32]。光武崩，「明帝即位，以光武帝撥亂中興，更爲起廟，尊號曰世祖廟」，使得問題愈加棼亂，延宕下去。至靈帝年間，「世祖廟七主」：明、章、和、安、順、桓。加上「高廟五主」，東漢「少帝三陵，追尊后三陵」，宗廟總數過多，以另種形式重現。拖延至董卓政變，將洛陽「宮、廟焚毀」[33]，挾獻帝西遷，至此才將長安高廟釐定爲「一祖二宗，及近帝四，凡七帝」[34]。然而接著長安大亂，遷都許昌，只等著鼎革，什麼也談不上了。雖然亂成一團，仍可看出乃延續西漢妥協後的五廟說格局。

劉歆固然已藉由「『名位不同，禮亦異數』，自上以下，降殺以兩」[35]，論證天子當採七廟，但或許擔心有人會以「三王異世，不相襲禮」[36]拒絕接受，於是又將通則轉爲漢室應遵行的特定之制[37]，加以當時重心在武帝廟遷毀與否，所以還未形成定

32　《後漢書》，卷一下〈光武帝紀・建武十九年〉，頁 57：「春正月庚子，追尊孝宣皇帝曰中宗。始祠昭帝、元帝於太廟。」清・錢大昕：《廿二史考異》（上海：上海古籍出版社，2004 年），頁 188，已指出：「昭」乃「宣」之訛。

33　《後漢書》，卷七五〈袁術傳〉，頁 827。《宋書》，卷二一〈樂志三〉，頁 303，曹操〈薤露〉：「殺主滅宇京，蕩覆帝基業，宗廟以燔喪，播越西遷移。」

34　以上引文並見《後漢書・續漢志》，卷九〈祭祀志下・宗廟〉，頁 1160。

35　《漢書》，卷七三〈韋賢傳附子玄成傳〉，頁 1385。

36　《禮記》，卷三七〈樂記〉，頁 670。

37　《漢書》，卷七三〈韋賢傳附子玄成傳〉，頁 1385，記載劉歆主張七廟的理由之一是：「七者，其正法數。」按：當時已經以漢爲應火德而王，據《禮記》，卷十五〈月令〉，頁 306，火數七，則「七」爲漢朝

論。待王肅出，細緻體會《傳》文，直指要害，又能全然符合皇室自我膨脹、宗廟多多益善的心理。其實，縱使姑置尊尊原則，根據親親之道，父親過世，照道理僅一年足矣，爲了顯示恩重，「加隆爲，案使倍之，故再期也」[38]。「資於事父以事君而敬同」[39]，「事君猶事父也」[40]，則於君中之君：天子，理應加隆爲七廟，否則，無以顯示天子乃繫天下之心者。雖然當時仍有難王申鄭者，都無甚意義。好比馬昭援引〈喪服小記〉之文：

> 王者禘其祖之所自出，以其祖配之，而立四廟。庶子王亦如之。

或人可稱引《禮記》中更多七廟的傳文反駁。將七廟解釋爲包含「親盡之外，有大功德，可祖、宗者也。有其人則七，無其人則少」[41]，故「自夏及周，少不減五，多不過七」，不過是字面彌縫，劉歆早就指出「苟有功德者，則宗之，不可預爲設數」，「宗無數也」[42]。不但無甚意義，而且無力。好比張融稱引〈曾子問〉：

　　的正數，猶秦自認以水德興，故「數以六爲紀」。詳參《史記》，卷六
　　〈秦始皇本紀〉，頁120。

38　詳參《荀子集解》，卷十三〈禮論〉，頁373。

39　《孝經》，卷二〈士章〉，頁24。

40　《公羊傳》，卷二五〈定公四年〉，頁321。

41　以上引文俱見《通典》，卷四七〈禮七・沿革七・吉禮六・天子宗廟〉，頁1300，及自注、《禮記》，卷十二〈王制〉，頁241，孔《疏》引。

42　《漢書》，卷七三〈韋賢傳附子玄成傳〉，頁1385。

> 曾子問曰：「古者師行，必以遷廟主行乎？」孔子曰：
> 「天子巡守，以遷廟主行，載于齊車，言必有尊也。今也
> 取七廟之主以行，則失之矣。當七廟、五廟無虛
> 主……。」

認為「若王肅數高祖之父，高祖之祖廟與文、武而九主。當有
九，孔子何云：七廟無虛主乎」，無視於此處的七廟乃就常例而
言，非「說周事」。至於根據《周禮》卷十七〈春官・宗伯〉轄
下守祧的成員：

> 奄八人，女祧每廟二人。

按此，當是「自太祖以下與文、武及親廟四用七人，姜嫄用一
人」而為八人；若七廟不包括文、武，「則奄少二人」[43]，更屬
強行兜合。對照卷二一〈春官・守祧〉執掌，可知：負責的是
「先王、先公之廟祧」，姜嫄不與焉。尤其東晉以後，因為魏、
晉年間偽撰的〈咸有一德〉中有句「七世之廟可以觀德」[44]，時
人不辨其偽，《尚書》是「正經」[45]，比《禮記》等位階高，七

---

[43] 以上引文俱見《禮記》，卷十二〈王制〉，頁 241-242，孔《疏》引。

[44] 這句話乃改竄自《呂氏春秋校釋》，卷十三〈諭大〉，頁 722，所引
《商書》：「五世之廟可以觀怪。」近年見世的清華簡〈尹誥〉，即
〈咸有一德〉，偽〈咸有一德〉這句全不在其中。詳參清華大學出土文
獻研究與保護中心編，李學勤主編：《清華大學藏戰國竹簡（壹）》
（上海：中西書局，2010 年），下冊，頁 133。

[45] 《儀禮》，卷十五〈特牲饋食禮〉，頁 548，賈《疏》：「爵、觚已下
升數無正文，《韓詩》雖有升數，亦非正經，故引舊說為證也」、《周

廟就愈發具有權威性了。是以從西晉以降，除了隋文帝[46]，以及
北周看似採五廟制[47]，各朝實行的都是天子七廟制[48]。

三、兩漢、六朝時期的實際落實情況

雖說是七廟制，由於從西漢末葉定廟制時，一開始就帶著妥
協：稱祖、稱宗的先帝廟都不遷毀，所以實際上並非眞的七廟。
不但如此，統治者經常利用這個罅漏，加祖、宗之號，以便自己
或父親的廟日後不至進入遞毀的行列。東漢「嗣帝殷勤，各欲褒
崇至親」，只要不是早夭、死於非命、被廢、極度昏暴、末代皇
帝，幾乎都可以編派出一、兩項功業或明德，以符合「有功德則

禮〉，卷三八〈秋官・司儀〉，頁 577，賈《疏》：「〈聘義〉云……
彼記文，非正經，故不爲例也」、《史記》，卷一〈五帝本紀〉，頁
40，司馬貞《索隱》：「〈五帝德〉、〈帝繫姓〉皆《大戴禮》及《孔
子家語》篇名，以二者皆非正經，故漢時儒者以爲非聖人之言，故多不
傳學也」。又，對照《儀禮》，卷二〈士冠禮〉，頁 17，賈《疏》，
可知：所謂的《韓詩》乃《韓詩外傳》的省稱。

46　《隋書》，卷七〈禮儀志二〉，頁 78，從隋文帝京師宗廟「未言始
祖，又無受命之祧，自高祖已下，置四親廟，同殿異室而已。一曰皇高
祖太原府君廟，二曰皇曾祖康王廟，三曰皇祖獻王廟，四曰皇考太祖武
元皇帝廟」，可知：乃依五廟之制。

47　所以說「看似」，因爲據《隋書》，卷七〈禮儀志二〉，頁 76，雖
說：「高祖已下二昭二穆，凡五，親盡則遷」，但又說：「其有德者謂
之祧，廟亦不毀」。「（北周）明帝崩，廟號世宗；武帝崩，廟號高
祖，並爲祧廟而不毀」。是以假使國祚綿長，縱使不再因爲祖有功而宗
有德，出現其他的不毀之廟，也必然具備七廟。

48　高明士：〈皇帝制度下的廟制系統──以秦漢至隋唐作爲考察中心〉，
《文史哲學報》（1993 年 6 月），頁 75：「北魏、北齊、北周，皆取
鄭說之五廟」的說法，恐未詳考。

宗之」的標準，因此除了早夭的殤、沖、質三少帝，靈帝以前的
諸帝皆兼具廟號、謚號，稱祖、宗，難怪東漢獻帝初平中，蔡邕
等請奏「和帝以下，功德無殊，而有過差，不應爲宗」，是以
「穆宗、恭宗、敬宗、威宗之號，皆省去」，並毀之，「議遂施
行」[49]。然而東漢末年的這番清理的努力並未遏止統治者的私
心。這以曹魏明帝的表現最爲露骨。曹操爲曹魏政權眞正的開創
者，當然居太祖的地位；曹丕正式受禪革鼎，也無法毀，他居然
預先擬定自己是烈祖，連同太祖武皇帝、高祖文皇帝，「三祖之
廟萬世不毀，其餘四親廟親盡迭遷，一如周后稷、文、武廟祧之
禮」[50]。南方四朝、北齊、北周、隋照樣出現這種動輒稱祖、稱
宗的狀況[51]。所幸它們國祚都短促，廟數過七的問題還來不及顯
現。北魏雖然國祚頗長，個個皇帝崩後都稱祖稱宗，但因爲太祖
道武帝、世祖太武帝在位時間久，又都是直線、平穩地繼承，是
以至孝文帝在位時，縱使加上太武帝長子、未曾即位而薨的景穆
帝，也就是孝文帝的曾祖父[52]，也才「廟唯有六」，「一則無
主」[53]。至敬宗孝莊帝，當時已有九個先帝神主在廟，他又追尊
本親爲肅祖文穆帝，並移神主入太廟[54]，縱使扣除「烈祖（道武

49　《後漢書・續漢志》，卷九〈祭祀志下・宗廟〉，頁 1160，及劉昭
　　《注補》所引袁山松：《（後漢）書》。

50　《三國志》，卷三〈明帝紀・景初元年〉，頁 145-146。

51　詳參《隋書》，卷七〈禮儀志二〉，頁 78。

52　北魏文成帝雖以孫承祖，即位後，褒崇本親，追尊其爲景穆皇帝，廟號
　　恭宗，並奉其神主入廟，詳參《魏書》，卷四下〈恭宗紀〉，頁 72、
　　卷五〈高宗紀・太安元年〉，頁 75。

53　《魏書》，卷一百八之一〈禮志四之一〉，頁 1318。

54　《魏書》，卷十〈孝莊紀〉，頁 144。

帝）有剙基之功，世祖有開拓之德，宜爲祖宗，百世不遷」[55]，
也應當開始遷毀，唯史缺有間，究竟實行否，不得而詳。不過，
日後孝武帝出奔依宇文泰，高歡另立孝文帝之孫孝靜帝，史稱東
魏時期，天平四年（538）「遷七帝神主入新廟」[56]。若按胡三省
所說：七帝爲道武、明元、太武、文成、獻文、孝文、宣武等帝
來推論[57]，顯然將與孝靜帝同輩的肅宗孝明帝，以及未曾爲帝之
恭宗景穆帝神主遷毀了。可知：北魏雖個個皇帝都是祖、宗，然
宗廟之數尚以七爲制，代滿而遷毀。眞正麻煩的是東晉，詳後

---

[55] 《魏書》，卷一百八之一〈禮志四之一〉，頁1317。

[56] 《魏書》，卷十二〈孝靜紀〉，頁162。

[57] 《校正資治通鑑》，卷一五七〈梁紀十三・高祖武皇帝・大同三年〉，
頁4877。按《魏書》，卷八四〈儒林列傳・孫惠蔚傳〉，頁992、《北
史》，卷八一〈儒林傳上・孫惠蔚傳〉，頁1208：「孝文議定祖宗，
以（烈祖）道武爲太祖，祖宗雖定，然昭、穆未改，及孝文崩，將祔神
主於廟」，可知：北魏宗廟當時以道武爲昭、明元爲穆、太武爲昭、景
穆爲穆、文成爲昭、獻文爲穆，按照這個順序，孝文帝入廟即是昭，也
因此崔光才提議：「以太祖既改，昭、穆以次而易。」崔光是希望太祖
道武不序昭穆，而將明元改爲昭、太武改爲穆、景穆改爲昭、文成改爲
穆、獻文改爲昭，孝文帝爲穆，以爲三昭三穆。另者，《魏書》，卷七
下〈高祖紀〉，頁98，孝文太和十年（577）「有司議依故事，配始祖
（神元帝）於南郊」，按《校正資治通鑑》，卷一五七〈梁紀十三・高
祖武皇帝・大同二年〉，頁4869，胡《注》，高祖太和十六年
（492），以太祖道武皇帝配南郊。依此可見：孝文帝連平文帝神主都
敢毀了，怎麼會再保留北魏建國以前，道武帝所追尊、未曾爲帝的神元
神主？若要保留神元神主，孝文帝何必大費周章的改立道武爲太祖，南
郊改以道武帝配饗，以正國統、宗統。李書吉：《北朝禮制法系研究》
（北京：人民出版社，2002年），頁62、郭兵善：《中國古代帝王宗
廟》（北京：人民出版社，2007年），頁323，皆認爲六位神主當是神
元、道武、明元、太武、文成、獻文等帝的說法，實待商榷。

文。

宗廟雖多於七，卻並沒有像西漢形成宗廟總數過多，那是因為有多少宗廟並不意謂果真有多少座各自獨立的硬體建築。「古禮及漢氏之初，皆帝帝異廟」[58]。東漢開國，情況變得非常微妙。赤眉在長安期間，西漢先帝「宗廟園陵皆發掘」[59]，當時大概僅有高祖廟倖存[60]，所以「鄧禹入長安，遣府掾，奉十一帝神主，納於高廟」[61]。若要修復，總是在長安，而非洛陽，但洛陽總得要立些西漢先帝的宗廟，否則，且不說年年赴長安謁廟的經濟負擔、安全考量，單是承統中興這點就無法顯示出來。在這種尷尬情況下，這才出現立一廟而共奉高、文、武、宣、元五主的變制[62]。光武崩，終於得面對光復舊章不過是門面之詞，所開創的實乃另一新王朝，於是特立世祖廟。然而門面仍不能撕破，此所以明帝「遺詔無起寢廟」[63]，後來諸帝亦然，「昭、穆皆共堂別室」[64]，否則，豈非顯示他們這些劉姓孝子賢孫死後的儀制比西漢先帝們還尊隆？曹魏折衷：武、文、明三帝皆異廟，武帝以

58　《通典》，卷五五〈禮十五，沿革十五・吉禮十四・告禮〉，頁 1539，自注。

59　《漢書》，卷九九下〈王莽傳下〉，頁 1795。

60　《太平御覽》，卷五三一〈禮儀部十・宗廟〉，頁 2538，所錄袁山松《（後漢）書》。

61　《後漢書》，卷一上〈光武帝紀・建武二年〉，頁 46。

62　《宋書》，卷十四〈禮志一〉，頁 165，對於東漢「七廟有共堂之制」的解釋是光武「崇儉」。

63　《後漢書》，卷二〈明帝紀・永平十八年〉，頁 73。

64　《通典》，卷五五〈禮十五，沿革十五・吉禮十四・告禮〉，頁 1539，自注所引〈賀循答王導書〉：「至光武之後，唯有祖、宗兩廟而已」，所說的二廟指的應該是洛陽高廟、世祖廟。

上的曹節、曹騰、曹嵩則共一廟而三室，依序遷主[65]。西晉是轉折性的關鍵。「初，有司奏置七廟，（武）帝重其勞役，權立一廟」。太康六年（285），「廟陷，當改修創，群臣議奏『古者七廟異所，自宜如禮』」，武帝則援「近代」故事，認爲「廟七室，於禮無廢；於情爲敘」[66]，駁回。當時，「七代，制之正也」[67]已成共識，但七是以廟主倫輩「世代」爲限，不以神主「總數」爲限，是以東晉天子宗廟廟室不拘於七室。東晉元帝崩，宣帝之曾祖「豫章復遷」。「明帝崩，而（宣帝之祖）穎川又遷，猶十室（宣帝之父京兆、宣、景、文、武、惠、懷、愍、元、明）」。「成帝崩，而康帝承統，以兄弟一代，故不遷京兆，始十一室（京兆、宣、景、文、武、惠、懷、愍、元、明、成）」。「康帝崩，穆帝立，京兆遷」，「正室猶十一也」。「穆帝崩，而哀帝、海西並爲兄弟，無所登除」，晉簡文帝即位，因爲他是元帝少子，「上繼元皇帝」，隨著「世迭登進」，將明、穆二帝崩時，已經遷毀的「穎川、京兆二主，復還昭、穆之位」，以全七代之制。「簡文崩」，簡文帝三子孝武即位，「穎川又遷」。孝武帝年間，太廟火災，「太元十六年（391）始改作太廟殿，正室十四間（宣、景、文、武、惠、懷、愍、

---

65 《三國志》，卷二〈文帝紀·黃初四年〉，頁 114，裴《注》所引《魏書》、卷三〈明帝紀·太和三年〉，頁 131，裴《注》、《宋書》，卷十六〈禮志三〉，頁 222。

66 《通典》，卷四七〈禮七·沿革七·吉禮六·天子宗廟〉，頁 1306，及自注。

67 《通典》，卷四八〈禮八，沿革八·吉禮七·兄弟相繼藏主室〉，頁 1349，華恆議。

元、明、成、康、穆、哀、簡文）」[68]。「及孝武崩，京兆又遷，如穆帝之世，四祧故事」[69]，是以安帝時，正室有十五間。此時，晉廟世次當是：宣帝爲一世，景、文二帝共代一世，武帝爲一世，惠、懷、元三帝共代一世，愍、明、簡文三帝共代一世，成、康、孝武三帝共代一世，穆、哀二帝共代一世，共爲一廟七代十五神主。劉宋[70]、南齊[71]、梁[72]、陳[73]、北魏[74]、北齊[75]、

---

[68] 《宋書》，卷十六〈禮志三〉，頁 225-226：「孝武皇帝太元十六年，改作太廟，殿正室十六間，東、西儲各一間，合十八間」，按兩晉帝系，可知：該處記載有誤，當以《通典》，卷四七〈禮七・沿革七・吉禮六・天子宗廟〉，頁 1307：「正室十四間，東、西儲各一間，合十六間」為據。東儲放置愍懷太子、皇太孫臧、尚、晉懷帝殤太子等四神主，西儲放置宣帝之高祖征西、曾祖豫章、祖穎川等三座已祧之神主。

[69] 《通典》，卷四七〈禮七・沿革七・吉禮六・天子宗廟〉，頁 1307。

[70] 《宋書》，卷十六〈禮志三〉，頁 225：「宋武帝初受晉命為宋王，建宗廟於彭城，依魏、晉故事，立一廟。初祠高祖開封府君、曾祖武原府君、皇祖東安府君、皇考處士府君、武敬臧后，從諸侯五廟之禮也」、卷十九〈樂志一〉，頁 273，孝建二年九月（455）博議郊、廟備樂時，散騎常侍、丹陽尹建城縣開國侯顏竣議提到：「今七廟合食，庭殿共所」，可知：劉宋亦是同堂共室。

[71] 《南齊書》，卷九〈禮志上〉，頁 70：「太祖為齊王，依舊立五廟。即位，立七廟。廣陵府君、太中府君、淮陰府君、即丘府君、太常府君、宣皇帝、昭皇后為七廟。建元二年（480），太祖親祀太廟六室，……次至昭后室前，……」。可知：南齊亦是同堂共室。

[72] 《隋書》，卷七〈禮儀志二〉，頁 74：「擬祖遷於上，而太祖之廟不毀，與六親廟為七，皆同一堂，共庭而別室。」

[73] 《通典》，卷四七〈禮七・沿革七・吉禮六・天子宗廟〉，頁 1308：「陳依梁制，七廟如禮。」

[74] 《魏書》，卷一百八之一〈禮志四之一〉，頁 1319-1320，從孝文帝遷都後唯建一座太和廟，廟成後，迎眾先祖神主入廟，可知：當時亦是一

隋[76]皆承制，僅立一廟，而多室。

綜上所述，戰國時期儒生間得勢的是天子七廟說，兩漢時期是五廟說[77]。鄭玄正是在這背景下主張五廟，曹魏也是在這背景下採取五廟制。不過，兩漢的五廟是妥協下的結果，乃不計算太祖以外稱祖、稱宗者，所以縱使元、成帝年間不恢復諸先帝的宗廟，天子宗廟實際上也將是七廟；如果宣帝被奉為中宗，也加入文、武行列，再幾代下去，至少會形成八廟，不過，沒多久西漢就亡了，來不及出現。同樣，曹魏在明帝之後，接著是兩位被廢的君主，等到後世稱為陳留王的元帝即位，七年之後，就被迫禪讓了，也來不及看到五廟廟制形同虛文的情況。王肅異軍突起，是天子廟制的重大里程碑。此後，採取的都可謂是七廟制。只是由於有著稱祖、稱宗者，其廟不遞毀的罅漏，所以七廟也將僅意味著至少七廟。不過，因為西晉以降，採一廟數室，安頓不毀或將遞毀的先帝神主，所以不復見天子宗廟總數過多的情況。換言之，此時天子宗廟逾數與否，僅停留在純粹禮制上的拘執，已經不構成經濟等實質問題了。

廟多室。

75　《隋書》，卷七〈禮儀志二〉，頁 76，太祖獻武帝高歡「已下不毀，已上則遞毀。並同廟而別室。」

76　《隋書》，卷七〈禮儀志二〉，頁 78：隋文帝楊堅建廟，「同殿異室而已」，隋煬帝楊廣於洛陽營立七廟，也只別立高祖廟，是以楊堅的廟室，也是採同廟而別室之制。

77　以見存史料而言，西漢最早提出先帝親盡則毀廟的乃貢禹，他主張的是七廟制。詳參《漢書》，卷七三〈韋賢傳附子玄成傳〉，頁 1381。

第二節　天子廟昭穆議

眾所周知，商王譜系中有多次是兄弟行相繼：

大丁／外（卜）丙[78]；小甲／大戊；大戊／雍己[79]；中丁
／外（卜）壬；外（卜）壬／河亶（戔）甲；祖（且）辛
／沃（羌）甲；祖（且）丁／南庚；陽甲／盤庚；盤庚／
小辛；小辛／小乙；祖（且）己[80]／祖（且）庚；祖

---

[78] 《史記》，卷三〈殷本紀〉，頁 62、64，外（卜）丙之後傳位給兄弟中任，與太甲之後傳位給沃丁，沃丁之後傳位給兄弟太庚，以及祖（且）甲之後傳位給廩辛，廩辛之後傳位給兄弟康（庚）丁。陳夢家：《殷墟卜辭綜述》，頁 379，比對商代卜辭所呈現的周祭制度，發現外（卜）丙並沒將王位傳給兄弟中任；太甲之後傳位給大庚，並沒有太甲先傳位給沃丁，沃丁再傳位給兄弟大庚。常玉芝：《商代周祭制度》（北京：中國社會科學出版社，1987 年），頁 134-135、138，則根據陳夢家等人的研究，又進一步補充：祖（且）甲之後也是直接傳位給康（庚）丁，並非如〈殷本紀〉所記載，祖（且）甲先傳位給廩辛後，廩辛再將王位傳給兄弟康丁。並依此推測：在周祭中沒有祭祀位置的中任、沃丁、康（庚）丁，很可能都不曾即位為王，或是雖曾即位為王，但由於某個原因而被摒棄在周祭之外了。

[79] 《史記》，卷三〈殷本紀〉，頁 63，其所記載的繼承順序是：小甲→雍己→大戊。陳夢家：《殷墟卜辭綜述》，頁 379、常玉芝：《商代周祭制度》，頁 137，倆人皆按周祭制度指出：繼承順序應該是小甲→大戊→雍己。

[80] 《史記》，卷三〈殷本紀〉，頁 64，武丁之後傳位給祖（且）庚；祖（且）庚之後傳位給兄弟祖（且）甲的記載，陳夢家：《殷墟卜辭綜述》，頁 379、常玉芝：《商代周祭制度》，頁 134-135、138，倆人皆按周祭制度指出：武丁應該是傳位給祖（且）己，祖（且）己傳位給兄弟祖（且）庚，祖（且）庚又傳位給兄弟祖（且）甲，此乃三世兄弟互

（且）庚／祖（且）甲。

西周王室無此情況[81]；東周王室也僅匡王崩，弟定王立、烈王崩，弟顯王立二個案例[82]。然而列國之中，縱使撇開篡弒，仍不乏此例，如：

衛[83]：戴公／文公。

鄭：昭公／厲公，靈公／襄公，悼公／成公。

陳：申公／相公，夷公／平公，厲公／莊公，莊公／宣公。

楚：熊勝／熊楊，熊勇／熊嚴，熊霜／熊雪，熊雪／熊

繼，而非二世。

[81] 《史記》，卷四〈周本紀〉，頁 79，記載：懿王崩，由其父「共王弟辟方立，是為孝王」。這不算兄終弟及，而是侄崩叔及。其間原委不得詳。孝王崩之後，「諸侯復立懿王太子燮，是為夷王」，此後均仍然是父死子繼。

[82] 《史記》，卷四〈周本紀〉，頁 84：「定王崩，長子去疾立，是為哀王。哀王立三月，弟叔襲殺哀王自立，是為思王。思王立五月，少弟嵬攻殺思王而自立，是為考王，此三王皆定王之子」，這僅能視為兄弟間爭奪王位，不當計入。

[83] 衛共伯與衛武公亦是兄弟行相繼，然衛武公是否弒兄而立尚有爭疑，因而不計入。詳參《史記》，卷三七〈衛康叔世家〉，頁 628，司馬貞《索隱》。

徇[84]，熊咢／若敖熊儀[85]，肅王／宣王，幽王／哀王[86]。

尤其可資注意的是「周禮盡在」[87]的魯國，春秋十二公中，隱公／桓公、閔公／僖公、昭公／定公六公之間都是兄終弟及，魯莊公曾明白表示「魯一生一及」[88]；宋宣公也說「父死子繼，兄死弟及，天下通義也」[89]，可見：對於姬姓或非姬姓的諸侯而言，這種繼承方式並沒有什麼可驚怪之處。

從戰國儒生的著述中，如《周禮》卷十九〈春官・小宗伯〉：

辨廟祧之昭、穆，辨吉凶之五服。

卷二六〈春官・小史〉：

---

[84] 以上引述依序分見《史記》，卷三七〈衛康叔世家〉，頁 630、卷四二〈鄭世家〉，頁 700、703、704、卷三六〈陳杞世家〉，頁 622-623、卷四十〈楚世家〉，頁 670。

[85] 《史記》，卷四十〈楚世家〉，頁 670，記載熊咢與若敖熊儀是父子，然而《楚居》，清華大學出土文獻研究與保護中心編，李學勤主編：《清華大學藏戰國竹簡（壹）》，注解 35，頁 186，熊咢即是酓咢；若敖熊儀即是若囂酓義，並依據《楚居》的文例，其判斷熊（酓）咢與若敖（囂）熊（酓）儀（義）是兄弟，而非父子。

[86] 《史記》，卷四十〈楚世家〉，頁 679、685。

[87] 《左傳》，卷四二〈昭公二年〉，頁 718。

[88] 《公羊傳》，卷九〈莊公三十二年〉，頁 111。《史記》，卷十三〈魯周公世家〉，頁 604，作「一繼一及，魯之常也。」

[89] 《史記》，卷三八〈宋微子世家〉，頁 640。

> 小史掌邦國之志，奠繫世，辨昭、穆。

全然不多加解說，當成貴族社會的常識來看，可合理推想：周人在他們的宗廟中應當確實施行昭、穆制。從《禮記》卷四十〈雜記上〉：

> 大夫附於士，士不附於大夫，附於大夫之昆弟，無昆弟則從其昭、穆，雖王父母在亦然。婦附於其夫之所附之妃，無妃則亦從其昭、穆之妃。妾附於妾祖姑，無妾祖姑，則亦從其昭、穆之妾。

可知：昭、穆制要講求大宗、小宗。從卷三三〈喪服小記〉：

> 士大夫不得祔於諸侯，祔於諸祖父之為士大夫者。其妻祔於諸祖姑；妾祔於妾祖姑，亡則中一以上而祔。祔必以其昭、穆。

既說「諸祖父」、「諸祖姑」，「中一以上」，可知：著重的是倫輩排列。前賢以父、子釋昭、穆[90]，欠妥，應該說父輩、子輩。在以大宗為骨幹的先決條件下，序列該家族成員的輩份，即

---

[90] 如《周禮》，卷十九〈春官‧小宗伯〉，頁 290，鄭《注》：「父曰昭，子曰穆」、《後漢書》，卷九〈祭祀志下〉，頁 1158：「父為昭，南嚮；子為穆，北嚮。父子不並坐，而孫從王父」、《論語》，卷三〈八佾〉，頁 27，邢《疏》：「太祖東鄉，昭南鄉，穆北鄉，其餘孫從王父，父曰昭，子曰穆。」

昭、穆制,此所以《禮記》卷四九〈祭統〉會說:

> 昭、穆者,所以別父子、遠近、長幼、親疏之序而無亂
> 也,是故有事於大廟,則群昭、群穆咸在,而不失其倫,
> 此之謂親疏之殺也。

重心既在輩份,則按照兄終弟及這種方式繼承者過世之後,應該
還是與所繼承者同在一列。目前唯一可供參考的是魯文公二年
「秋八月丁卯大事于大廟,躋僖公」,被批評爲「逆祀也」的例
案。所謂逆祀,如果是認爲在同一或昭或穆的位序上,僖公神主
置於閔公神主之前[91],蓋是指將原先閔爲昭、僖爲穆的次序對調
了,殆非[92],因爲按照上述原理來看,閔公縱使未爲魯公,他過
世後,仍是以大夫的身分祔於其祖輩爲大夫者;若祖輩僅桓公一
人,他也只能「中一以上而祔」於高祖輩爲大夫者,不會與其父
輩大夫同列,換言之,閔公絕不可能降到子輩中[93]。至於身爲先
君者並非無子胤,卻由其弟或其兄繼位,在這種情況下,是否會
令宗廟中出現大宗骨幹認定的轉移現象,既有史料一片空白。儒
生作品全然未針對這點提出規範。

---

[91] 《左傳》,卷十八〈文公二年〉,頁 302,孔《疏》:「二公位次之
逆,非昭、穆亂也……位次之逆如昭、穆之亂,假昭、穆以言之,非謂
異昭、穆也」。

[92] 《國語集解》,卷四〈魯語上〉,頁 165,韋昭《解》、《周禮》,卷
二二〈春官・冢人〉,頁334,賈《疏》。

[93] 可參李衡眉:《論昭穆制度》(臺北:文津出版社,1992 年),頁
106-107。

　　兩漢幾乎都是直線繼承，雖然皇帝無嗣，也是由子侄輩的外藩入承大統。僅有兩件例外，一是西漢惠帝與文帝、東漢的順帝與桓帝是兄弟行相繼。不過，西漢時期的狀況就像韋玄成直言的，「宗廟異處，昭、穆不序」，從他建議：「宜入就太祖廟而序昭、穆如禮」，可見：當時沒有按照禮書所說的，舉行袷、禘之祭，那也就談不上序列昭、穆的問題，先帝都是在各自的廟中受祭。元、成時期廟議結束後，仍未見到舉行袷或禘的記載。直到王莽篡位前夕，爲了顯示自己尊奉儒教、實踐聖道，這才在平帝元始五年（5）舉行過一次袷祭[94]。至於如何序昭、穆，無從得悉。建武十八年（42），光武「幸長安，詔太常行禘禮於高廟，序昭、穆」[95]，不知當時如何安排長安高廟中的昭、穆，但從《後漢書・續漢志》卷九〈祭祀志下・宗廟〉所說洛陽高廟三年冬袷、五年夏禘之時：

　　　　但就陳祭毀廟主而已，謂之殷。太祖東面，惠、文、武、
　　　　元帝爲昭，景、宣帝爲穆。

可知與上節所言西漢妥協下那個版本：三昭（景、昭、宣）、一穆（武），猶魯、衛之政也。不過，這透露一線索，兩漢將相繼

94　《後漢書》，卷三五〈張純傳〉，頁 430，將之說成是「禘」，章懷《注》：「司馬彪《（續漢）書》並云『禘祭』，蓋禘、袷俱是大祭，名可通也。」

95　《後漢書》，卷三五〈張純傳〉，頁 430，章懷《注》所引司馬彪《續漢書》。

爲帝的兄弟列於同一世序，所以西漢奏議中，以昭、宣同爲昭[96]（昭、宣不是兄弟，宣帝是昭帝哥哥戾太子的孫子，所以按排序，宣帝是應該在昭之列，戾太子與昭帝同列在昭）；東漢殷祭時，惠、文也同爲昭，則桓帝過世後，如何安排洛陽世祖廟中桓帝、順帝這兩位共曾祖（章帝）的從兄弟間的神主，雖史闕有間，但可推想，應當也會同居於昭之列。光武乃疏遠宗室承統，按譜系輩份而言，認爲他乃繼體元帝[97]，已經觸及序昭、穆的問題：居於兄弟、子、孫輩的成、哀、平神主將列於昭，還是穆，又如何安排他們與東漢的明、章、和帝神主之間的位置，按理說，應該令當局相當煩惱。不過，整體而言，東漢皇室在序昭、穆這事上，採取的是巧妙的規避方式，將西漢神主與東漢神主分立兩廟[98]，再藉由洛陽立一高廟，供奉高、文、武、宣、元，作爲二者的繫連，一方面維持承統的門面；另方面無形宣示：若眞要序昭、穆，各序各的。日後劉備號稱是景帝中山靖王之後，「紹世而起」，事實上，早已夷爲庶民[99]，不過也是個姓劉的

96　《漢書》，卷七三〈韋賢傳附子玄成傳〉，頁 1383，玄成等奏曰：「……今高皇帝爲太祖，孝文皇帝爲太宗，孝景皇帝爲昭，孝武皇帝爲穆，孝昭皇帝與孝宣皇帝俱爲昭。……」奏（元帝）可。

97　《後漢書》，卷一下〈光武帝紀〉，頁 57，章懷《注》所引《漢官儀》：「光武弟【帝】雖十二，於父子之次，於成帝爲兄弟；於哀帝爲諸父；於平帝爲祖父，皆不可爲之後。上至元帝，於光武爲父，故上繼元帝而爲九代。」

98　《後漢書》，卷三五〈張純傳〉，頁 429：「自元帝以上，祭於洛陽高廟，成帝以下，祠於長安高廟」，是就兩處高廟祭祀對象相異部分而言，實際上，元帝以上，兩處高廟都祭祀。

99　《三國志》，卷三二〈先主傳〉，頁 749，記載：劉備所能攀附的始祖乃中山靖王勝之子、封爲涿縣陸城亭侯的劉貞，若根據《漢書》，卷十

人，自然無從「辨繼何帝爲禰」[100]，後世史家譏評「失禮」[101]，乃是從儒家禮學的觀點立論，也由此可見：當時漢家對此根本不大關注[102]，所以劉備才會在這樣的情況下，照樣「立宗廟，祫祭高皇帝以下」[103]，無視於果眞要序昭、穆，若是如此將會多麼混亂、棘手。

然而從西晉開始，由於客觀環境，繼統情況丕變。被廢或被迫禪讓的君主不計，無一朝沒有兄弟相及的情況。如典午政權，中朝時期的惠／懷，江左時期的成／康、穆／哀；劉宋總共才五個皇帝，孝武／明；南齊也有五個皇帝，武／明；梁才四個皇帝，簡文／元；陳共四個皇帝，文／宣。北魏到了爾朱榮之亂後才有這樣的變局，北齊、北周更誇張，前者文襄／文宣／孝昭／武成全是兄弟；後者孝閔／明／武亦然。上節已講明：西晉之後，天子七廟已成共識，而且都採取一廟別室安頓神主的方式，導致如何序昭、穆成爲六朝時期不可規避的議題。

昭、穆論的是父輩、子輩。傳統慣以君、臣與父、子相比配，認爲君、父同體，臣、子一例，天子宗廟涉及的昭、穆將親屬倫輩與政治隸屬兩種關係糾結在一起。《穀梁傳》卷十〈文公

　　五上〈王子侯表〉，頁 193，劉貞於武帝元鼎五年（112B.C.）已經「坐酎金」失國。所以不以中山靖王爲其能攀附的始祖，因爲在西漢，中山國屬冀州，涿縣屬幽州，然而根據《漢書》，卷二八下〈地理志〉，頁 837、卷二八上〈地理志〉，頁 736，劉備從其祖輩以上已世居涿縣了。

100　《宋書》，卷十六〈禮志三〉，頁 224。

101　《南齊書》，卷九〈樂志上〉，頁 70。

102　《宋書》，卷十六〈禮志三〉，頁 223，孫吳宗廟「無昭、穆之序」。

103　《三國志》，卷三二〈先主傳・章武元年〉，頁 766。

二年〉批評魯文公躋僖公神主是：

> 先親而後祖也，逆祀也。逆祀則是無昭、穆也。

顯然以閔、僖當異昭、穆，舊說以「僖公雖長，已爲臣矣；閔公雖小[104]，已爲君矣，臣不可以先君，猶子不可以先父」[105]，已經將政治隸屬關係牽入。由於這種糾結，才造成執行上的困擾。因爲如果單純按照昭穆制原始的用意，以族員中的親屬倫輩爲準，很單純，至多影響到大、小宗自此互易。如果單純按照政治隸屬關係決定昭、穆，也非常單純。可是若將親屬輩份也連帶考慮，將變成以兄弟爲父。六朝禮議時，反對者經常說「兄弟不相爲後」。雖然誠如溫嶠指出：這並沒有經、傳明文根據[106]，但這不僅是人情難安，也違背昭穆制的原始用意。不論側重哪一種關係，因爲宗廟中新增加一位神主，都會涉及太祖以及稱祖稱宗者之外其他祖先神主遷毀的問題。

刁協以君爲綱，根據臣、子一例，則繼君者以所繼者爲父，是以主張「以兄弟爲世數」[107]，即一帝爲一世代，兄弟異昭、穆。據此，穎川府君代滿，當繼武帝崩後所遷的征西府君、惠帝

104　閔、僖二公之間的關係，《史記》，卷三三〈魯周公世家〉，頁 604，以僖公爲閔公弟。《公羊傳》，卷十〈僖公三年〉，頁 120，何休《解詁》、《漢書》，卷二七上〈五行志〉，頁 602，顏師古《注》，皆以僖公爲閔公庶兄。

105　《穀梁傳》，卷十〈文公二年〉，頁100，及范寧《集解》所引。

106　《晉書》，卷十九〈禮志上〉，頁465。

107　《晉書》，卷十九〈禮志上〉，頁465。

崩後所遷的豫章府君而遷，以正七廟之數。賀循並不否定惠帝、
懷帝之間有君／臣、父／子這種名教上的關係，否則，就不會
說：

> 懷帝在惠帝之世，居藩積年，君臣之分也；正位東宮，父
> 子之義也。

他否定的是兩人之間有繼與所繼的關係，認為「弟不繼兄」，乃
「上繼先君」。因此，序列宗廟昭、穆時，當守住「不數兄弟為
正代」的原則。「〈殷紀〉，成湯以下至於帝【祖】乙，父子、
兄弟相繼為君，合十二代，而正代唯六」。是以「兄弟相代，則
共是一代」，同代相繼，「昭、穆位同」，否則，可能會發生
「兼毀二廟」的情況。以「殷人六廟」來說，自契及湯，「凡十
四代」，「比有兄弟四人襲為君者，便當上毀四廟乎？如此四代
之親盡，無復祖、禰之神矣」！以晉朝當前的情況而言，「惠帝
之崩」，已「遷章郡府君」，「懷帝入廟」，若再「遷潁川府
君」，「此是兩帝兄弟，各遷一祖」，「下升」懷帝「一世，而
上毀」豫章、潁川二世，就出現親未盡已毀廟的違禮狀況。既然
如此，潁川神主「無可毀之理」。此時如果要於宗廟中序昭、
穆，按照刁協的意見，惠為昭，懷為穆；按照賀循的意見，則
惠、懷「兄弟同位」[108]，只不過大概會根據《春秋》認為躋僖公
於閔公上乃逆祀，惠帝神主在前[109]。元帝從刁協議。

---

[108] 以上引文俱見《通典》，卷五一〈禮十一・沿革十一・吉禮十・兄弟不
合繼位昭穆議〉，頁 1425。

[109] 至於平時，在同一廟中，先後為帝的兄、弟神主當如何安排，有兩派意

　　然而到了東晉太興元年（318）三月，「愍帝崩問至」[110]，元帝即帝位於江東，「太興三年（320）」，「將登愍帝之主」，態度就改變了。若按照原先刁協一帝爲一世代之議，比照惠、懷各以世代計，序昭、穆，則愍爲昭，元將爲穆，可是以倫輩而言，元帝爲愍帝之族父，生前，按禮，「父不祭子」[111]；死後，父輩反居於子輩之下，於是東晉朝廷不再按照之前以懷帝爲上繼惠帝，進而將元帝視爲上繼愍帝，乃是以元帝「上繼武帝」，如同東漢光武上繼西漢元帝。早先賀循主張中的這部分復活。不過，由於賀循太興二年（319）即過世，當元帝崩後，宗廟中序昭、穆時，對於愍、元二帝之間神主的位置，會持什麼樣的主張，不得而悉。東晉當局在這事上的作法，舊史含糊不清，只能根據元帝是上繼武帝這點，知道：元帝當與惠、懷同居昭，但當時朝臣將愍、元之間與魯閔、僖之間不當比附，懼招逆祀的非議，根據「子雖齊聖，不先父食」[112]，元帝雖居昭，「神位猶

　　見：一，拘泥於七廟這點，認爲僅能有七正室。有的主張：將惠、懷二帝的神主置於同一室；賀循則認爲：宗廟爲祖先神靈住所，「以象常居」，既然如此，哪有「二帝共處之義」？認爲當爲「惠、懷、愍三帝別立寢廟」。二，不以神主「總數」爲限，各立一正室。天子宗廟「宜爲神主立室，不宜以室限神主」。以現代的話來說，房子是爲人設的，人不是爲房子設的，豈能削足適履？是以「廟室當以容主爲限，無拘常數」。詳參《通典》，卷五一〈禮十一・沿革十一・吉禮十・兄弟不合繼位昭穆議〉，頁 1349。

110　《晉書》，卷六〈元帝紀〉，頁 123。

111　《禮記》，卷二〈曲禮〉，頁 42。據《晉書》，卷十九〈禮志上〉，頁 465，所載太常華恆的主張，「宜準漢世祖故事」，於愍帝「不親執爵」，遣臣子祭之。

112　《左傳》，卷十八〈文公二年〉，頁 303，這段話應用在愍、元二帝身

在愍帝之下」[113]。那是一種什麼圖像,無從想像。既然以元帝為基準,不僅要保留相對於元帝輩份為高祖之父的潁川神主,惠帝崩時所遷毀的高祖之祖豫章神主亦須再度加入廟祭的行列,並為二祧。

東晉元帝重孫哀帝崩後,其弟琅邪王奕繼位,四年後被權臣桓溫所廢,立元帝少子昱,即後世所稱的簡文帝。簡文帝於哀帝乃叔祖。按照元帝承統往例,「簡文皇帝上繼元皇,世秩登進,於是潁川、京兆二主復還昭、穆之位」[114],為二祧。至簡文帝崩,潁川才復遷。至於如何序昭、穆,史無明文,或許也是按往例,將兄弟行的明帝、簡文帝同列穆,神主位置則明帝在前。

西漢昭帝年二十一駕崩,無子。顧命大臣霍光迎其侄昌邑王賀入承大統,未幾,被廢;再迎其侄孫病己繼位,是為宣帝。早先都說宣帝乃為「昭帝後」[115],但元帝年間宗廟議時,將宣帝視為上繼武帝,在宗廟倫輩中,昭、宣同列於昭,這開啟了以後小宗入承大統序昭、穆時論述的先河。近百年後,光武以疏遠宗室號稱承統中興,也以自己為上繼元帝。是不論晚輩、長輩入嗣帝位,都會擺落原本在前而無嗣的先帝,遙繼最後一位有嗣的先帝。然而從西漢當時直到曹魏,關懷點都不在此,而是入承大統

上,可有兩種解釋:一,父,父輩也,指元帝,意謂愍帝再偉大,按倫輩,愍帝神主也不宜在元帝之上。二,父,君也,指愍帝,意謂元帝這位繼承者再偉大,按尊尊之義,神主也不能處於較之先為君的愍帝之前。詳參《通典》,卷四八〈禮八‧沿革八‧吉禮七‧兄弟相繼藏主室〉,頁 1350。

[113] 《晉書》,卷十九〈禮志上〉,頁 465。
[114] 《晉書》,卷十九〈禮志上〉,頁 467。
[115] 《漢書》,卷六三〈戾太子據傳〉,頁 1261。

的小宗推尊本生父會威脅大宗的事上[116]。這從曹魏明帝基於長期教訓，需要下詔：

> 王后無嗣，擇建支子以繼大宗，則當纂正統而奉公義，何得復顧私親哉……其令公卿有司，深以前世行事為戒。後嗣萬一有由諸侯入奉大統，則當明為人後之義；敢為佞邪，導諛時君，妄建非正之號，以干正統，謂考為皇，稱妣為后，則股肱大臣誅之無赦。其書之金策，藏之宗廟，著於令典[117]。

可覘一斑，但也就在此之後，這問題已淡化。加以曹魏之後，兄弟相繼的事例劇增，序昭、穆這才成為議論重點之一。當時人既沒有儒家經、傳可據，也乏兩漢經生議論可參考，鳥瞰這段時期，當面對這項問題時，雖然有強調政治隸屬關係與親屬倫輩兩種觀點之別，也許因為昭、穆制本質上就是倫輩制，是以論點會不期而然地傾向後者。當然，歷史的發展從來不是直線式的，以東晉而言，縱使已經有元帝上繼西晉武帝的成例，當時人也有意識地援引東漢光武上繼西漢元帝為助，到東晉穆帝過世，從兄弟琅邪王丕即位時，雖然大多數都認為他應當是承上一輩的皇帝為後[118]，仍會出現江虨等四人那樣的意見：

---

116 詳參《通典》，卷七二〈禮三二・沿革三二・嘉禮十七・支庶立為天子追尊本親議〉，頁 1976-1978。

117 《三國志》，卷三〈明帝紀・太和三年〉，頁 130。

118 王述等認為「主上應為康皇嗣」；謝奉起初也持此議，後來認為「主上應繼成帝」，最後決定從後者。《晉書》，卷八〈哀帝紀〉，頁 156。

> 兄弟不相為後……此語不得施於王者。王者雖兄弟,既是
> 君臣,則同父子……應繼大行皇帝[119]。

從劉宋之朝廷上下都同意明帝乃「纂祠文皇」[120],非繼其排行第
三的兄長孝武帝;北齊文宣帝為了與其兄長文襄帝的昭、穆之次
有別,「欲別立廟,而眾議不同」[121],可推想:此後南北朝對於
兄、弟先後稱尊,於宗廟序昭、穆時,神主同列這點上,蓋已形
成共識。

第三節　禘與祫

一、出土文獻與儒門經、傳中關於宗廟祫、禘祭祀

卜辭中,常見到同時祭祀多位祖先的占問,如:

> 乙丑〔卜〕,桼自大乙至丁祖九示。(《合集》14881)

> □未卜,桼雨自上甲[122]、大乙、大丁、大甲、大庚、〔大

另,卷二十〈禮志中〉,頁 472:「詔從述等議,上繼顯宗」,「述」
字誤,當改為「奉」。

[119] 《通典》,卷八十〈禮四十・沿革四十・凶禮二・天子為繼兄弟統制服
議〉,頁 2176。

[120] 《宋書》,卷十七〈禮志四〉,頁 239。

[121] 《隋書》,卷七〈禮儀志二〉,頁 76。

[122] 曹錦炎、沈建華編著:《甲骨文校釋總集・甲骨文合集》,卷十,頁
3599,將「桼雨自上甲」校改釋為「桼上甲」。

戊〕、中丁、祖乙、祖辛、祖丁十示，率𢍰。（《合集》32385）

占問可否以「帝」[123]這種方式祭祀祖先時，亦然。如：

乙酉卜，帝伐自上甲。用　三（《合集》32063）

□亥卜，帝伐自上甲。用。（《合集》34050）

這種多位祖先同時受祭的情形在周代仍可見。如西周早期的〈小盂鼎〉銘文：

隹（唯）八月既望（望），辰在甲申，昧喪（爽），三ナ（左）三右多君入服酉（酒）。明，王各周（廟），□□□□賓。征（延）邦賓障其旅服，東鄉（嚮）。盂𠂤（以）多旂佩。𢦏（鬼）方子□□□三門，告曰：「王令盂𠂤（以）□□伐𢦏（鬼）方，□□□聝（聝）□，執嘼三人，隻（獲）聝（聝）四千八百□二聝（聝），孚

123　帝字的本義主要有二說：一、花蒂，如王國維：〈釋天〉，《觀堂集林》（石家莊：河北教育出版社，2001 年），卷六，頁 172、郭沫若：〈釋祖妣〉，《甲骨文字研究》，收錄於郭沫若著作編輯出版委員會編：《郭沫若全集・考古編》，第一卷，頁 52-54。二，束薪，如葉玉森：《殷虛書契前編集釋》（北京：北京圖書館出版社，2000 年），頁 82-3、英・明義士：《柏根氏舊藏甲骨文字》（北京：北京圖書館出版社，2000 年），頁 44。當以後說為是。

（俘）人萬三千八十一人，孚（俘）馬四□□匹，孚
（俘）車卅兩（輛），孚（俘）牛三百五十五牛，羊廿八
羊。」盂或□曰：「亦□□□，乎穢（蔑）我征，執嘼一
人，孚（俘）戝（馘）二百卅七戝（馘），孚（俘）人□
□人，孚（俘）馬百四匹，孚（俘）車百□兩（輛）。」
王若曰：□。盂拜頴首，呂（以）嘼進，即大廷。王令犮
（榮）□嘼。犮（榮）即嘼縣卑（厥）故。□趙白（伯）
□□戜（鬼）㣔，戜（鬼）㣔虘呂（以）新□從商，折嘼
于□，王乎（呼）□□令□□□□卑（厥）戝（馘）入
門，獻西旅，呂（以）□入燎周廟，盂▨入三門，即立中
廷，北鄉（嚮），盂告。……王各劇（廟），祝。……□
□用牲啻（禘）周王、武王、成王……。（《集成》
02839）

「啻」從甘猶同從口，而從口與從言無別[124]，所以「啻」就是
「諦」[125]，也就是卜辭中祭祀意義的「帝」，《尙書》卷十五

---

[124] 所以強調「帝，從口與從言無別」，後世每次論及「禘」時，都以
「諦」來訓解，因為禘是合祭列祖，必須講究輩份、序昭穆，所以用審
諦來說明，例如：《太平御覽》，卷五百二八〈禮儀部七‧禘祫〉，頁
2526，登載劉向《五經通義》：「禘者，諦也」、《後漢書》，卷三五
〈張純傳〉，頁 430，張純曰：「禘之為言諦，諦定昭穆尊卑之義
也」、《公羊傳》，卷十三〈文公二年〉，頁 165，《解詁》：「禘猶
諦也，審諦無所遺失」、《魏書》，卷一百八之一〈禮志四之一〉，頁
1314，北魏孝文帝詔書稱引王肅之說：「審諦之故稱禘。」

[125] 清‧方濬益輯：〈盂鼎〉，《綴遺齋彝器款識考釋》（北京：北京圖書
館出版社，2000 年），卷三，頁 228、唐蘭：〈康王‧小盂鼎〉，《西

〈洛誥〉：

> 戊辰，王在新邑，烝，祭、歲，文王騂牛一、武王騂牛
> 一。王命作冊逸祝冊，惟告周公其後，王賓，殺、禋，咸
> 格，王入太室祼。王命周公後，作冊逸誥，在十有二月，
> 惟周公誕保文、武受命，惟七年。

雖然沒有說這次採取的祭祀方式是「帝」，但在同時祭祀一位以
上的祖先這點上，則一致。至於為何舉行祭典，前者是因為伐鬼
方勝利，感謝祖先的庇佑，如同後世所說的獻捷告廟；後者則明
言是向祖、父報「告周公其後」，讓他們的神靈安心，都在後世
經生所說舉行禘祭的原因之外。

魯莊公於三十二年八月癸亥薨。閔公二年五月乙酉：

> 吉禘于莊公。

祭本來就屬於吉禮。既然沒有吉郊、吉烝這種冗贅的措辭方式，
則「吉禘」的「吉」顯然是相對於死喪的「凶」而言[126]。再者，
魯襄公十五年十一月癸亥晉悼公薨，次年冬，魯穆叔如晉，請求
晉干預齊、魯之爭，對方「以寡君之未禘祀，不然不敢忘」[127]推

周青銅器銘文分代史徵》（北京：中華書局，1986 年），卷三下，注
解49，頁188。

[126] 《左傳》，卷十一〈閔公二年〉，頁 189，孔《疏》：「禘祀為吉祭，
說喪事而言禘，知禘是喪終而吉祭也」。

[127] 《左傳》，卷三三〈襄公十六年〉，頁 573。

辭。由此可知：君主過世，喪期結束後，會舉行「禘」祭。魯僖公三十三年十二月乙巳薨。文公二年八月丁卯：

> 大事于大廟，躋僖公。

按：以一般祭祀祖先的情況而言，僖公的專廟若未成，當於其寢；若已成，當於其廟[128]，今何以會於大廟[129]？再者，經文說「躋」，三《傳》異口同聲，認爲這是「逆祀」，將僖公的神主排在閔公之前，祭僖公，何以其他祖先神主也在列？由這兩點可見：這次的「大事」應該確如杜《注》所說，也是指「禘」祭[130]。因爲舉行這種喪期結束後的「禘」祭時，已過世君主的神主需要按照昭、穆之序，齊聚一堂，所以才會在同一輩份的閔公、僖公之間，產生「躋僖公」這樣的問題。

僖公八年七月：

> 禘于大廟，用致夫人。

---

[128] 《左傳》，卷十七〈僖公三十三年〉，頁 292：「凡君薨，卒哭而祔，祔而作主，特祀於主；烝、嘗、禘於廟」。

[129] 《公羊傳》，卷十四〈文公十三年〉，頁 177：「周公稱大廟；魯公稱世室；群公稱宮」；《漢書》，卷二七中之上〈五行志〉，頁 618：「《左氏》說曰：太廟，周公之廟」。

[130] 《國語集解》，卷四〈魯語上〉，頁 163，說這次是「烝」。按：烝乃冬祭。不論是周正八月，或換算爲夏正的六月，都不是舉行冬祭的月份，此所以韋昭不能不曲予解釋：「四時之祭，烝爲備」，故用「烝禮」。轉不如按照唐固的說法：「烝，祭也」，也就是說：以部分代表全體、以專稱代表通稱。

此時閔公的喪期早已過了，仍於大廟中舉行禘祭，可見：這不是閔公喪終復返吉的禘。其次，假使按照《左傳》所說，「致夫人」是將新死的莊公夫人哀姜神主祔於大廟[131]，則莊公神主勢必要在廟；假使按照《公羊傳》所說，「致夫人」是新歸魯的僖公夫人聲姜廟見[132]，按禮，只需要前往僖公之父莊公廟[133]，如今藉著行禘祭的場合廟見，可見：莊公勢必在受祭之列。換言之，不論那種狀況，這次在大廟中舉行的「禘」祭都有其他先公神主在。定公八年十月：

> 順祀先公而祈焉，辛卯，禘于僖公[134]。

既說「祀先公」，可見：這次禘祭的對象也是列祖列宗，要排昭、穆，所以才涉及「順」或「逆」的問題；其次，昭公過世已久，可見：這次禘祭並非喪終返吉的禘，而是與上文所舉僖公八年那次屬於同一類型，只是舉行地點不在大廟，而在僖公廟[135]。簡言之，喪終返吉的禘祭之後，平時仍會有齊聚列祖列宗於一堂的禘祭。

---

131 《左傳》，卷十三〈僖公八年〉，頁 216。

132 《公羊傳》，卷十一〈僖公八年〉，頁 133。

133 《儀禮》，卷六〈士昏禮〉，頁 62。

134 《左傳》，卷五五〈定公八年〉，頁 965。

135 《左傳》，卷五五〈定公八年〉，頁 965，杜預《注》：「當退僖公，懼於僖神，故於僖廟。」定公在位時，六世祖僖公早已親盡，在五服之外，然而僖公廟猶存，所以會如此，可以有兩種解釋：一，禮壞樂崩、魯國違制的結果；二，諸侯祖廟不過五的毀廟制乃後世儒生按自己觀點的規劃，是以與實情齟齬。從既有跡象來看，第二種可能性居多。

　　除了同時祭祀多位過世的君主，卜辭中，也看到單獨祭祀某一位祖先的「禘」。如：

　　〔貞〕帝于王亥……。（《合集》14748）

以目前所見非王卜辭的午組卜辭[136]中有一條：

　　癸未卜，帝下乙。（《合集》22088）

這種「禘」祭也見諸周代。如西周中期的〈鮮簋[137]〉銘文：

　　隹（唯）王卅又四祀，唯五月既聖（望）戊午，王才
　　（在）葬京，曾（禘）于瑯（昭）王。（《集成》
　　10166）

〈剌鼎〉銘文：

　　唯五月王才（在）衣，辰才（在）丁卯，王曾（禘），用

136　蕭楠：〈略論「午組卜辭」〉，《考古》第 6 期（1979 年），頁 510-
　　514、黃天樹：〈午組卜辭研究〉，收錄於臺灣師範大學國文學系、中
　　研院歷史語言研究所編：《甲骨文發現一百周年學術研討會論文集》
　　（臺北：文史哲出版社，1998 年），頁 257-272。

137　李學勤、艾蘭（Sarah Allan）編著：《歐洲所藏中國青銅器遺珠》（北
　　京：文物出版社，1995 年），頁 419，指出該器物之器形是「簋」，而
　　非「盤」，因此不應該將之稱為〈鮮盤〉，應當稱之為〈鮮簋〉。

牡于大室，啻（禘）卲（昭）王，……。（《集成》02776）

另外，西周中期的〈繁卣〉銘文：

佳（唯）九月初吉癸丑，公酻祀，霅旬又一日辛亥，公啻
（禘）酻辛公祀，卒事亡貾，公穰（蔑）繁曆，易（賜）
宗彝一肆（肆）、車、馬兩。繁拜手頴首，對揚公休，用
乍（作）文考辛公寶鷟彝，其邁（萬）年寶。（《集成》
05430）

〈大簋〉銘文：

唯六月初吉丁巳，王才（在）奠（鄭），穰（蔑）大曆，
易（賜）芻羍（駩）犅（犅）[138]，曰：用啻（禘）于乃
考。大拜頴首，對揚王休，用乍（作）朕（朕）皇考大中
（仲）鷟毁。（《集成》04165）

可知：這種「禘」並非天子專屬的祭祀，像辛公、大中的子孫等
貴族也可以「禘」的儀節祭祀自己的某一祖先。

《春秋經》昭公十五年二月：

---

[138] 《說文解字注》，卷二上〈牛部〉，頁 50：「犅，特也」。《公羊
傳》，卷十四〈文公十三年〉，頁 177-178：「魯祭周公，何以為牲？
周公用白牡，魯公用駩犅，羣公不毛」。由此可見：「大」的身分相當
尊貴。

> 有事于武宮。籥入，叔弓卒。去樂，卒事。

對照《左傳》，知道這次是「禘」祭[139]。《左傳》卷五一〈昭公二十五年〉：

> 將禘於襄公，萬者二人，其眾萬於季氏。臧孫曰：「此之謂不能庸先君之廟。」大夫遂怨平子[140]。

這兩次禘祭的對象——魯武公與魯襄公，兩人都已經死了許多年，是以所舉行的禘祭絕對不會是喪終復吉的「禘」。其次，從經、傳的敘述來看，都是為了說明某事的背景，才提及該次禘祭。對於前者，三《傳》皆無譏；對於後者，《左傳》作者一無微詞，可知：這應該是在當時禮制內、常態性的祭祀。第三，戰國儒生的作品中經常「嘗、禘」連稱，「嘗、禘」也常與「郊、社」對舉，例如：

> 孔子曰：「天無二日，土無二王，嘗、禘、郊、社……。」

> 曾子問曰：「天子嘗、禘、郊、社、五祀之祭……。」

> 子曰：「郊、社之義，所以仁鬼神也；嘗、禘之禮，所以

---

[139] 《左傳》，卷四七〈昭公十五年〉，頁822：「春，將禘于武公」。
[140] 《呂氏春秋校釋》，卷十六〈察微〉，頁1004，也記載此事，但將之簡化，並且將此事視為邱伯激怒昭公之詞。

仁昭穆也。」

子曰：「……郊、社之禮，所以事上帝也；宗廟之禮，所
以祀乎其先也。明乎郊、社之禮，禘、嘗之義，治國其如
示諸掌乎[141]。」

可知：「禘」也可以用來稱呼宗廟內舉行的常態性四時享祭之
一，所以才會與「嘗」相配。常態性的四時之祭不可能僅祭某一
君主，而且按照《春秋經》對於因特殊緣故而記下四時之祭的書
法：

八年，春正月己卯，烝……夏五月丁丑，烝。

十有四年……秋八月壬申，御廩災；乙亥，嘗[142]。

不會特別書寫祭祀對象，可知：昭公十五年、二十五年這兩次也
不是四時之祭中的禘祭。至於它們的性質為何？與〈繁卣〉、
〈大簋〉所說的禘是否同屬一類？則無從斷言。

綜合以上所述，先秦故籍中的「禘」應該是由殷墟卜辭中祭
祀意義的「帝」衍生的專字，但從「帝」的字形本身，實在看不

---

141 以上引文分見《禮記》，卷十八〈曾子問〉，頁 367、369、卷五十
〈仲尼燕居〉，頁 853，卷五二〈中庸〉，頁 887。

142 以上引文分見《左傳》，卷七〈桓公八年〉，頁 118、卷七〈桓公十四
年〉，頁 125。

出後世強調的「審諦」[143]之義。其中祭祖之禘這部分，以受祭者來說，不論是卜辭、銅器銘文，或者先秦傳世文獻所顯示的情形，都可分爲：一，同時祭祀許多位祖先之禘，二，單獨祭祀某一位祖先之禘。以舉行禘祭者的身分來說，商代卜辭、周代銅器銘文與先秦文獻都顯示天子、貴族均可禘祭，只不過在先秦文獻中，貴族的階層止於諸侯[144]。以舉行祭典的場合而言，當然均在宗廟，但卜辭、先秦文獻都可見到不限於大廟的紀錄；銅器銘文則顯示：至少在西周，有周廟太室的地方不止於一。以禘祭的具體源由而言，由於卜辭、銅器銘文簡約，除了〈小盂鼎〉可確知是獻捷、感謝祖先，其餘的雖可推測大概不出祈求福佑、表達孝敬等原因，但究竟如何，實在無從確定；先秦文獻方面，除了也有這類原因不詳的禘，可確知者包括與烝、嘗等層級一致，於某季固定享祭的禘，以及列祖列宗齊聚一堂受享的禘，而列祖列宗齊聚一堂受享的禘祭又依舉行背景，分爲喪終返吉與平時兩種：閔公二年、文公二年的那兩次禘祭屬於前者，僖公八年、定公八年那兩次禘祭屬於後者[145]。換言之，《公羊傳》卷十三〈文公二

---

143 《太平御覽》，卷五百二八〈禮儀部七・禘祫〉，頁 2526，登載劉向《五經通義》之說、《後漢書》，卷三五〈張純傳〉，頁 430、《公羊傳》，卷十三〈文公二年〉，頁 165，何休《解詁》、《魏書》，卷一百八之一〈禮志四之一〉，頁1314，北魏孝文帝詔書稱引王肅之說。

144 《禮記》，卷三四〈大傳〉，頁 616：「大夫、士有大事，省於其君，干祫，及其高祖」，鄭《注》：「省，善也」，孔《疏》：「大夫、士有勳勞大事，爲君所善者⋯⋯故君許其祫祭」，可見：諸侯以下的貴族舉行禘祭，有待特許，而且五世以上的遠祖不與焉，仍與天子、諸侯的禘祭有別。

145 清・顧棟高：《春秋大事表》，卷十五〈春秋吉禮表・敘〉，《清經解

年〉所說：

> 大事者何？大祫也。大祫者何？合祭也。其合祭奈何？毀
> 廟之主陳于大祖，未毀廟之主皆升，合食于大祖。五年而
> 再殷祭。

大體是正確的。對照《公羊傳》中「大雩」、「大閱」、「大
蒐」[146]等同樣結構的措辭，以及它以「合祭」釋「祫」，可知：
「大祫」的「祫」乃動名詞。可是從〈士虞禮〉「哀薦祫事」，
鄭《注》「今文曰古【合】事」[147]；《穀梁傳》上文說「祫
祭」，下文說「合祭」[148]，明顯可見：「祫」不過是指將列祖列
宗的神主齊聚在一堂受祭，它原本並非一種祭典的專稱[149]。爲了
避免混淆，確實不妨將喪終返吉之時，列祖列宗神主齊聚一堂受

續篇》，卷十九中，頁 595，「閔公竊禘之盛禮以行吉祭，僖公用禘禮
以合先祖，敍昭穆，用致夫人于廟，而禘始夷于常祀之禮……。嗚呼！
以諸侯而用天子之禮，是爲上僭，上僭自魯公以後，世世行之」，似乎
將郊禘與廟禘混淆在一起，其說未必信也。

[146] 《公羊傳》，卷四〈桓公五年〉，頁 53、同卷〈桓公六年〉，頁 53、
卷二二〈昭公十一年〉，頁 280。

[147] 《儀禮》，卷四三〈士虞禮〉，頁 509，鄭《注》、頁 515，阮元《校
勘記》。

[148] 《穀梁傳》，卷十〈文公二年〉，頁 99。

[149] 《左傳》，卷十七〈昭公三十三年〉，頁 293，孔《疏》所引劉炫說：
「正經無祫文也，唯《禮記》、《毛詩》有祫字耳」。按：劉氏之說有
二失。一，《公羊》、《穀梁》也有「祫」字。二，《毛詩》乃毛
《傳》之訛，見《毛詩》，卷十九之三〈周頌・臣工之什・雝〉，頁
734、卷二十之二〈魯頌・駉之什・閟宮〉，頁 778。

祭稱爲「祫」；以「禘」作爲平時，將列祖列宗神主齊聚一堂受
祭的專稱。《毛詩》卷二十之二〈魯頌・駉之什・閟宮〉毛
《傳》說：

> 諸侯夏禘，則不礿，秋祫，則不嘗，唯天子兼之。

正是試圖將這兩種列祖列宗齊聚一堂受祭的典禮分別冠以不同的
名稱。然而從《禮記》卷十二〈王制〉：

> 天子犆礿，祫禘、祫嘗、祫烝……諸侯礿犆，禘一犆一
> 祫，嘗祫、烝祫。

卷十八〈曾子問〉：

> 虛主者，唯天子崩、諸侯薨，與去其國，與祫祭於祖，爲
> 無主耳。吾聞諸老聃曰：「天子崩、國君薨，則祝取群廟
> 之主，而藏諸祖廟……。」

戰國不少儒生反倒是將平時齊聚群廟之主於一堂受祭稱之爲祫。
上述諸般現象強烈暗示：先秦並不將兩種背景下齊聚群廟之主於
一堂的祭典區分，此所以《春秋經》、《左傳》將二者一律稱之
爲禘。

　　至於戰國儒生有的以四時常祭中的禘爲春祭，如：

> 饗禘有樂，而食嘗無樂。……故春禘而秋嘗。

春禘秋嘗[150]。

有的認為禘是夏祭，如：

> 天子、諸侯宗廟之祭：春曰礿，夏曰禘，秋曰嘗，冬曰烝。

> 凡祭有四時：春祭曰礿，夏祭曰禘，秋祭曰嘗，冬祭曰烝[151]。

鄭玄嘗試以他慣用的三代異名的論式，爲之彌縫：

> 蓋夏、殷之祭名，周則改之，春曰祠，夏曰礿。

> 春禘者，夏、殷禮也，周以禘爲殷祭，更名春祭曰祠[152]。

顯然牽強無力。且不說殷人尙未有四季之分[153]，戰國儒生的作品

150　以上引文分見《禮記》，卷二五〈郊特牲〉，頁 483、卷四七〈祭義〉，頁 807。

151　以上引文分見《禮記》，卷十二〈王制〉，頁 242、卷四九〈祭統〉，頁 837。

152　以上引文分見《禮記》，卷十二〈王制〉，頁 242，鄭《注》、卷四七〈祭義〉，頁 807，鄭《注》。

153　孫海波：〈卜辭曆法小記〉，《燕京學報》第 17 期（1983 年 9 月），頁 101：「商人尙無四季之區分，用四季之紀時者，實肇始于周人」、陳夢家：《殷虛卜辭綜述》，頁 227：「卜辭只有春、秋兩季，而無

中，春祭另有「社」[154]、「祠」[155]之稱。其實，只要認知到：中國幅員廣大，各地、各國時祭名稱不同，那些戰國儒生不過是根據自己片面的知識規劃，就毫不足異了。

二、鄭、王之爭以及六朝實際落實的情況

源既清，則流可辨。西漢元帝之前，根本沒有親盡毀廟的禮制，當然也就不可能出現毀廟主合食於太祖廟的禮儀，更談不到祫、禘是一或二的問題。迨成帝實施宗廟迭毀制之後，根據「明習漢家制度故事」[156]的張純所說，這才有「三年一祫，毀廟主合食高祖廟」的常規，但「存廟主未嘗合祭」[157]，可見：這並非按照經、傳行事，純粹爲了安撫那些毀廟之主，免得他們作祟[158]。至平帝，王莽當政時，於元始五年（5）正月「祫祭明堂」[159]，才將存廟主也納入高祖廟，與毀廟主一同受祭。只是由於張純按照當時的《禮》說：

冬、夏」。常玉芝：《殷商曆法研究》，頁 369：以殷曆十月至三月爲春季，四月至九月爲秋季。

[154] 《禮記》，卷三一〈明堂位〉，頁 579：「春社」。

[155] 《公羊傳》，卷五〈桓公八年〉，頁 59：「春曰祠」、《周禮》，卷十八〈春官・大宗伯〉，頁 273：「以祠春享先王」、卷二十〈春官・司尊彝〉，頁 305：「春祠」、《爾雅》，卷六〈釋天〉，頁 99：「春祭曰祠。」

[156] 《漢書》，卷五九〈張湯傳附玄孫純傳〉，頁 1228。

[157] 《後漢書》，卷三五〈張純傳〉，頁 430。

[158] 《漢書》，卷七三〈韋賢傳附子玄成傳〉，頁 1383-1384，記載：因元帝「寢疾，夢祖宗譴罷郡、國廟，上少帝楚孝王亦夢焉」，「上疾連年，遂盡復所罷寢廟園，皆修祀如故。」

[159] 《漢書》，卷十二〈平帝紀〉，頁 144。

　　禘祭以夏四月。夏者，陽氣在上，陰氣在下，故正尊卑之
　　義也。祫祭以冬十月。冬者，五穀成熟，物備禮成，故合
　　聚飲食也[160]。

而平帝時那次的「祫祭」是在正月舉行，張純因而稱之為「禘祭」。從明帝永平十八年（58）駕崩之後，章帝下詔「廟曰顯宗，其四時禘、祫於光武之堂」；章帝建初七年（82）八月「飲酎高廟，禘祭光武皇帝、孝明皇帝」[161]，可知：當時舉行禘祭時，存廟主也在受祭之列[162]。儘管這段期間，像劉歆、賈逵等人觀念清楚，知道「一祭二名，禮無差降」[163]，但許多學人已經漸趨昏瞀，如當時的《左氏》家說：

　　祫及壇、墠，禘及郊宗石室[164]。

---

[160] 《後漢書》，卷三五〈張純傳〉，頁 430。張純稱引的這段文字的上文有「三年一祫，五年一禘」，對照《尚書》，卷九〈盤庚【上】〉，頁 129、《毛詩》，卷十九之三〈周頌‧臣工之什‧雝〉，頁 734、《禮記》，卷十二〈王制〉，頁 243，三處的孔《疏》，可知：所謂《禮》說乃《禮緯》之謂。

[161] 《後漢書》，卷三〈孝章帝紀〉，頁 76、79。

[162] 《後漢書》，卷三五〈張純傳〉，頁 430：「前十八年，親幸長安，亦行此（禘）禮」。按：卷一下〈光武紀‧建武十八年〉，頁 57：「三月壬午，祠高廟，遂有事十一陵。」

[163] 《通典》，卷四九〈禮九‧沿革九‧吉禮八‧祫禘上〉，頁 1379。

[164] 據《通典》，卷四九〈禮九‧沿革九‧吉禮八‧祫禘上〉，頁 1384，所引徐禪議，稱之為「《春秋左氏傳》曰」。按：《左傳》並無此文。對照《舊唐書》，卷二六〈禮儀志六‧祫禘〉，頁 541、《太平御

《公羊》家說：

> 三年祫；五年禘。禘所以異於祫者，功臣皆祭也[165]。

《五經通義》說：

> 三年一祫，祫者，皆取未遷廟主合食太祖廟中……五歲一
> 禘，禘者，諦也，取已遷廟主合食太祖廟中[166]。

真正造成嚴重淆亂的乃鄭玄。因爲《春秋》、《左傳》將「羣主
合在一起受祭」，不分受祭背景是喪後返吉或平素，統稱爲
「禘」；《禮記》則將「此後每間隔某些年，羣主合在一起受
祭」稱爲「祫」，措辭不一，鄭玄欲貫通羣經諸傳，乃將宗廟

覽》，卷五二八〈禮儀部七・禘祫〉，頁 2526，可知：此實乃「《左
氏》說」，即東漢時講《左傳》的經生文字。又，對照《毛詩》，卷二
十之二〈魯頌・駉之什・閟宮〉，頁 780，孔《疏》所引鄭玄〈禘祫
志〉，可知：此說可簡化爲「歲祫，終禘」。「歲祫」若按皇侃的理
解，即是每年皆祫，見《禮記》，卷十二〈王制〉，頁 244，孔
《疏》；「終禘」若按許慎《五經異義》稱引的舊說，即是三年喪畢，
禘於大廟，見徐禪議所引。

[165] 《公羊傳》，卷十二〈僖公三一年〉，頁 157，何休《解詁》。

[166] 《太平御覽》，卷五二八〈禮儀部七・禘祫〉，頁 2526，所摘錄。按
《隋書》，卷三二〈經籍志一・論語〉，頁 482，著錄此書，但不標撰
人，而且廁於南北朝末期學人著作中，至《舊唐書》，卷四七〈經籍
志・甲部經錄〉，頁 955，始言劉向撰。劉向傳習《穀梁春秋》，《穀
梁傳》，卷十〈文公二年〉，頁 99，明白定義祫祭的對象包括毀廟主
及未毀廟主，劉向不應如此違戾。

祫、禘視爲兩種不同的祭典：

> 鄭康成祫、禘及四時祭所以異者，此祫謂祭於始祖之廟，
> 毀廟之主及未毀廟之主，皆在始祖廟中，……禘則太王、
> 王季以上遷主，祭於后稷之廟。……其文、武以下遷主，
> 若穆之遷主祭於文王之廟，……若昭之遷主，祭於武王之
> 廟，……又祭親廟四。四時之祭，惟后稷、文、武及親四
> 廟也[167]。

他認爲：按照正常情況，祫、禘二祭應該如此舉行：

> 魯禮，三年喪畢而祫於大祖，明年春，禘於群廟，自爾以
> 後，率五年而再殷祭，一祫一禘[168]。

由於世衰禮壞，有時難免會有出入，爲此鄭玄不惜花工夫，按照
上述的規劃，將《春秋》經、傳幾次「禘」祭的紀錄編排起來，
並加以解釋：

> 魯莊公以其三十二年秋八月薨，閔二年五月而吉禘，此時

---

[167] 《禮記》，卷十二〈王制〉，頁 244，孔《疏》。《通典》，卷九〈禮
九・沿革九・吉禮八・祫禘上〉，頁 1378，說得更精簡：「其禘
祭……一如祫祭，所異者，但祭毀廟以上，不及親廟。」二者差異在：
按照孔穎達的說法，未毀廟主只能在自己的廟室中受享；按照杜佑的說
法，未毀廟主只能望血食而垂涎。

[168] 《周禮》，卷十八〈大宗伯〉，頁 273，鄭《注》。

慶父使賊殺子般之後，閔公心懼於難，務自尊成，以厭其
禍，至二年春，其間有閏，二十一月禫，除喪，夏四月則
祫，又即以五月禘，此月大祭，故譏其速。譏其速者，明
當異歲也，《經》獨言「吉禘於莊公」，閔公之服凡二十
一月，於禮少四月，又不禫，無恩也。魯閔公二年秋八月
公薨，僖二年除喪，而明年春禘，自此之後，乃五年再殷
祭，六年祫，故八年《經》曰「秋七月，禘於大廟，用致
夫人」。然致夫人，自魯禮因禘事而致哀姜，故譏焉。魯
僖公以其三十三年冬十二月薨，文二年秋八月祫，僖薨至
此而除，間有閏，積二十一月，從閔除喪不禫，故明月即
祫，《經》云「八月，丁卯，大事於太廟，躋僖公」，僖
公之服亦少四月，不剌者，有恩也。魯文公以其十八年春
二月薨，宣二年除喪而祫，明年春禘，自此之後，五年而
再殷祭，與僖為之同，六年祫，故八年禘，《經》曰「夏
六月，辛巳，有事於大廟，仲遂卒於垂」，說者以為
「『有事』謂禘」，為仲遂卒張本，故累之，言有事耳。
魯昭公十一年夏五月，夫人歸氏薨，十三年夏五月大祥，
七月而禫，公會劉子及諸侯於平丘，公不得志，八月歸，
不及祫；冬，公如晉，明十四年春歸，乃祫，故十五年春
乃禘，《經》曰「二月癸酉，有事於武宮」，《傳》曰
「禘於武公」。及二十五年《傳》「將禘於襄公」，此則
十八年祫，二十年禘，二十三年祫，二十五年禘，於茲明
矣[169]。

---

[169] 《毛詩》，卷二十之三〈商頌・玄鳥〉，頁 793，孔《疏》所引鄭玄

雖然這是「魯禮」，但因爲「周禮盡在魯」[170]，所以這也就是周代聖王制訂的祫、禘之禮。

　　鄭玄此說看似整齊精密，實則博學反被博學誤。幸賴王肅駁正。王肅對經、傳的理解雖然未必都正確，但他撥開文字障，接續劉歆、賈逵、鄭眾、馬融等人的說法[171]，指出：作爲同一種殷祭的祫、禘所以異名，只是經、傳作者個人側重角度有別，故措辭有別，「合而祭之，故稱祫；審諦之，故稱禘，非兩祭之名」[172]，「於《禮記》則以祫爲大，於《論語》則以禘爲盛」，不能拘泥於名相不一而判爲二。其次，「夫謂殷者，以祖、宗並陳，昭、穆皆列故也」，「並」、「皆」的範圍包括毀廟與未毀廟的祖先。若按鄭玄所說：禘祭時僅有已毀廟主合食於太祖廟，未毀廟者不與焉，這就像在同一屋簷下，主廳在舉行宴會招待本家眾親長，某些親長卻不與焉，其「所不合宜，非事之理」。第三，按照前所引〈禘祫志〉所云，鄭玄將閔公二年五月「吉禘于莊公」理解爲「此月大祭」，也就是他規劃的祫、禘禮制中「明年春，

　　　〈禘祫志〉。劉源：《商周祭祖禮研究》，頁 75：以爲鄭玄終喪後的「三年一禘，五年一祫」，「究竟是以其父的死亡爲起點呢？還是以其母的死亡爲起點」。劉氏的質疑，有待商榷。按《儀禮》，卷三十〈喪服〉，頁 354-355，父子一體，不論父在或父亡，都必須降殺爲母服，甚至宗廟祭祀也是以父族爲主，母族只能依附在父族之旁，按此，似乎沒有「以其母的死亡爲起點」的問題。

170　《左傳》，卷四二〈昭公二年〉，頁 718。《禮記》，卷十二〈王制〉，頁 244，孔《疏》：「鄭又云：『〈明堂位〉曰「魯，王禮也」，以此相推兄，可知』，是鄭以天子之禮與魯同也。」

171　《禮記》，卷十二〈王制〉，頁 244，孔《疏》。

172　《魏書》，卷一百八之一〈禮志四之一〉，頁 1314，北魏孝文帝詔書稱引王肅之說。

禘於群廟」的禘，王肅指出：這種「各於其廟」受享的禘祭「無
以異四時常祀，不得謂之殷祭」。若辯稱：這種禘祭「粢盛百物
豐衍備具」，不同於四時常祭的禘祭僅有春季的產物，這豈非意
謂未毀廟的祖宗平時的祭品都有限，「累年而後一豐其饌」[173]？
誠然，王肅也按照東漢以降《禮》家的說法，說「三年一祫，五
年一禘」，但所謂的三年是就三年服喪之期而言，喪終返吉，舉
行大祭，此後每五年才再舉行一次大祭。這兩次大祭都是毀廟主
與未毀廟主皆升於太祖廟受祭，名之為祫，或名之為禘，皆可，
「故（《公羊傳》）稱五年再殷祭」[174]。換言之，王肅所說的「三
年一祫，五年一禘」並不是指喪畢，「明年春，禘於群廟」後，
在平常時候每隔三年一祫，再三年一禘的意思，當然更沒有前者
祭祀的對象包括毀廟主、未毀廟主；後者僅有毀廟主的差別。

雖然已有王肅的辨析，仍有人困於祫、禘名稱不同，以為實
質也不同，而所謂的不同又不是以舉行時間（喪終返吉之時，或
平時）為分野。如袁準，因為將祭祖先的禘祭與祭自然神的禘祭
混為一談[175]，所以認為：根據〈大傳〉「不王不禘」，而〈王

---

173 以上引文俱見《通典》，卷四九〈禮九・沿革九・吉禮八・祫禘上〉，
頁 1381。

174 以上引述俱見《魏書》，卷一百八之一〈禮志四之一〉，頁 1314。

175 清人金榜、孫星衍、徐養原、金鶚、胡培翬等，還是將兩種禘混在一
起，而認為宗廟祫、禘有實質上的不同，並在兩漢、六朝人的論述基礎
上轉相發明。清人金榜、孫星衍、金鶚、胡培翬、徐養原從袁準之說，
其中金鶚將禘祫劃分得更絕對，認為：天子有大禘而無大祫；諸侯有大
祫而無大禘，天子之大禘不名為祫；諸侯之大祫不名為禘。諸侯大祫亦
與天子同年月份，但其禮殺，不得稱禘，則其四時祭之名止有祠、禴、
烝、嘗，而無礿、禘、嘗、烝！禘即行于時祭，故天子時祭之名，可稱

制〉、〈曾子問〉等又明言諸侯有祫祭，所以禘、祫二者必定不同，否則，諸侯「亦不得祫，非徒不禘也」。既然天子可禘可祫，諸侯「降殺於天子」，僅能祫，可見：「禘大而祫小」，與鄭玄「禘……小於祫」[176]相反。袁準根據前引《左氏》家的說法，認爲：禘、祫大、小的原因在二種祭典雖然「俱祭毀廟，但所及異耳」，這也與鄭玄以未毀廟主是否在受祭之列，劃分祫、禘不同。因此，袁準的結論是：「鄭謂（禘、祫）不同，是也，謂禘不及毀廟，則非也；劉歆、賈逵同毀與未毀，是也，不別禘、祫遠近，則非也[177]。」

雜音固然存在，但六朝人對於宗廟祫、禘名稱的認知，大多從王肅所說。這由北魏孝文帝表示「王（肅）以禘、祫爲一祭，王義爲長」，「從王」[178]，可窺一斑。高閭等人甚至認爲：夏、

祠、禴、烝、嘗，亦可稱礿、禘、嘗、烝。孫星衍從何休之言，並發明禘禮之助祭及其諸侯、四夷來王。以上引述詳見清・金榜：《禮箋》，卷三〈禘〉，《清經解》，第七十五種，頁4584、清・孫星衍：《問字堂集》，卷一〈三禘釋〉，《清經解》，第九十八種，頁6278、清・徐養原：《禘祫辨》，《頑石廬經說》，《清經解續篇》，卷八三，頁2716、清・金鶚：《禘祭考》，《求古錄禮說七》，《清經解續篇》，卷一百二，頁3211-3212、清・胡培翬：《禘祫問答》，《清經解續篇》，卷一百七，頁3748。

[176] 《毛詩》，卷十九〈周頌・臣工之什・雝〉，頁734，鄭《箋》。不過，鄭玄的祫大禘小是以祭祀對象多寡爲判準；袁準的禘大祫小是以祭祀者的身分爲判準，因爲有天子與諸侯身分上的差異，所以連帶也使得受祭對象有多寡之別。

[177] 以上引文並見《通典》，卷四九〈禮九・沿革九・吉禮八・祫禘上〉，頁1381、1382。

[178] 《魏書》，卷一百八之一〈禮志四之一〉，頁1315。

殷之時，「禘」是天子宗廟四時常祭中夏祭的專有名稱，魯以禘
作為宗廟中殷祭的名稱，因為這種宗廟的殷祭本來被稱作
「祫」，一方面，同一祭典「遂生兩名」；另方面，禘與本來已
經存在的祫字結合在一起，產生了「禘祫」[179]這一個複合名詞。

　　然而，六朝除了南齊[180]、陳[181]兩朝，可能是按照王肅所說，
五年之內只舉行一次殷祭，曹魏[182]、東晉、劉宋、梁[183]、北魏
[184]、北齊[185]、北周[186]、隋[187]等各朝似乎都走鄭玄的路線，對於

---

[179]　《魏書》，卷一百八之一〈禮志四之一〉，頁1314。

[180]　《南齊書》，卷九〈禮志上〉，頁64，南齊高帝建元元年（479），王
　　　儉議：「宜以今年十月殷祀宗廟。自此以後，五年再殷」。詔
　　　「可……」。是以《南齊書》，卷三〈武帝本紀〉，頁35、37，南齊
　　　永明五年（487）武帝於太廟舉行殷祀後，至永明十年（492）才再次於
　　　太廟舉行殷祀。

[181]　《隋書》，卷七〈禮儀志二〉，頁76：「陳制……五歲再殷，殷，大
　　　祫而合祭也。」

[182]　《三國志》，卷三〈明帝紀・景初三年〉，頁152、卷四〈齊王紀・正
　　　始六年〉，頁159，顯示：明帝景初三年（239）正月崩，「至五年正
　　　月」，即齊王正始二年（241）「積二十五」個月之後，舉行終喪殷
　　　祭，三年後，即正始六年（245）冬十一月時，於太祖廟舉行殷祭。

[183]　《隋書》，卷七〈禮儀志二〉，頁74：梁制改禘、祫的先後順序，而
　　　為「三年一禘，五年一祫，謂之殷祭。禘以夏，祫以冬，皆以功臣配，
　　　其儀頗同南郊」。

[184]　《魏書》，卷一百八之二〈禮志四之二〉，頁1322，北魏世宗景明二
　　　年（396）夏六月，孫惠蔚根據鄭玄、何休的意見以為：「祫、禘二
　　　殷」，且當時都同意三年喪畢後祫，明年再禘，自茲以後，五年為常。

[185]　《隋書》，卷七〈禮儀志二〉，頁77：「後齊……春祠、夏礿、秋
　　　嘗、冬烝，皆以孟月，并臘，凡五祭。禘、祫如梁之制。每祭，室一太
　　　牢，始以皇后預祭。」

[186]　《隋書》，卷七〈禮儀志二〉，頁77：「後周之制……其時祭，各於

「五年再殷祭」的「再」的理解，皆以五年之內舉行兩次殷祭來落實。

三、六朝人對於殷祭的祭祀年月之疑議

如果在祫、禘祭典方面還有什麼疑議，討論的重心點已經轉移。

沒有人會事先預期到某位天子什麼時候駕崩，是以甲天子駕崩之後，不管是喪終返吉，還是日後平常舉行殷祭的年份，都是等他死後才能知曉，可是等到下一位乙天子駕崩後，哪年舉行殷祭又得變動。換言之，毀廟主什麼時候於太祖廟合食，全然無從固定。然而南朝至晚從東晉穆帝以降，殷祭的年份居然變成固定的：

> 禮，五年再殷祭，凡六十月，分中，每三十個月殷也[188]。

「升平五年（361）五月，穆皇帝崩」，其年「十月殷」；「興寧三年（365）二月，哀皇帝崩」，廢帝太和元年（366）五月，皇后庾氏薨，「十月殷」；安帝祖母「文皇太后以隆安四年（400）七月崩」，「五年（401）十月殷」，全然無視仍在服喪

其廟，祫、禘則於太祖廟，亦以皇后預祭。其儀與後齊同。」

[187]　《隋書》，卷七〈禮儀志二〉，頁 78：隋文帝時，天子宗廟乃「三年一祫，以孟冬，遷主、未遷主合食於太祖之廟。五年一禘，以孟夏，其遷主各食於所遷之廟，未遷之主各於其廟。禘祫之月，則停時饗。」

[188]　《通典》，卷四九〈禮九・沿革九・吉禮八・祫禘上〉，頁 1383-1384，及自注。

期，所謂「再周之內」，只因到了某月是該殷祭的時候，照樣舉行不誤。祭是吉禮；喪是凶禮，這種吉、凶相沖的作法於理不通。是以安帝元興三年（404）七月穆帝章皇后崩，范泰等就根據「禮：有喪，則廢吉祭」[189]，認為當年十月不當殷祭[190]。不過，因為典午故事如此，依舊舉行。劉宋武帝永初三年（422），終於改變，規定「須再周之外殷祭」，但傳統勢力猶在。文帝元嘉三十年（453）二月崩，孝武帝孝建元年（454）十月本乃殷祭之期，勢須延期舉行，但縱使延至孝建二年（455）四月舉行，滿足了再周之外的要求，但「猶在禫內」，即二十七個月之內[191]，當時蘇瑋生等就認為：從西漢以降，喪期早就從權制，於經、傳原本所說的喪期內，會舉行各種吉禮。既然「烝、嘗薦祀不異平日，殷祀禮弗殊」[192]，有何不當？但徐宏等根據

---

[189] 范泰等的意見根據的是《儀禮》，卷三三〈喪服・緦・傳〉，頁 389：「有死於宮中者，則為之三月不舉祭」、《禮記》，卷十八〈曾子問〉，頁 369：「曾子問曰：『天子嘗、禘、郊、社、五祀之祭，簠簋既陳，天子崩，后之喪，如之何？』孔子曰：『廢』。」

[190] 以上引文並見《宋書》，卷十六〈禮志三〉，頁 228。然而《宋書》所記載的太常劉瑾云：「章后喪未一周，不應祭」，與《通典》，卷四九〈禮九・沿革九・吉禮八・祫禘上〉，頁 1383：劉瑾認為「小君之喪，不以廢大禮」，意見完全相反。若對照杜佑自注所引劉瑾名下的奏議內容來看，認為不該因為皇后過世而停止殷祭乃是孔安國的主張，杜佑恐張冠李戴。又，杜佑將此事繫於安帝義熙三年（407），亦恐非是。

[191] 這是根據鄭玄的說法：第二十五個月大祥，隔一月，第二十七個月禫。王肅則認為：大祥與禫同在第二十五個月。詳見《儀禮》，卷四三〈士虞禮〉，頁 531，鄭《注》、《禮記》，卷六〈檀弓上〉，頁 119，孔《疏》。

[192] 以上引文並見《宋書》，卷十六〈禮志三〉，頁 229。

《公羊傳》、〈禘祫志〉對於閔公二年喪期未終，就吉禘于莊
公，譏其速，主張應延至再下一個殷祭的月份：孝建二年十月。
詔從徐宏等議。再者，當時人按照東漢以來《禮》家的說法，認
爲四月或十月是殷祭的月份。若爲現實所迫，無法如期舉行殷
祭，究竟是延後數月舉行，還是一定得延至下一次可舉行殷祭的
月份才舉行呢？曹述初等指出：經、傳本身於殷祭「雖有定年，
而文無定月」，所以如果四月未舉行的殷祭不妨於孟秋舉行，不
必等到當年十月。徐邈等則認爲：「禮：大事有時日，故烝、嘗
以時，況祫之重無定月乎」[193]？傳統勢力又得勝。劉宋孝武帝大
明七年（463）二月，由於某件內容不詳的事情會妨礙原本將於
四月舉行的殷祭，斯議再起。最後依從周景遠的意見，殷祭「不
唯用冬、夏」[194]，可以延期至孟秋，不必等到十月。

其次，由於《禮記》卷十二〈王制〉曾表示：

　　天子犆礿，祫禘、祫嘗、祫烝。

鄭《注》雖說：

　　犆猶一也……天子先祫而後時祭……凡祫之歲，春一礿而
　　已，不祫。

但並沒有講明〈王制〉那段文字中「祫禘、祫嘗、祫烝」三者之

---

[193]　《通典》，卷四九〈禮九・沿革九・吉禮八・祫禘上〉，頁1384。
[194]　《宋書》，卷十六〈禮志三〉，頁230。

間是「或」還是「且」的關係，換言之，舉行祫祭之歲時，究竟
是夏、秋、冬三季都祫，還是僅於其中某一季祫。鄭玄是在〈禘
祫志〉中才透露他的看法：「三時俱殷祭」是夏、殷禮制；「周
公制禮，祭不欲數」，僅於某一季祫[195]。其次，於某一季舉行祫
祭時，該季的時祭究竟是與之在同一月內，還是在另一月舉行。
關於後者，劉宋文帝元嘉六年（429）九月，祠部下令「十月三
日殷祠，十二日烝祀」，徐道娛上議：

> 尋殷烝祀重，祭薦禮輕。輕尚異月，重寧反同？且「祭不
> 欲數，數則瀆」。今隔旬頻享，恐於禮為煩。自《經》、
> 《緯》墳誥，都無一月兩獻，先儒舊說，皆云殊朔。晉代
> 相承，未審其原[196]。

可推知：殷祭與時祭大概應以不在同一月內舉行為常，否則，當
時中樞不至於「寢不報」，因為不論按照學理或前代慣例，都反
駁不了。至於前者，北魏孝文帝太和十三年（489）曾下詔廷
議。游明根等認為：除了「春廢祫」，其他「三時皆行禘祫之
禮」，然後舉行當季的時祭。高閭等則認為「禘祫止於一時」，
其他二季則僅舉行當季的時祭。孝文帝則認為：隔好些年，毀廟
主才經由一次祫祭，享受後代子孫的祭祀，還「不盡四時」，於
「情」於「禮」都太「簡」、「闕」[197]，因此裁決：在游明根等

195　《禮記》，卷十二〈王制〉，頁244，孔《疏》。
196　《宋書》，卷十七〈禮志四〉，頁233。
197　以上引文俱見《魏書》，卷一百八之一〈禮志四之一〉，頁 1314-
　　1315。

人主張的基礎上，進一步擴充爲四季盡袷[198]，而後舉行當季的時祭。因爲這種措施與禮文明顯違背，所以他僅說「以稱今情」。既然任情而爲，就會滋生其它更悖謬的意見。孝文帝駕崩後第三個年，即宣武帝景明二年（501）六月，孫惠蔚就假借「時、袷並行」一事「於古爲當；在今則煩」，「適時之制，聖人弗違」，要求改爲「當袷之月，宜減時祭」。幸好事下廷議時，大多數人知道：下「求之解注」，孫氏之說將公然與之違反，認爲時祭不容省，只是建議：將時祭移到「仲月」[199]，詔從之。在殷祭、時祭是否於同一月內舉行這事上，北朝與南朝主流的狀況一致了。

---

[198] 《魏書》，卷一百八之一〈禮志四之一〉，頁 1315，孝文帝所說的「四時盡禘」，根據上文「改袷從禘」，顯示只是將名稱改換，其所討論的還是毀廟主合祭的問題。

[199] 以上引文俱見《魏書》卷一百八之二〈禮志四之二〉，頁 1323。

第五章
與官方吉禮祭祀相關的特殊課題

　　「廟」雖是「男性」貴族神主專有的奉祀場所，但因「既嫁從夫」[1]，故婦人死後，神主能夠依附著「夫君」廟內接受子孫奉祀，正因為如此，六朝官方必然無法忽視天子廟內后、妃神主入廟配食的問題，然而這個問題實屬天子宗廟延伸出來的課題，是以將之安置於本章討論。另者，既然以「官方吉禮祀議」為題，本當以天子，以及命令中央政府要從事的祭祀為研究範圍，然而因諸侯五廟，涉及是否要降殺天子，還是要尊隆天子為七廟，以別於諸侯，與以禪讓為名的政治型態，在改朝換代之際，那些權侔皇帝的異姓諸侯，在鼎革之前如何追尊，鼎革之後，又如何追尊等問題，因此不得不連帶討論諸侯廟等相關議論。六朝佛教興盛後，影響了當時用牲的價值觀，這一點從血食到蔬供的革變即可了解，是以本章最後乃嘗試釐清官方祭典中用牲觀念的轉變。

---

[1]　《儀禮》，卷 11〈喪服・齊衰・傳〉，頁 359：「婦人有三從之義，無專用之道，故未嫁從父，既嫁從夫，夫死從子。」

第一節　天子后、妃神主入廟配食

　　在父系社會中，普遍認爲女子無法獨立而自存，只能如同寄生植物般，「父在則倚父，夫在則倚夫，子在則倚子」[2]。因此女子出嫁爲「士」人之「婦」[3]，婚禮進行到最後時，《禮記》卷六一〈昏義〉說：

> 婦至，婿揖，婦以入，共牢而食，合巹而酳，所以合體，同尊卑，以親之也。

　　「共牢而食，合巹而酳」可說是婚禮中最重要的象徵儀式，因「合巹」代表男女雙方婚姻契約簽訂，「共牢而食」則象徵著夫、婦二人從此之後「合體」爲一個休戚相關的生命共同體，不論尊卑貴賤皆能同享。〈服傳〉或許就是在這樣的文化觀點下，說「夫妻一體」、「夫婦胖合」[4]。由於結婚以後，夫婦「合」爲「一體」，從此生死相依[5]，榮辱與共，因此才會有婦人無

---

[2]　清‧梁端校注：《列女傳》，中華書局編：《四部備要‧史部‧汪氏振綺堂補刊本》（臺北：臺灣中華書局，1981 年），卷四〈貞順傳‧魯之母師〉，頁 5。

[3]　言士之妻為「婦」，乃是根據《禮記》，卷五〈曲禮下〉，頁 94：「天子之妃曰后，諸侯曰夫人，大夫曰孺人，士曰婦人，庶人曰妻。」

[4]　河北省文物管理處：〈河北省平山縣戰國時期中山國墓葬發掘簡報〉，《文物》第 1 期（1979 年 1 月），頁 39，戰國中山王陵出土的兆域圖，將兩「后堂」與「王堂」並列，按照這樣的安排，似乎也是根據夫婦生死相依的文化傳統。

[5]　河北省文物管理處，〈河北省平山縣戰國時期中山國墓葬發掘簡報〉，

爵、諡，乃「繫」夫以爲「號」[6]，故生時從夫之「爵」[7]，死後
從夫之「諡」之說[8]。若結合古人「事死如事生，事亡如事存」
的文化觀念[9]，既然夫、婦二人生前「共牢而食」，死後也應當
如此，故《儀禮》卷四七〈少牢饋食禮〉登載：

> 主人曰：「孝孫某，來日丁亥，用薦歲事于皇祖伯某，以
> 某妃配[10]某氏，以某之某爲尸，尚饗。」

誠如唐人杜佑的理解「以某妃配某氏」的「配」，指的是婦人死
後，「祔從於夫，同牢而食」，也因婦人「合食」於「夫」，故
「以某之某爲尸」，此乃夫婦「共尸」同饗的意思[11]。

　　也因婦女死後只能依附在男性廟底下，以配食者的身分接受
子孫的奉祀，因此以男性祖先爲主的宗廟，行輩排行的昭、穆之
序，當然「不列婦人」。不過這樣的傳統規範，有時難以約束強
權者，如南朝宋劉裕開國建廟時，爲了要湊齊諸侯宗廟以五爲

頁 39，戰國中山亡陵出土的兆域圖，將兩「后堂」與「王堂」並列，
似乎就是根據「夫妻一體」的觀念。

[6] 《左傳》，卷二〈隱公元年〉，頁 28，孔《疏》：「婦人法不當諡，
故號當繫夫」、《禮記》，卷三四〈大傳〉，頁 618，孔《疏》：「婦
人來嫁己族，本無昭穆，於己親，惟繫夫尊卑而定母、婦之號也。」

[7] 《禮記》，卷二六〈郊特牲〉，頁 506：「婦人無爵，從夫之爵，坐以
夫之齒。」

[8] 《左傳》，卷二〈隱公元年〉，頁 28，孔《疏》。

[9] 《禮記》，卷五二〈中庸〉，頁 887。

[10] 《儀禮》，卷四七〈少牢饋食禮〉，頁 557，鄭《注》：「合食曰
配。」

[11] 《通典》，卷四八〈禮八・沿革八・吉禮七・立尸義〉，頁 1354。

數，完全不顧宗廟昭、穆之序「不列婦人」的成規，以他早崩的妻子——武敬臧皇后[12]爲「代數」，使之成爲五廟之主中的其中一個廟主，獨占了諸侯王廟的其中一間主室。南齊蕭道成開國建廟時，也是爲了要湊齊天子宗廟以七爲數，以他的母親——昭皇后[13]爲「代數」，使之成爲七廟之主中的其中一個廟主，獨占了天子廟的其中一間主室[14]。可見男尊女卑的規範，在政治佈局與皇權宣示下是可以被忽視的。

　　人事變化萬千，難免有許多變異情況，實非任何大賢所能預先設想周全，故縱使女性出嫁即配食於丈夫已是規範，六朝對於天子「后」、「妃」死後神主入廟配食之禮，還是有諸多疑義。以下以經、史相證的方式，嘗試分析六朝儒生如何解決天子繼室武悼楊皇后生前被廢，死後又追贈復位，其神主入天子宗廟與夫配食之疑案，以及爲何會出現天子庶祖母入天子宗廟配食的疑議，同時也進一步揣測當時對於天子庶妾配食議論與如此安排的原因。

---

[12]　以上引文俱見《宋書》，卷十六〈禮志三〉，頁225。

[13]　《南齊書》，卷九〈禮志上〉，頁70：「太祖爲齊王，依舊立五廟。即位，立七廟。廣陵府君、太中府君、淮陰府君、即丘府君、太常府君、宣皇帝、昭皇后爲七廟。」

[14]　《通典》，卷四七〈禮七・沿革七・吉禮六・天子宗廟〉，頁1307-1308：杜佑自注曾引蕭子顯駁議南齊高帝的做法，蕭子顯曰：「（晉）楊元后崩，征西之廟不毀，則知不以元后爲代數。宋臺初立五廟，以臧后爲代室。……若據伊尹之言，必及七代，則子昭孫穆，不列婦人。若依鄭玄之說，廟有親稱，妻者言齊，豈或濫享。且閟宮之德，周七非數，楊元（皇后）之祀，晉八無傷。」

一、曾被廢又復位的繼室皇后入廟配食議

漢人根據先秦禮文曾理解出「非適（嫡）不得配食」[15]的說法，然而這樣的說法卻也點出一個問題：婦人「適」的身分到底如何界定？以「繼母」而言，若按〈喪服〉「繼母如母」，繼母乃是父的婚配對象[16]，故為「嫡」，因此〈喪服〉方說「如母」。以繼母為嫡妻，若繼母尚在人世，不會出現太大問題，但繼母死後，問題就會浮現，因繼母若為「嫡」，其死後神主即可入父廟，與父配食，一旦繼母神主移入父廟，就會造成其與父親的元配，兩人同為嫡妻，二嫡同入父廟，致使「二嫡並立」，房系尊、卑錯亂，鄭玄或許就是以「二嫡不可並立」為考量而說：

> 女君卒，貴妾、繼室，攝其事耳，不得復立夫人[17]。

雖然以「繼母」是「嫡」非「庶」為法，容易造成房系尊、卑不分，繼承權不明等弊端，不過，禮文中既然有「繼母如母」的明文，以傳統經典為圭臬的儒生還是將「繼母」視為「嫡」，是以東晉王愆期說：

> 繼母本實繼室，故稱繼母，事之如「嫡」，故曰「如母」

15　《漢書》，卷七三〈韋玄成傳〉，頁 1383。

16　《儀禮》，卷十一〈喪服・齊衰三年〉，頁 352-353：《傳》曰：「繼母之配父，與因母同。」

17　《通典》，卷七二〈禮三二・沿革三二・嘉禮十七・諸侯崇所生母議〉，頁 1975。

也[18]。

甚至在鄭玄議禮之前，戰國中山王墓所出土的《兆域圖》，就將
王后與哀后堂並置於中山王左右[19]，可見當時乃是以「繼母」爲
「嫡」，且完全不在意二嫡並立的問題。縱使鄭玄的禮學成就廣
爲後人所認同，但六朝還是出現了以「繼母」爲「嫡」，不在乎
二嫡並立的具體事例，如西晉武元楊皇后早崩，晉武帝以武悼楊
皇后爲繼室，故於咸寧二年（276）立之「爲皇后」。武悼楊皇
后爲賈后所害，被廢爲庶人，並以庶人身分往生[20]。永嘉元年
（307）時，因武悼楊皇后曾「母養」過懷帝[21]，故追復武悼楊皇
后尊號，並將之改葬於峻陽陵[22]，使其與晉武帝合葬。如此也就
涉及武悼楊皇后神主是否可以移入天子宗廟，與晉武帝「配食」
的問題。當時主流意見以爲武悼楊皇后可以死後復位，乃懷帝因
私情而「恩禮追崇」[23]，若讓武悼楊皇后的神主也入晉武帝廟
室，與晉武帝配食，恐威脅到武元楊皇后的地位，因此裁定武悼

18　《晉書》，卷二十〈禮志中〉，頁487。

19　楊鴻勛：〈戰國中山王陵及兆域圖研究〉，《考古學報》第1期（1980
　　年1月），頁129。

20　詳參《晉書》，卷三一〈后妃上・武悼楊皇后傳〉，頁672-673。

21　《晉書》，卷二十〈禮志中〉，頁476，追復武悼皇后尊號，又涉及晉
　　懷帝是否必須爲武悼皇后追服著喪的問題，是以當時「羣官議（懷）帝
　　應爲追制服，或以庶母慈己，依禮制小功五月，或以謂『慈母』服『如
　　母』服齊衰者，眾議不同。閻丘沖議云：『楊后母養聖上，蓋以曲情。
　　今以恩禮追崇，不配世祖廟。王者無慈養之服，謂宜祖載之日，可三朝
　　素服發哀而已。』於是從之。」

22　《晉書》，卷十九〈禮志上〉，頁464。

23　以上引述俱見《晉書》，卷二十〈禮志中〉，頁476。

楊皇后神主不入太廟，「別祠」於當時懷帝嫂嫂惠羊皇后的處所
——「弘訓宮」。永嘉風暴後，「西京神主，堙滅虜庭，江左建
廟，皆更新造」。不過，直到東晉成帝咸康七年（341）五月，
方「始作武悼皇后神主」[24]，爲此，成帝下詔內外詳議，如何處
置武悼楊皇后的神主。當時主流意見並不苟同懷帝時期的做法，
乃以爲武悼楊皇后既然有「位號」，「皇后」之尊理所當然必須
「居正」，既「居正」，「則應配食世祖（晉武帝）」，如此名
實才相符。由是武悼楊皇后的神主使入晉武帝廟室與之配食[25]。

　　禮儀議論最後的裁定，時常會涉及某些政治利益，或許是因
爲武悼楊皇后無嗣[26]，不會威脅到當時皇室宗親的繼承權，加上
武悼楊皇后乃是含冤慘死，給予禮遇亦可爲掌政者建立仁善治國
的好聲名，是以武悼楊皇后的神主最後才能順利入晉武帝廟室，
與之配食。

二、庶祖母入廟配食議

　　按照古代一妻多妾的文化傳統，不論哪個階級，生前能與夫
「共牢而食」，死後能入夫廟與夫「合食」者，唯有嫡配正妻，
「非適不得配食」，因此不論是西漢霍光的裁定：以漢武帝寵妾
李夫人配食漢武帝廟[27]，或者是王莽立祖先宗廟時，讓「后、夫

---

[24]　以上引述俱見《晉書》，卷十九〈禮志上〉，頁 464。

[25]　以上引述俱見《晉書》，卷三一〈后妃上・武悼楊皇后傳〉，頁 673-
　　　674。

[26]　《晉書》，卷三一〈后妃上・武悼楊皇后傳〉，頁 673。

[27]　《後漢書》，卷五六〈陳球傳〉，頁 653：「武帝黜廢衛后，而以李夫人
　　　配食。」王先謙《集解》：「武帝崩，霍光緣上雅意，以李夫人配食也。」

人皆配食」[28]，以及拓跋魏道武帝的曾祖母是庶妾，道武帝卻讓她的神主「配饗於太廟」[29]，還有因「（北）魏故事，後宮產子將為儲貳，其母皆賜死」，是以自明元帝開始，凡「後宮人為帝母，皆正位配饗」[30]於天子太廟的作法，全都不合嫡、庶有別的規範。

　　不過，六朝開始正視這個問題乃是東晉孝武帝之時。元帝庶妾所生之子的簡文帝，承接後輩廢帝之位而承統，然而在桓溫的霸權壓制下[31]，難以顧及自己的生母──鄭阿春的封號。簡文帝之子，孝武帝即位後，或許是為了提升房系勢力，因此追崇他的親生祖母鄭氏為「宣太后」[32]。按禮，天子嬪妃若有子嗣者，皆會待兒子封疆建國後，隨子到藩國[33]，死後即在藩國中承享，也

28　《漢書》，卷九九中〈王莽傳〉，頁 1731。

29　《魏書》，卷十三〈皇后列傳·平文皇后王氏〉，頁 170-171。

30　《魏書》，卷十三〈皇后列傳·道武宣穆皇后〉，頁 171。

31　《晉書》，卷九八〈桓溫傳〉，頁 1689-1690：「溫乃廢帝而立簡文帝。……溫多所廢徙，誅庾倩、殷涓、曹秀等。是時溫威勢翕赫，侍中謝安見而遙拜……時溫有腳疾，詔乘輿入朝，既見，欲陳廢立本意，（簡文）帝便泣下數十行，溫兢懼不得一言而出。……遺詔家國事一稟之於公，如諸葛武侯、王丞相故事。溫初望簡文臨終禪位於己，不爾便為周公居攝。事既不副所望，故甚憤怨。」

32　《晉書》，卷十九〈禮志上〉，頁 468：「孝武帝太元十九年（397）二月，追尊簡文母會稽太妃鄭氏為簡文皇帝宣太后，立廟太廟道西」、卷 32〈后妃傳下·簡文鄭太后傳〉，頁 687：「太元十九年（397），孝武帝下詔曰：『會稽太妃文母之德，徽音有融，誕載聖明，光延于晉。先帝追尊聖善，朝議不一，道以疑屈。朕述遵先志，常惕于心。今仰奉遺旨，依陽秋二漢孝懷皇帝故事，上太妃尊號曰簡文太后。』」

33　例如：《漢書》，卷七九〈馮奉世傳〉，頁 1445：「（馮）媛以選充後宮，為元帝昭儀，產中山孝王。元帝崩，媛為中山太后，隨王就

因此「宣太后」的神主原先是以藩國太妃的身分被安置在藩國，今追贈鄭氏「太后」的名號，本由琅邪王領會稽國所奉祀的鄭氏，神主就必須遷移至中央，改由天子領祀。神主移至中央後，緊接著就是如何安置的問題，是以太元十九年（397）孝武帝才會朝議鄭氏神主安置的問題。當時大多數的人都主張直接移入天子宗廟，使鄭氏「配食于元帝」。徐邈卻反對，他說：鄭氏生前就是庶妾，若讓鄭氏神主入元帝廟，不就是活著的子孫，強迫已經死了的元帝再立一名正妻[34]。當時臧燾也以為「宣太后」的神主不應該入天子廟配食，且具體的提出解決的方法，他說：既然鄭氏的稱號是子孫所追立，就應該繫於子，而不繫於夫，且繫於子也不是將其神主移入子廟，而是當如《穀梁傳》：魯隱公為「仲子」「築宮」的做法[35]，安置「宣太后」的神主[36]。或許是

國」、卷 97 下〈外戚傳‧孝元傳昭儀傳〉，頁 1698：「元帝崩，傅昭儀隨（定陶恭）王歸國，稱定陶太后」、《三國志》，卷二〈魏書‧文帝紀‧黃初七年〉，頁 118：「其皇后及貴人以下，不隨王之國者，有終沒皆葬澗西」、《晉書》，卷八〈哀帝紀〉，頁 156：晉哀帝生母周氏於晉成帝死後，隨哀帝入琅邪王第，哀帝以旁嗣入統，未隨之入京，「薨于琅邪第」。可見漢至六朝凡天子庶妾有子嗣者大多隨王到封國。

34　《晉書》，卷三二〈后妃傳下‧簡文鄭太后傳〉，頁 687：「時羣臣希旨，多謂鄭太后應配食于元帝者。帝以問太子前率徐邈，邈曰：『臣案陽秋之義，母以子貴。魯隱尊桓母，別考仲子之宮而不配食于惠廟。又平素之時，不伉儷于先帝，至于子孫，豈可為祖考立配？其崇尊盡禮，由於臣子，故得稱太后，陵廟備典。若乃祔葬配食，則義所不可。』從之。」

35　《穀梁傳》，卷二〈隱公五年〉，頁 21。

36　《宋書》，卷五五〈臧燾傳〉，頁 750：「晉孝武帝追崇庶祖母宣太后，議者或謂宜配食中宗。燾議曰：『陽【春】秋之義，母以子貴，故

「築宮」的做法，不僅有經典依據，又兼顧情理，同時也恪守了嫡、庶分際，因此孝武帝最後裁定按照徐邈、臧燾等人的意見，以鄭氏爲庶妾，不得如正嫡般入列天子宗廟，而是於天子宗廟之外，爲鄭氏另立別廟。此後，從六朝再無天子庶妾入天子宗廟配享的議論來看，「非適不得配食」已是當時的共識。

三、入庶妾姑廟配食的現象

東晉孝武帝追崇他的親生祖母爲「宣太后」，也追尊自己的生母，也就是簡文帝的庶妾——李陵容爲「太后」。李氏於安帝隆安四年（400）崩，當時將李氏的神主，以及安帝的生母，也就是孝武帝的庶妾——陳歸女的神主，同「祔」於「宣太后」廟[37]。

李、陳二人皆因所生子爲皇帝而有「太后」稱號，兩人被追封的原因既然與「宣太后」相同，當時爲何不再根據「宣太后」故事，另立李氏與陳氏的廟？竊以爲這或許是因爲自東漢以後，天子宗廟的建築形式，從原本是多座各自獨立的硬體建築，變成

仲子、成風，咸稱夫人。《經》云『考仲子之宮』。若配食惠廟，則宮無緣別築。前漢孝文、孝昭太后，並繫子爲號，祭於寢園，不配於高祖、孝武之廟。後漢和帝之母曰恭懷皇后，安帝祖母曰恭愍皇后，雖不繫子爲號，亦祭於陵寢，不配章、安二帝。此則二漢雖有太后、皇后之異，至於並不配食，義同《陽【春】秋》。唯光武追廢呂后，故以薄后配高祖廟。又衛后既廢，霍光追尊李夫人爲皇后，配孝武廟，此非母以子貴之例，直以高、武二廟無配故耳。夫漢立寢於陵，自是晉制所異。謂宜遠准《陽【春】秋》考宮之義，近摹二漢不配之典，尊號既正，則周極之情申，別建寢廟，則嚴禰之義顯，繫子爲稱，兼明母貴之所由，一舉而允三義，固哲王之高致也。』議者從之。」

37 以上引述依序分見《晉書》，卷三二〈后妃傳下・孝武文李太后傳〉，頁 688-689、同卷〈后妃傳下・安德陳太后傳〉，頁 689。

僅以一座硬體建築爲廟，廟中再分設多間房室以安放神主的形式
[38]，這個變革讓歷代天子、嫡后死後全都擠在同一座廟。反之，
那些因所生之子爲天下至尊，而有「太后」稱號的天子庶妾，死
後卻不需要跟其他鬼魂擠在同一個屋簷下，而是獨自享一座獨立
的硬體建築，實在說不過去，是以才會出現讓李、陳二人的神
主，同「祔」[39]於宣太后廟的變制。

　　劉宋因襲晉制，故文帝的庶妾，孝武帝的生母——路惠男，
以及同是文帝的庶妾，明帝的生母——洪容姬，兩人都在明帝的
主張下，並祔於她們的婆婆，武帝的庶妾，也就是後來的「章
（周）太后」之廟中[40]。梁武帝建國時，就專爲非嫡之后妃，別
立的「小廟」，以收容梁武帝諸庶母的神主[41]。梁武帝的庶妾，
簡文帝的生母——丁令光死後，神主就配祔於「小廟」。同爲梁
武帝的庶妾，元帝的生母——阮令嬴，死於元帝尚爲蕃王時，因
隨元帝出蕃，神主就被安置在地方，元帝即位後，追崇她爲「文
宣太后」，阮氏既被追諡爲「太后」，本當由天子領祀，是以元

38　詳參《通典》，卷四七〈禮七·沿革七·吉禮六·天子宗廟〉，頁
　　1306，及自注、卷五五〈禮十五，沿革十五·吉禮十四·告禮〉，頁
　　1539，自注。

39　必須釐清的是，當時所說的「祔」，不單指喪禮中的《禮記》，卷九
　　〈檀弓下〉，頁 171：「卒哭而祔」之禮，也是指喪禮結束後，神主移
　　入廟後，從此與之配食之禮。

40　《宋書》，卷十六〈禮志三〉，頁 225：「文帝元嘉初，追尊所生胡婕
　　妤爲章皇太后，立廟西晉宣太后地。孝武昭太后、明帝宣太后並祔章
　　（周）太后廟。」

41　《隋書》，卷七〈禮儀志二〉，頁 76：「小廟，太祖太夫人廟也。非
　　嫡，故別立廟。皇帝每祭太廟訖，乃詣小廟，亦以一太牢，如太廟
　　禮。」

帝亦將阮氏神主「還祔小廟」[42]。

　　若按《禮記》卷三三〈喪服小記〉：

　　　　妾祔於妾祖姑，無妾祖姑，則易牲而祔於女君可也。

「祔」以「昭、穆」為序，同昭、穆者方可配祔，故孫祔於祖。因此庶妾配祔的對象必須先以與自己同昭、穆的「妾祖姑」為主，若祖父無妾室，則配祔於丈夫的嫡妻，自己的「女君」之下。而東晉安帝將親祖母李氏的神主，祔於他的親曾祖母「宣太后」廟，以及劉宋明帝將自己生母洪氏的神主，與異母兄弟孝武帝生母路氏的神主，同祔於明帝的親祖母「章（周）太后」廟中、梁簡文帝與元帝，也分將的自己生母的神主，配祔於他們的父親梁武帝為他的庶母所別立的「小廟」中，這種將庶妾配祔於上一輩同樣是妾室身分的婆婆廟之作法，誠如劉宋殷匪子所說「論昭、穆而言，則非妾祖姑，又非女君，於義不當」[43]。

第二節　諸侯廟

　　六朝諸侯廟議主要的爭議為始封諸侯初構國廟時，是否必須一次備足「五廟」，以及始封諸侯初構國廟時，是否預先另置一間太祖廟，兄弟俱封為諸侯如何安排父廟等先秦儒門經典中未嘗措意，又被鄭、王二氏所忽視的細節。

---

[42]　以上引述俱見《南史》，卷十二〈后妃傳下・文宣阮太后傳〉，頁158。

[43]　《宋書》，卷十七〈禮志四〉，頁239。

一、立廟議

（一）廟數議

《左傳》卷五四〈定公元年〉：

昭公出故，季平子禱于煬公。九月，立煬宮。

卷二六〈成公六年〉：

二月，辛巳，立武宮。

從季氏欲以兄終弟及，故禱煬公，以求昭公死於外，後因覺得蒙
煬公靈驗，所謂「禱有益」[44]，復立其廟，與季文子因鞍之戰，
禱武公廟以求勝，而復立其廟[45]，可知：當時諸侯宗廟確實有遷
毀之制，以至於「既毀其廟而得禱者，蓋就祧而禱之」[46]。然而
從另一方面來看，魯定公至魯煬公已隔十三世，魯武公至魯成公
已隔七世，以及魯哀公時，其八世祖桓公、六世祖僖公廟尚在；
晉頃公時，早過五服的七世祖文公廟尚在[47]，可知：諸侯五廟之

---

[44] 《左傳》，卷五四〈定公元年〉，頁 940，孔《疏》：「謂禱有益，而
更立其宮。」

[45] 《左傳》，卷二六〈成公六年〉，頁 441，孔《疏》引服虔云。

[46] 《左傳》，卷五四〈定公元年〉，頁 942，孔《疏》。

[47] 《左傳》，卷五七〈哀公三年〉，頁 997：「五月，辛卯，桓宮、僖宮
災」、卷四八〈昭公十七年〉，頁 838：「宣子夢文公攜荀吳，而授之
陸渾，故使穆子帥師，獻俘于文宮。」

說並非周代的實際情況[48]，典籍的規範[49]，恐怕如同北魏元懌的揣測，「是後世追論備廟之文，皆非當時據立神位之事」[50]。雖然戰國儒生這般規範，兩漢儒生也認爲這就是周代諸侯廟制的實際情況，不過，雙方關注的方向還是有些不同。

戰國儒生腦海裡的圖像，可能是春秋以前封建世襲的狀況。當時的邦國絕大多數都是歷史悠久綿遠的世家大族，例如：齊太公相傳是炎帝的後代、陳胡公爲舜之後、東樓公因是禹後而受封於杞、微子代武庚爲殷後而受封於宋、「楚之先祖，出自帝顓頊高陽」、越王勾踐是夏禹的後嗣[51]，這些邦國從商或周以來，早已不知傳了多少代，按照古代一般規制，宮室居中，「右社稷，左宗廟」[52]。若歷代祖先都立廟，豈非國都左廂遍地是廟？所以

---

[48]　《左傳》，卷十七〈僖公三一年〉，頁 287，康叔托夢說：夏后相奪其享，衛侯馬上要派人祭相，顯然當時有相的廟，否則，難不成野祭？可是若真按照儒生的規劃，夏后相早已不該有廟了。

[49]　《禮記》，卷十二〈王制〉，頁 241：「諸侯五廟，二昭二穆，與大祖之廟而五」、卷二三〈禮器〉，頁 451：「諸侯五」、卷四六〈祭法〉，頁 799：「諸侯立五廟、一壇、一墠」、《穀梁傳》，卷八〈僖公十五年〉，頁 83：「諸侯五。」

[50]　《魏書》，卷一百八之二〈禮志四之二〉，頁 1328。

[51]　以上引述依序分見《史記》，三二〈齊太公世家〉，頁 583，司馬貞《索隱》引譙周之說、卷三六〈陳杞世家〉，頁 622、625、卷三八〈宋微子世家〉，頁 640、卷四十〈楚世家〉，頁 669、卷四一〈越王勾踐世家〉，頁 690。

[52]　《周禮》，卷十九〈春官・小宗伯〉，頁 290，鄭《注》：「庫門內、雉門外之左右」、卷四一〈考工記・匠人〉，頁 642、643：「營國方九里……左祖，右社，面朝，後市」，鄭《注》：「祖，宗廟」，賈《疏》：「據王宮所居處中而言。」

《荀子》卷十九〈禮論〉說：

> 有一國者事五世。

顯示：當時的儒生在規劃諸侯五廟時，與天子廟制相同，重點都是在限制宗廟的總數。換言之，「諸侯五廟」不是要同時具備五廟，而是最多可以立五廟。

　　漢分王、侯二等爵。漢高祖庶子齊悼惠王大宗無後，孝文帝令旁支「奉其先王宗廟，為漢藩國」[53]；武帝兄廣川惠王越，子繆王齊嗣，後因有罪，國除，武帝「不忍絕其宗廟，其以惠王孫去為廣川王」[54]；霍光廢昌邑王賀的時候，罪狀之一是：還未祭祀大宗的太廟，居然先「以三太牢祠昌邑哀王園廟」[55]；元帝庶子定陶恭王子（即後來的哀帝）要入嗣大統，成帝「為共王立後，奉承祭祀，今共皇長為一國太祖，萬世不毀」，哀帝即位後，想於京師另立其廟，師丹就說：「空去一國太祖不墮之祀，而就無主當毀不正之禮，非所以尊厚共皇也」[56]，由此可見：漢代同姓諸侯王有廟。

　　另外，金日磾封秺侯，子賞嗣之，亡孫。至平帝時，以金日磾次子建的孫子當嗣封，金欽勸金當「為父、祖父立廟」，至於金賞，「使大夫主其祭」[57]；東漢光武帝舅樊重，其子樊宏被封

---

[53]　《史記》，卷一百六〈吳王濞傳〉，頁1156。

[54]　《漢書》，卷五三〈廣川惠王劉越傳〉，頁1137。

[55]　《漢書》，卷六八〈霍光傳〉，頁1327。

[56]　以上引文俱見《漢書》，卷八六〈師丹傳〉，頁1512。

[57]　《漢書》，卷六八〈金日磾傳〉，頁1334。

爲壽張侯時，復追爵謐爲壽張敬侯，到桓帝延熹七年（164），廟尚存[58]，由此可見：漢代異姓列侯亦有廟。

　　然而漢代同姓諸侯王與異姓列侯有廟是一回事，有無「廟制」，形成一「體系」，則是另一回事。天子宗廟都是到成帝之後，才逐漸上軌道，何況諸侯。如果有了定制，魏、晉人爭議時，何以不援引故事。按理，西漢同姓諸侯王與異姓列侯立廟也不易有定制，除了儒學影響力還不夠大，封爵能傳過五代的非常少見[59]。東漢以降，縱使儒學已得勢，同姓諸侯王與異姓列侯，

---

[58]　《後漢書》，卷三二〈樊宏傳〉，頁 404、卷七〈孝桓帝紀〉，頁 129。

[59]　《漢書》，卷三四〈韓彭英盧吳列傳・贊〉，頁 953：「高祖定天下，功臣異姓而王者八國」，唯有長沙王吳芮「能傳號五世，以無嗣絕」，趙王「張耳以智全，至子亦失國」，其餘均及身而滅。根據《漢書》，卷十三〈諸侯王表第一〉，頁 146-158、卷十四〈諸侯王表第二〉，頁 161-170，共有 49 個宗室封國，卻只有 10 個封國傳過五代。分別是：承襲楚王爵劉禮這一系，若從劉交至劉延壽，傳襲六世；承襲城陽景王爵劉章者，從劉章始封，後傳至十世孫劉雲；承襲菑川王爵劉志，從始封傳至九世孫；梁孝王劉武始封，傳至八世孫劉立；劉參始封後王爵傳至六世；河間獻王劉德始封後傳至七世；膠東康王劉寄這一系傳至六世孫。若再算紹封：長沙定王劉發始封，王爵紹封後傳至七世孫；中山靖王劉勝始封，後王爵歷經紹封，傳至八世孫；常山憲王劉舜之子劉平紹封其爵後，傳封七世孫。根據《漢書》，卷十五〈王子侯表第三〉，頁 171-229，共有 427 位因為王之子而受封，卻只有 20 家封爵傳過五代。分別是：平望夷劉賞始封，後傳至六世孫；臨眾敬侯劉始昌始封，後傳至七世孫；平的戴侯劉強這一系傳至六世；劇魁夷侯劉黑始封，後傳至六世；平度康侯劉行始封，後傳至六世；臨朐夷侯劉奴始封，後傳至六世孫；邯會衍侯劉仁始封，後傳至七世孫；阿武戴侯劉豫始封，後傳至六世孫；州鄉節侯劉禁始封，後傳至六世孫；利昌康侯劉嘉始封，後傳至六世孫；瑕丘夷侯劉政始封，後傳至六世孫；南城節侯劉貞始

卻也很少有中間不曾斷嗣，且傳過五代的直線繼承[60]，因此，兩

封，後傳至六世孫；被陽敬侯劉燕始封，後傳至六世孫；繁安夷侯劉忠始封，後傳至六世孫；柳康侯劉陽巳始封，後傳至六世孫；牟平共侯劉渫始封，後傳至七世孫；夫夷敬侯劉義始封，後傳至六世孫；都梁敬侯劉定始封，後傳至六世孫；德哀侯劉廣復家之後，方傳封了六世，高郭節侯劉嗑始封，歷經紹封，方傳了六世。根據《漢書》，卷十六〈高惠高后文功臣表第四〉，頁 231-264，高祖呂后時期，共有 172 位功臣封侯，唯有兩家世系不間斷地傳過五世，分別是：平陽懿侯曹參始封，後子孫傳嗣過五世，滅後復家傳至十一世孫；陽信胡侯呂青始封，後傳至六世孫，絕嗣，西漢宣帝元康四年（62）呂青玄孫又復家。其他 48 家則是中間曾有斷嗣，子孫復家後，世襲才得以傳過五世。根據《漢書》，卷十七〈景武昭宣元成功臣表第五〉，頁 265-280，景帝以後，少見有功臣子孫復家、絕後、紹封等情況，因此，世系過五世者，更是少見。該時期共有 118 位功臣封侯，卻只有：宜城戴侯燕倉始封，傳至六世孫一家，安成嚴侯郭忠第五世孫絕後，經紹封才傳至六世。根據《漢書》，卷十八〈外戚恩澤侯表第六〉，頁 281-297，共有 87 人因恩受封，唯有周子南君姬嘉始封，後君延年這一房傳至八世孫；富平敬侯張安世始封，傳至六世孫，至東漢光武帝建武時期尚存。

60　東漢若撇除曹魏這個異姓諸侯國，大約有 31 個同姓諸侯王國，若以中間不曾斷嗣者來計算，只有 5 個封國傳過五代。分別是：齊哀王劉章始封，傳至六世孫劉承後，國除；趙孝王劉良始封，傳至八世孫劉珪，因魏受禪，降為侯；東海恭王劉彊始封，傳至六世孫劉羨，因魏受禪，降為侯；沛獻王劉輔始封，傳至八世孫劉契，因魏受禪，降為侯；琅邪孝王劉京始封，傳至七世孫劉熙，國除。以上引述依序分見《後漢書》，卷十四〈齊武王縯傳〉，頁 208-209、同卷〈趙孝王良傳〉，頁 211、卷四二〈東海恭王彊傳〉，頁 510-511、同卷〈沛獻王輔傳〉，頁 511、同卷〈琅邪孝王京傳〉，頁 520。按宋‧熊方：《補後漢書年表》，收錄於王雲五主編：《四庫全書珍本》（臺北：臺灣商務印書館，1981 年），卷四〈異姓諸侯〉，頁 12a、卷五〈異姓諸侯〉，頁 2a、3a、4a、6b、10a-10b、卷六〈異姓諸侯〉，頁 5a、11a、卷八〈異姓諸侯〉，頁 9a，東漢諸帝總共冊封了 337 人為侯，卻只有不其侯伏

漢儒生的興趣，絕大多數都是在經典文字上打轉，並試圖將經典中的規範串聯起來，形成一個「體系」，如同《公羊傳》卷十七〈成公六年〉何休《解詁》：

> 禮，……諸侯立五廟，……始封之君立一廟，至於子孫，過高祖不得復立廟。

即因何休只按典籍文字說明始封君的廟永存，後世襲封爵者親過五世即毀廟，幾乎不顧及如何落實的問題，所以才會遭後人譏諷其「迂遠」[61]。

六朝人開始嘗試落實經典上的規範，是以晉世已經出現，哪些封爵可視同古代的諸侯，並依循禮書中的諸侯備立五廟，以及諸侯祭祀五廟，其具體祭儀為何等細膩討論[62]。然而紙面上的學問真要落實，馬上就出問題[63]。

湛、陵鄉侯梁統、征羌節侯來歙、壽張敬侯樊重等 4 家傳過五代。

[61]　清・王夫之：《讀鑑通論》（北京：中華書局，1980 年），卷五〈漢哀帝〉，頁 125-126。

[62]　《通典》，卷四八〈禮八・沿革八・吉禮七・諸侯大夫宗廟庶人祭寢附〉，頁 1340，張祖高問謝沈曰：「諸侯祭五廟，先諏日，卜吉而行事，為祭五廟諸畢耶？按儀，視殺、延尸，厭明行事，晏朝乃闋。五廟盡爾，將終日不了；若異日，未見其義」。沈答曰：「五廟同時，助祭者多，晏朝乃闋。季氏逮闇，繼之以燭，雖有強力之容，肅敬之心，皆倦怠也。子路為宰，與祭，室事交乎戶，堂事交乎階，晏朝而退。孔子聞之曰：『誰謂由不知禮』」、同卷，頁 1342，王氏問謝沈云：「祖父特進、衛將軍海陵亭恭侯應立五廟不？」沈答：「亭侯雖小，然特進位高，似諸侯也。」

[63]　這好比王莽時的改制，完全沒有考量政策的落實必須配合現實情況，以

若以《禮記》卷十二〈王制〉孔《疏》：

始封君之子得立一廟，始封六世之孫，始五廟備也。

乃是以天子之子、弟等同姓諸侯的立場來說，因其有「諸侯不敢祖天子」的限制，故五廟之數須待始封君之後嗣，一代一代地逐步立滿。然而根據戰國儒生的傳述：周武王克商後，追尊直系血親曾、祖、父三世爲天子[64]。按此，異姓爲諸侯者，同樣也不受「諸侯不敢祖天子」的侷限，始封之際，是否還需要一代一代地逐步立滿，就成爲後世禮家所必須正視的問題。

漢初時，這問題尚未浮現。除了那時儒學根本未得勢，也因爲那些「暴貴」[65]者，如周勃「以織薄曲爲生，常爲人吹簫給喪

擬定配套措施，一昧稽古，不准諸侯稱王，改稱公；外夷稱侯，致使外族王，怨怒不附，引來戰爭。若說王莽這項政策太過極端，那麼一娶九女、陪媵制怎麼施行？又何時施行過？若說這些項政令對社會發展沒有多大的幫助，那麼王莽的井田制明明是相當好的政策，爲何會失敗？詳參《漢書》，卷九九〈王莽傳〉，頁 1730、1738。另參李劍農：《中國古代經濟史稿・先秦兩漢部分》（武漢：武漢大學出版社，2005年），頁 111-114、林素娟：《春秋至兩漢婚姻禮俗與制度研究》（新竹：清華大學中國文學系博士論文，2003 年），第二章，第四節，頁 81-87。

64　《禮記》，卷三四〈大傳〉，頁 616：「牧之野，武王之大事也。既事而退，柴於上帝，祈於社，設奠於牧室，遂率天下諸侯。……追王大王亶父、王季歷、文王昌，不以卑臨尊也」、《逸周書集訓校釋》，卷四〈世俘〉，頁 95：「王烈祖自太王、太伯、王季、虞公、文王、邑考以列升，維告殷罪」。

65　《禮記》，卷四〈曲禮〉，頁 73，及孔《疏》。

事」、樊噲「以屠狗爲事」、灌嬰「販繪者」[66]等代表著西漢開國功臣集團，絕大多數都是起於微賤，未必能有族譜。沒有族譜，這些人又如何知道遠、近先祖有那些人，如同後世不預士流[67]的侯景稱帝，欲立廟，被問及七祖名諱，答曰「前世吾不復憶，惟阿爺名標」[68]。然而經過儒學百餘年的浸潤，那些「九錫登等之寵」[69]，並自封數郡，位在諸侯王之上[70]，權侔皇帝的異姓國公，就必須面對：若要依照諸侯禮制，追立先世廟，使「流

---

[66] 分見《史記》，卷五七〈周勃世家〉，頁 826、卷九五〈樊酈滕灌列傳〉，頁 1078、1083。其它非豐、沛一系的功臣，也以微賤出身者居多，如韓信「常從人寄食飲」、彭越「常漁鉅野澤中，為群盜」、英布淪為「麗山之徒」，「亡之江中為群盜」、酈食其「家貧落魄，無以為衣食業，為里監門史」。分見《史記》，卷九十〈魏豹彭越列傳〉，頁 1050、卷九一〈黥布列傳〉，頁 1053、卷九二〈淮陰侯列傳〉，頁 1058、卷九七〈酈生陸賈列傳〉，頁 1095。

[67] 《南史》，卷八十〈賊臣傳·侯景傳〉，頁 925：「景祖名乙羽周」。乙羽周自然是鮮卑語的音譯。參照《魏書》，卷一一三〈官氏志〉，頁 1434-1438，可知：直到他祖父那輩，都不在姓、族之列。

[68] 《梁書》，卷五六〈侯景傳〉，頁 416。

[69] 《漢書》，卷九九〈王莽傳〉，頁 1721。

[70] 若是禪位的前朝皇帝，雖被降封為國公，尚維持天子建廟禮，不隨之降殺。例如《後漢書》，卷九〈獻帝紀〉，頁 150：皇帝遜位，魏王丕稱天子。奉帝為山陽公，邑一萬戶，位在諸侯王上，奏事不稱臣，受詔不拜，以天子車服郊祀天地，宗廟、祖、臘皆如漢制。這種禮制固然是漢朝儒生的主張，如《公羊傳》，卷二〈隱公三年〉，頁 26，《解詁》：「王者存二王之後，使統其正朔，服其服色，行其禮樂」、《禮記》，卷二五〈郊特牲〉，頁 488，孔《疏》所引鄭玄：《駁五經異義》：「所存二王之後者命使郊天以天子之禮，祭其始祖受命之王，自行其正朔、服色」，但從《尚書》，卷五〈益稷【皋陶謨】〉，頁 72：「虞賓在位」，則這種主張未嘗不可能是傳自戰國。

光」[71]及遠，那麼初封構廟之際，究竟要立多少廟室。

　　漢獻帝建安十八年（213）五月，曹操自立爲上公，「自以諸侯禮立五廟」[72]。然而曹操究竟立了幾廟[73]？若按曹操薨後，魏文帝時，僅崇立曹操與曹嵩二代先祖來看，曹操時可能只立一廟[74]，至於是否僅祭祀曹嵩一位，就不得而悉了。這多少與曹嵩及其養父曹騰家族均出身微賤有關。自我標榜是「傳禮」[75]之家的司馬氏則不然，故司馬昭進爵爲晉公時，始封之際即立父、祖、曾、高四代祖，以及其兄司馬師的廟，硬是湊齊了五廟[76]。卻因司馬昭與司馬師乃是兄弟相繼，是以雖制五廟，卻只有四世。雖兄弟相繼不是常例，但諸侯始封之際，在還沒有先王、先君的情況下，本來就不當爲之立廟，若爲了湊足五廟之數，湊合北魏王延業之說，這豈非「苟薦虛名，取榮多數」[77]，是以《禮

71　《穀梁傳》，卷八〈僖公十五年〉，頁 83、《漢書》，卷七三〈韋賢傳附子玄成傳〉，頁 1385。

72　《宋書》，卷十六〈禮志三〉，頁 222。

73　至於受封爲一郡或一縣之異姓郡公，能否如曹操般，依古之諸侯禮制廟，若按胡國珍生前曾進封爲安定郡公，雖給甲第，但並未議立廟制，薨，朝廷因贈九錫，始依諸侯禮立廟。北魏崔光薨，肅宗贈諡爲文宣公，立五廟。可知：北魏對於一郡之郡公，是否依古之諸侯禮制廟意見並不一致。詳參《魏書》，卷一百八之二〈禮志四之二〉，頁 1327。

74　《三國志》，卷二〈文帝紀・黃初二年〉，頁 108，裴《注》引王沈《魏書》、卷三〈明帝紀・太和三年〉，頁 130。

75　《宋書》，卷十五〈禮志二〉，頁 195。

76　《魏書》，卷一百八之二〈禮志四之二〉，頁 1328，元懌議：「昔司馬懿立功於魏，爲晉太祖，及至子晉公昭，乃立五廟，亦祀四世，止於高、曾。太祖之位虛俟宣、文，待其後裔，數滿乃止。」

77　以上引述俱見《魏書》，卷一百八之二〈禮志四之二〉，頁 1327。

記》卷十二〈王制〉孔《疏》：

> 若異姓始封，如大公之屬，初封則得立五廟，從諸侯禮
> 也。

說法有誤，若按下文，顯示這似乎也是集結前人評議後所得到的
結論。

　　北魏獨攬朝政的胡太后，於其父胡國珍死時，追贈其爲太上
秦公，禮比諸侯，故而下詔朝議胡國珍廟制。王延業主張應該先
立四廟，他根據《禮記》卷二十〈文王世子〉說：

> 五廟之孫，祖廟未毀，雖爲庶人，冠、取妻必告。

認爲這是第五代子孫的時候，高祖之父的廟尚存的意思，而鄭
《注》：

> 實四廟孫，而言五廟者，容顯考[78]爲始封子也。

其特別解釋高祖爲始封君之子，顯示若要備足五廟，必須等到始
封之君的第五世孫，也就是玄孫之子這一世時，「乃得稱五廟之
孫」，在此之前只先立四廟[79]。他同時又稱引《禮緯・稽命
徵》：

78　對照《禮記》，卷四六〈祭法〉，頁 799，「顯考」指高祖。
79　以上引述俱見《魏書》，卷一百八之二〈禮志四之二〉，頁 1326。

夏四廟，至子孫五；殷五廟，至子孫六[80]。

對於鄭《注》[81]云：

言至子孫，則初時未備也。

以爲其所說的「初時未備」，是指立四親廟，而「祀止高祖」[82]
的意思。

　　當時與之打對台的盧觀，雖不反對親不過四世這個原則，卻
堅持必須先立五廟。他以爲所謂的「四親廟」，並非從襲爵者這
輩往上推算四世，而是從始封諸侯本人這輩往上推算四世。若按
此，其雖立五廟，卻依然止祀於四世祖——高祖。因此，他以爲
若要稱引《禮緯・稽命徵》「夏四廟，至子孫五；殷五廟，至子
孫六」，不應該只看鄭《注》，應該從這段文獻的脈絡來解釋，
他說：夏朝在大禹之前，並沒有創建大功業的始祖，因此祭止於
四世親廟，直到大禹受命後，夏禹的兒子——啓，不毀父廟，這
時夏王的宗廟廟數才變成五廟，換句話說，盧觀認爲《禮緯・稽
命徵》所登載的「夏」是指大禹這一世，「子」是指夏禹的兒子

80　此段緯文今見諸《禮記》，卷十二〈王制〉，頁 241，孔《疏》所引。
81　王延業原文僅說：「注云」，對照《隋書》，卷三二〈經籍志一・經・
　　緯〉，頁 483，可知：《禮緯》的注解出自鄭玄，非宋均。宋均乃鄭氏
　　弟子，見宋・王溥：《唐會要》（京都：中文出版社，1978 年），卷
　　七七〈貢舉下・論經義〉，頁 1407，所收劉知幾〈《孝經》註議〉：
　　「宋均於〈詩譜〉云：序我先師北海鄭司農」。
82　以上引述俱見《魏書》，卷一百八之二〈禮志四之二〉，頁 1326。

——啓這一世，「孫」則是指「迭遷之時」；殷人自契以後，加上隨代遷毀四親廟，本來一直維持五廟之數，直到商湯有建立王朝之功，而不毀之廟，才變成六廟。周代一樣如此，因有始祖后稷，以及文、武二王因其功勳而爲二祧，才變成七廟。

若從始封諸侯這一輩開始推算輩分，其實也有點強詞奪理。對胡國珍之子而言，或許沒有觸及親過四廟的問題，但等到胡國珍孫子這一輩，照樣又出問題。如果諸侯王廟一開始就立滿五廟，那麼胡國珍的孫子是要根據親盡原則，將胡國珍的曾祖，及其高祖的廟均遷、毀，形成四廟現象，還是只管按照五廟的原則，不毀胡國珍曾祖父的廟，亦即是胡國珍孫子高祖父的廟，若是如此，又當如何彌縫親不過四的問題。況且一開始就立五廟，就如王延業所認爲：始封君之子死，毀始封君之子的高祖之父廟；始封君之孫死，毀始封君子之高祖廟；始封之曾孫死，毀始封子曾祖廟，如此類推，至始封君之玄孫這一世以後，反而只祭四親廟，然而在此之前卻祭至五世，一如王延業所說「一與一奪，名位莫定，求之典禮，所未前聞」[83]，這也難怪當時朝議不採盧觀立五廟的說法。

必須補充說明的是：諸侯出封構廟之際，「上祀之禮，不過高祖」[84]，唯追立父、祖、曾、高祖等四親廟，雖是當時主流意見[85]。然而若根據戰國祭禱楚簡：上至諸侯國內的左尹[86]，下至

[83] 以上引文俱見《魏書》，卷一百八之二〈禮志四之二〉，頁1328。

[84] 《宋書》，卷五五〈臧燾傳〉，頁751，臧燾論西晉四府君遷主之議。

[85] 《通典》，卷四八〈禮八·沿革八·吉禮七·諸侯大夫宗廟庶人祭寢附〉，頁1342，邵戩議桓溫立廟之制時，認爲：宜先追立父、祖、曾、高祖等四親廟、《隋書》，卷七〈禮儀志二〉，頁74：「宋武初

士階級的下層貴族[87]，都曾群祭父、祖、曾祖、高祖、高祖之父等五世先祖[88]。六朝人雖無法見及當今出土的材料，卻可依據《禮記》卷四六〈祭法〉：

為宋王，立廟於彭城，但祭高祖巳下四世」、中興二年（502）梁武初為梁公。曹文思議：「天子受命之日，便祭七廟；諸侯始封，即祭五廟」，祠部郎謝廣等並駁之，遂不施用，乃建臺於東城，立四親廟、同卷〈禮儀志二〉，頁 76：「後齊文襄嗣位，猶為魏臣，置王高祖秦州使君、王曾祖太尉武貞公、王祖太師文穆公、王考相國獻武王，凡四廟。」

86　何浩：〈文坪夜君的身分與昭氏世系〉，《江漢考古》第 3 期（1992年 8 月），頁 69。

87　根據荊沙鐵路考古隊：〈江陵秦家嘴楚墓發掘簡報〉，《江漢學報》第2 期（1988 年 4 月），頁 42：秦家嘴一號墓和九十九號墓皆是有墓道的一棺一槨之墓。郭德維：《楚系墓葬研究》（武漢：湖北教育出版社，1995 年），頁 96-108，認為：楚國士人之墓大多是有墓道的一棺一槨。結合發掘報告推論：秦家嘴的墓主可能是楚國士階級的貴族。

88　秦家嘴 M1 墓：「□禱□都于五世王父以逾至新（親）父」（簡 2）；秦家嘴 M13 墓：「賽禱五世以至新父母肥豢」（簡 1）、「既□禱戠牛于五世王父【母】」（簡 5）；秦家嘴 M99 墓：「□禱之于五世王父王母訓至新父母」（簡 10）、「賽禱于五世王父王母」（簡 11）等登載。包山 2 號墓楚簡中有墓主昭坨上祭可能是其父的蔡公子豪、祖父司馬子音、曾祖鄯公子春、高祖平夜君子良、高祖之父楚昭王等五代先祖，例如：「賽禱邵（昭）王，戠（特）牛，饋之。賽禱文坪（平）夜（輿）君、鄯公子春、司馬子音、蔡公子豪（家），各戠（特）豢，饋之」（簡 214）、「與禱邵（昭）王，戠（特）牛，饋之。與禱文坪（平）夏（輿）君、鄯公子春、司馬子音、蔡公子豪（家），各戠（特）豢，饋之」（簡 240）。以上引述依序分見晏昌貴：〈秦家嘴「卜筮祭禱」簡釋文輯校〉，頁 10-13，陳偉等：《楚地出土戰國簡冊（十四種）‧包山 2 號墓簡冊》，頁 93、95。

> 大夫立三廟二壇：曰考廟、曰王考廟、曰皇考廟，享嘗乃
> 止，顯考、祖考無廟，有禱焉，為壇祭之，去壇為鬼。

其高祖、高祖之父雖無廟，可設壇禱祭，說明了大夫雖然最多只能立三廟，但實際上卻可上祭至五世先祖，另按《禮記》卷四六〈祭法〉：

> 諸侯立五廟，一壇一墠，曰考廟、曰王考廟、曰皇考廟，
> 皆月祭之，顯考廟、祖考廟享嘗乃止。

是以諸侯也可以上祭至七世先祖。從晉安昌公荀氏進封大國，雖未立廟，卻上祭至六代先祖[89]，顯示當時似乎也有按照〈祭法〉的記載，將立幾廟，與舉行祭典時祭祀幾世祖當成兩回事。上祭至六代先祖的作法，也披露了當時對於諸侯出封構廟之際，雖以追立四廟為制，卻妥協於祭祀的時候，不止祭於四世先祖。

（二）太祖廟

1.是否預先另置一間太祖廟

《穀梁傳》卷八〈僖公十五年〉：

> 始封必為祖[90]。

89　《通典》，卷四八〈禮八·沿革八·吉禮七·諸侯大夫宗廟〉，頁
　　1340，及自《注》。然而，荀顗這支封的是臨淮公，荀勖這支封的是濟
　　北公。晉安昌公荀氏指的是誰，至今已難考。

90　《禮記》，卷十二〈王制〉，頁 241，鄭《注》：「王者之後，不為始

強調了只有始封之君，才具備被尊爲宗廟太祖的資格。且從孔子：

> 吾聞諸老聃曰：「天子崩、國君薨，則祝取群廟之主而藏諸祖廟，禮也。卒哭成事，而后主各反其廟。君去其國，大宰取群廟之主以從，禮也。祫祭於祖，則祝迎四廟之主，主出廟入廟，必蹕[91]。」

可知：太祖廟並非虛設，確實有實際用途。

　　問題是諸侯初封構廟之際，是否立即於四親廟之外，另置一間太祖廟。曹魏初期，以「太祖武皇帝猶在四親之內」，從高堂隆之說，「乃虛置太祖」，晉初，則改從王肅之說，「太祖虛位」[92]。「虛置」與「虛位」之異同，在於兩者雖然都認爲：太祖之位或廟，須待世世相推，親盡之後，方出居正位，但廟數總數的算法，卻有四、五之分。簡單地說，「虛置」強調廟數的總數，直接少一間，亦如東晉邵戩所推演的「封君之子則封君高祖親盡廟毀，封君之孫則封君曾祖親盡廟毀，封君之曾孫則封君之

封之君廟。」其中所說的「王者之後」，應該是周之前歷代王者的後裔，如《禮記》，卷三九〈樂記〉，頁 696：「武王克殷，反商，未及下車，而封黃帝之後於薊，封帝堯之後於祝，封帝堯之後於陳」，是以《左傳》，卷四十〈襄公三十年〉，頁 681：「或叫于宋大廟。」「宋大廟」應該是指天子宗廟，即帝乙廟，而非始封於宋的微子廟。

91　《禮記》，卷十八〈曾子問〉，頁 367。鄭玄也如此主張，詳見前文第四章，第二節。

92　以上引述參見《隋書》，卷七〈禮儀志二〉，頁 77，隋煬帝大業元年（605），議論立廟之數時，褚亮等人引。

祖親盡廟毀，封君之玄孫則封君之父親盡廟毀，封君玄孫之子則封君親盡廟宜毀，然以太祖不毀」[93]；「虛位」則是強調立滿廟數，只是先不晉升始封先祖的位階，使其越代而登居上位，如此即可避免屈祖就孫，倫輩關係失序。以上所議的對象雖為天子，但直接影響諸侯廟制，是以東晉邵戩議論桓溫立廟之制時，就依據當塗之制，以為諸侯初封時只能立四親廟，「虛置太祖」，太祖廟必須等到「封君玄孫之子」這一世才有，也就是這個時候，「五廟之數於是始備」[94]。

　　話說回來，不論是「虛置」，或是「虛位」，兩者都是主張

---

[93]　《通典》，卷四八〈禮八・沿革八・吉禮七・諸侯大夫宗廟庶人祭寢附〉，頁 1342。

[94]　《通典》，卷四八〈禮八・沿革八・吉禮七・諸侯大夫宗廟庶人祭寢附〉，頁 1342，登載「邵戩議桓宣武公立廟」。按：《晉書》，卷九八〈桓溫傳〉，頁 1690，未記載溫死後的諡號。據余嘉錫：《世說新語箋疏》（臺北：華正書局，1993 年），上卷〈言語〉，條 55，頁 114，劉《注》所引〈桓溫別傳〉，知「諡宣武侯」。對照《晉書》，卷六四〈簡文三王列傳・會稽王道子傳〉，頁 1159，道子當著桓玄面說：「桓溫晚塗欲作賊云何」，「長史謝重舉板答曰：『故宣武公黜昏（海西公）登聖（簡文帝），功超伊、霍』」，可知：《別傳》是，但邵戩議立宗廟時，桓溫健在，不可能就稱為「桓宣武公」。另者，桓玄「既不追尊祖曾，疑其禮儀，問於羣臣。散騎常侍徐廣據晉典宜追立七廟，又敬其父則子悅，位彌高者情理得申，道愈廣者納敬必普也。玄曰：『《禮》云：三昭三穆，與太祖為七，然則太祖必居廟之主也，昭、穆皆自下之稱，則非逆數可知也。禮，太祖東向，左昭右穆。如晉室之廟，則宣帝在昭、穆之列，不得在太祖之位。昭、穆既錯，太祖無寄，失之遠矣。』玄曾祖以上名位不顯，故不欲序列，且以王莽九廟見譏於前史，遂以一廟矯之，郊廟齋二日而已」。按此推測：桓溫死時，可能也只立一間太祖廟，亦即桓溫廟。

諸侯初封構廟之際，不先預立太祖廟室，這似乎是當時的共識，是以除了北周預先於四親廟之外，另「置太祖之廟」[95]，南朝劉裕、蕭道成，初封爲諸侯王、國公時皆如此[96]。

縱使是這樣，北魏朝議胡國珍制廟時，還是有像盧觀這樣的學者，以爲明明就有太祖，卻不立太祖廟，如此恐有欺蔑先祖之嫌，因而「求之聖旨，未爲通論」。他以爲不論太祖是在受享行列的最高一輩，或最低一輩，都不會影響昭、穆的排列順序，因爲諸侯的太祖廟當爲「祧」，若按立「祧」以爲「貴」的原則，太祖廟縱使在祧位，也不應該算在親廟的總數之中，其乃超越親廟而獨立。他又錦上添花地根據《禮記》卷十八〈曾子問〉：

> 曾子問曰：「古者師行必以遷廟主行乎？」孔子曰：「天子巡守，以遷廟主行載于齊車，言必有尊也。今也取七廟之主以行，則失之矣！當七廟、五廟無虛主，虛主者，唯天子崩、諸侯薨、與去其國、與祫祭於祖爲無主耳，吾聞諸老聃曰：天子崩、國君薨，則祝取群廟之主而藏諸祖廟，禮也，卒哭成事，而后主各反其廟。君去其國，大宰取群廟之主以從，禮也，祫祭於祖，則祝迎四廟之主，主出廟、入廟必蹕。」

以爲「廟無虛主」是指唯有高、曾、祖、禰四親廟，才會暫時將

95　《隋書》，卷七〈禮儀志二〉，頁76。

96　《隋書》，卷七〈禮儀志二〉，頁 74：「晉，江左以後，乃至宋、齊，相承始受命之主皆立六廟，虛太祖之位」，可推知：劉裕與蕭道成封王時，可能也不設太祖廟。

神主遷移出廟室之外，太祖神主則永世不遷移，既是如此，「太祖之廟，必不空置」，故必須立太祖廟。

　　然而〈曾子問〉的文意，乃是針對出征時，只能帶著已毀的祖先牌位隨行，不能帶著尚未遷毀的祖先牌位隨行而發議，並解釋什麼時候才能將親廟神主移出廟室之外，是以根據禮文，「虛主」的意思並不是說這間廟室並不存在，而是說神主的牌位暫時被移出，使原來的廟室因沒有神主牌位而虛空，是以盧觀的解釋，甚謬。而其以禘、祫之時，親廟諸神主須「合食太祖之宮」爲依據，以爲親盡的先祖，不論是迭遷或罷毀，都必須在太祖廟裡頭處理的說法，也難以打擊王延業等人反對將胡國珍的倫輩位階越居於先祖之上，至於進行禘、祫、遷毀之禮時，依然可以在有太祖之尊的胡國珍廟中舉行的意見。

2.諸侯與大夫兩個階級的太祖廟如何安頓

　　若「父爲士」，按照先秦儒生所規劃的禮制，士最多只能立祖、父二廟[97]，無不遷毀之太祖廟，是以縱使後代子孫封爵比士還高時，卻也不會有如何安頓本家裡頭的太祖廟困擾。

　　至少傳說中的三代開國君王，都是子原爲諸侯，襲父爵之後而爲天子，因此也牽涉如何安頓諸侯裡頭的太祖廟問題。若按周天子的作法，其乃是一方面保留周爲諸侯時所立的太祖——后稷廟，另一方面又以受命爲天子之文、武二廟爲不遷毀之廟，以解決諸侯的宗廟之太祖廟被遷毀，情感上的不堪。

　　按照鄭《注》所說，同姓的諸侯別子，若始封爲大夫，其與

---

[97]　《穀梁傳》，卷八〈僖公十五年〉，頁 83：「士二」、《禮記》，卷十二〈王制〉，頁 241，鄭《注》：「上士二廟」、卷三二〈喪服小記〉，頁 592，鄭《注》：適士「得立祖禰廟者也。」

異姓大夫，皆可立太祖廟[98]。情況若倒過來，父爲大夫，子爲諸侯，大夫宗廟中的太祖，沒有像周天子的宗廟，有二祧可以調節，當某大夫的後代子孫受封爲諸侯時，應該如何安置原本大夫宗廟裡頭的太祖廟。周威烈王二十三年（403B.C.），冊命韓、趙、魏三家爲諸侯[99]之前，似乎從未出現過父爲大夫、子爲諸侯這樣的案例。此後也僅見周安王十六年（387B.C.），原本身爲大夫的田氏被冊命爲諸侯[100]。若眞如鄭玄所說，當時異姓大夫的

---

[98]　《禮記》，卷十二〈王制〉，頁 241：「大夫三廟，一昭一穆，與大祖之廟而三」，卷四六〈祭法〉，頁 799：「大夫立三廟二壇，曰考廟；曰王考廟；曰皇考廟，享嘗乃止。顯考、祖考無廟，有禱焉，爲壇祭之」，〈王制〉言「太祖廟」；〈祭法〉僅言「皇考廟」，卻未說「皇考」是否即是「太祖」，讓人懷疑「皇考」是否指的就是「太祖」。如果是，則大夫立的太祖廟當然是始封者；如果不是，則大夫沒有百世不遷的廟。鄭玄似乎根據《儀禮》，卷三二〈喪服‧大功‧傳〉，頁 379：「若公子之子孫有封爲國君者，則世世祖是人也，不祖公子」，推論：公子可爲宗廟之太祖，並聯繫《禮記》的記載，認爲：並非所有大夫都可以立太祖廟，唯有「別子始爵者」的大夫，其後代子孫才可以爲之立太祖廟。換言之，也並非所有諸侯別子都能有「大夫」的封爵。《通典》，卷四八〈禮八‧沿革八‧吉禮七‧諸侯大夫士宗廟〉，頁 1342，自注引盧植：「天子之大夫」才有太祖廟。鄭、盧二氏之說，並不衝突，因別子亦可爲天子之大夫。現在的問題是：到底大夫是否真的有如同諸侯宗廟那樣，立世不毀的太祖廟？還是大夫有太祖廟只是先秦兩漢某一派儒生的規劃，而非史實？根據《儀禮》，卷三十〈喪服‧齊衰期‧傳〉，頁 358：「大夫及學士則知尊祖矣，諸侯及其大祖，天子及其始祖」，大夫宗廟似乎沒有世世不毀之太祖。是否有可能是先秦、兩漢的儒生所規劃的大夫宗廟制度不同：某派以爲大夫宗廟應有太祖廟；某派以爲大夫宗廟不應沒有太祖廟？尚待考。

[99]　《史記》，卷四〈周本紀〉，頁 84。

[100]　《史記》，卷十五〈六國年表〉，頁 286。

宗廟也有太祖廟,那麼這四家到底是如何安置原本大夫宗廟內的太祖廟,一如原本是晉國小宗的曲沃武公,取代大宗翼而爲諸侯後[101],其子孫如何安置始封大夫曲沃桓叔之廟,史傳記載闕如。最合理的辦法,僅能比照《儀禮》卷三二〈喪服‧大功‧傳〉:

> 若公子之子孫有封爲國君者,則世世祖是人也,不祖公子,此自尊別於卑者也。

由沒有諸侯身分的支、庶子入嗣曲沃宗家,以保住大夫宗廟內,爲太祖身分的桓叔廟不被遷毀。

　　胡國珍之父——胡淵,於北魏太武帝時,被賜爵爲武始侯[102],列侯封爵雖位在諸侯王之下,但至少會如王延業指出的,當「名準大夫」。換言之,胡淵在北魏政權的體制下,算是個始封大夫,如此,當然也會是大夫宗廟裡頭,永不被遷毀的太祖。北魏胡國珍襲父爵後,才被追封爲諸侯,如此,當然也涉及胡淵的廟,應該如何處理的問題。

　　鄭《注》公子子孫受封爲諸侯時,說:

> 公子若在高祖已下,則如其親服,後世遷之,乃毀其廟爾……[103]。

---

[101] 《史記》,卷三九〈晉世家〉,頁 648。從《左傳》,卷十五〈僖公二十四年〉,頁 253:「丙子,(公子重耳)入于曲沃;丁未,朝于武宮」,武公應該被奉爲太祖。

[102] 《魏書》,卷八三下〈外戚列傳下‧胡國珍傳〉,頁 913。

[103] 《儀禮》,卷三二〈喪服‧大功‧傳〉鄭《注》,頁 379。

王延業依此以爲：「公子」並非宗廟永不遷毀之太祖，僅是普通大夫，若「公子」尚在五服之內，則「如其親服」，若已親盡，則「後世遷之，乃毀其廟爾」。換言之，他以爲胡淵不能算是始封大夫，也非宗廟裡頭永不被遷毀的太祖，在「諸侯奪宗」的原則下，胡淵廟應該併入其子胡國珍廟內享祀[104]。

這樣的說法，其實蠻粗糙的。首先，若按王延業的意見，會讓胡淵陷入因嫡子貴重於己，日後反而要被遷毀的窘況。其次，「父、子一體」[105]同宗，豈能套用「奪宗」之說以斷論，是以雖然兩漢、六朝禮家對於什麼是「諸侯奪宗」，各自有自己的一套說辭，但共通點絕對是將「奪宗」設定在嫡、庶之間，或宗子與支子之家，而非父、子上下兩代之間（詳後文）。

二、兄弟俱封立禰廟議

彙整六朝人討論兄弟俱封爲王如何設置父廟的爭議，分爲下列四個方向探討：

（一）宗子尊，支庶卑

撮合《儀禮》、《禮記》某些篇章的零星登載，似乎可類推出一套極具系統的大宗統小宗，小宗再統更小的小宗等，層層分統的宗法制度[106]。且大宗與小宗，乃相對而言：天子爲「天下之

---

[104] 以上引述俱見《魏書》，卷一百八之二〈禮志四之二〉，頁 1327。

[105] 《儀禮》，卷十一〈喪服‧大功‧傳〉，頁 355。

[106] 沈恆春：《宗法制度研究》（臺北：臺灣師範大學國文學系碩士論文，1982 年），第三章，頁 45-46，從甲、金文中的宗法與禮書中的宗法不同，可知：禮書中的宗法雖然並非無所本，但其中含有不少整齊、建構的成分。另參丁山：〈宗法考源〉，《古代神話與民族》（北京：商務

大宗」[107]，天子的旁支庶兄弟不論是否爲諸侯，相對於天子，即是小宗；諸侯爲邦國之大宗，諸侯的旁支庶兄弟，相對於諸侯，即是小宗，若按照《禮記》卷三四〈大傳〉所說：

> 別子爲祖，繼別爲宗，繼禰者爲小宗。有百世不遷之宗，有五世則遷之宗。百世不遷者，別子之後也，宗其繼別子之所自出者，百世不遷者也，宗其繼高祖者，五世則遷者也。尊祖故敬宗，敬宗尊祖之義也。

就像《朱子語類》卷八七〈禮四・小戴禮・大傳〉的解釋：

> 「別子爲祖，繼別爲宗」，是諸侯之庶子，與他國之人在此邦居者，皆爲別子，則其子孫各自以爲太祖。如魯之三家：季友，季氏之太祖也；慶父，孟氏之太祖也；公子牙，叔孫氏之太祖也。

因此顧名思義，「別子」即是別立門戶、開宗散葉。別子的繼承人，相對於其他旁支庶兄弟即是大宗。〈大傳〉的「尊祖故敬宗」說明了宗法制度乃是透過祭祀活動來維繫，爲了區分主、從關係，必須標舉只有宗主才擁有主祭權，故《禮記》卷五〈曲禮下〉：

印書館，2005 年），頁 129-134。

[107] 《毛詩》，卷十七之四〈大雅・生民之什・板〉，頁 635，鄭《箋》。

> 支子不祭，祭必告于宗子。

這裡的宗子乃是指大宗的宗主，所謂「支子不祭」，乃指小宗之子，不論嫡、庶，皆不可隨意祭祀大宗宗廟裡頭所供奉的祖先，另外，按照《禮記》卷二七〈內則〉：

> 適子、庶子祇事宗子、宗婦……夫婦皆齊而宗敬焉，終事而后敢私祭。

小宗的嫡、庶之子，必須先至大宗宗廟助祭之後，小宗嫡子再回自家宗廟舉行祭典的作法，乃是天下之通制[108]。同樣，嫡子「傳重」，庶子「遠別」[109]，小宗本家之內，若嫡子舉行祭祀，小宗房室內的庶子必須在旁協助[110]。

　　若由宗法制度，往外延伸到社會階級。按理，並非所有天子的旁親支庶兄弟都能出封為諸侯[111]，縱使出封為諸侯，根據先秦

---

[108] 《毛詩》，卷十九之一〈周頌·清廟之什·烈文〉，頁 710：「〈烈文〉，成王即政，諸侯助祭也」，《國語集解》，卷四〈魯語上〉，頁 146：「諸侯祀先王、先公，卿、大夫佐之受事焉」、《禮記》，卷四九〈祭統〉，頁 592，魯公「有事於大廟，則群昭群穆咸在」，條下鄭《注》：「昭穆咸在，同宗父子皆來」，乃為諸侯宗廟有大夫助祭之證。

[109] 《儀禮》，卷二九〈喪服·斬衰·傳〉，頁 346，及鄭《注》。

[110] 《儀禮》，卷四五〈特牲饋食禮〉，頁 530，孔《疏》引《尚書大傳》：「宗子將有事，族人皆入侍也。」「同族」的範圍，若按《左傳》，卷三一〈襄公十二年〉，頁 548，杜預《注》：「同族，謂高祖以下。」

[111] 《禮記》，卷二五〈郊特牲〉，頁 488，孔《疏》：「王子、母弟無大

儒生的規劃，也不得以所出之先王爲宗廟之先祖，所謂「諸侯不敢祖天子」[112]。《左傳》卷五二〈昭公二十八年〉：

昔武王克商，光有天下，其兄弟之國者十有五人，姬姓之國者四十人[113]。

在武王這十五個受封爲諸侯的兄弟當中，僅有魯因周公之故，得立文王廟[114]。爾後，周厲王之子周宣王封母弟[115]姬友於鄭，或許

功德，不得出封，食采畿內，賢於餘者，亦得采地之中，立祖王廟，故『都宗人』、『家宗人』，皆為『都』、『家』祭所出祖王之廟也。」

[112] 《禮記》，卷二五〈郊特牲〉，頁487。

[113] 《左傳》，卷十五〈僖公二十二年〉，頁255：「昔周公……封建親戚，以蕃屏周。管、蔡、郕、霍、魯、衛、毛、聃、郜、雍、曹、滕、畢、原、酆、郇，文之昭也」，杜《注》：「十六國皆文王子也」，即武王兄弟。卷五二〈昭公二十八年〉，頁913，孔《疏》就指出：說話「人異，故異說耳，非武王封十五，周公始加一也」。

[114] 《左傳》，卷三一〈襄公十二年〉，頁548，及杜預《注》，知魯因周公之故而有文王廟，又稱「周廟」。然而孔《疏》於此說：「〈哀公二年〉蒯聵禱云：『敢昭告皇祖文王』，衛亦立文王廟也……衛有大功德，王命立之。」這似乎是衛太子在戰場上、臨時的禱詞，與衛國本身是否有文王廟，毫不相干。就如同人窮極呼天，祈求幫助，與當事人是否有祭天的資格，或在自己的土地上建有祭天的場所，是兩回事。再者，果如孔《疏》所云，為何六朝人從不稱引此條，作為始封諸侯立禰廟的依據。孔說殆非。不過，孔氏之說其來有自。《禮記》，卷二五〈郊特牲〉，頁488，孔《疏》稱引許慎《五經異義》引古《春秋左氏》：「天子之子，以上德為諸侯者，得祖所自出。」

[115] 《史記》，卷四二〈鄭世家〉，頁699，作「庶弟」。清・梁玉繩：《史記志疑》（北京：中華書局，1981年），卷二三，頁1035，已考訂：此說非是。

宣王有懲於厲王被逐，欲加強王室的力量，也可能是因為鄭助平
王東遷，總之，周天子特許鄭立厲王廟[116]，與魯國的文王廟同樣
稱之為「周廟」，以示與魯、鄭本國可立的「祖廟」、「大宮」
有別[117]。此二者既是特例，常態應該如同《禮記》卷十二〈王
制〉孔《疏》：

> 王之子、弟，封為諸侯，為後世之大祖，當此君之身，不
> 得立出王之廟，則全無廟也，故諸侯不敢祖天子。

同樣，諸侯的旁支庶子受封為大夫，若非有大功德，亦「不敢祖
諸侯」[118]，是以《儀禮》卷三二〈喪服‧大功‧傳〉：

> 諸侯之子稱公子，公子不得禰先君；公子之子稱公孫，公
> 孫不得祖諸侯。

鄭《注》：

> 不得禰、不得祖者，不得立其廟而祭之也。

116　《左傳》，卷十八〈文公二年〉，頁303，及孔《疏》。
117　《左傳》，卷三一〈襄公十二年〉，頁548，及杜《注》、卷四八〈昭
　　　公十八年〉，頁841，及杜《注》。
118　《禮記》，卷二五〈郊特牲〉，頁488，孔《疏》。至於孔氏所引許慎
　　　《五經異義》說：「諸侯有德祖天子者，知大夫亦得祖諸侯」，則是就
　　　特例而言。既然如此，常態乃大夫不得祖諸侯。

賈《疏》：

> 以其廟已在適子為君者立之，旁支庶不得並立廟。

不過，這是平常情況下的規範。若有特殊情況，宗子無法祭祀，只要取得宗子的認可，旁支庶子亦可代為攝事[119]。

根據戰國楚墓出土的楚簡，新蔡葛陵一號楚墓之墓主平夜君成，乃楚國第二代的平夜君，就曾祭禱可能是其祖父的楚昭王、曾祖父楚平王，甚至也曾祭禱可能與其父同輩的楚惠王[120]。包山二號楚墓之墓主昭㐌，官至楚國左尹[121]，其曾祖父郚公子春，可能即是新蔡葛陵平夜君成的支庶兄弟，都是文平夜君的兒子，昭㐌亦曾祭禱可能是其高祖之父的楚昭王，甚至也曾祭禱可能與其高祖父文平夜君同輩的楚惠王[122]。望山一號楚墓悼固，乃楚國公

---

[119] 《禮記》，卷五〈曲禮〉，頁 98：「支子不祭，祭必告于宗子」，孔《疏》：「若宗子有疾，不堪當祭，則庶子代攝，可也，猶宜告宗子，然後祭」、卷十九〈曾子問〉，頁 273，孔子曰：「若宗子有罪，居于他國，庶子為大夫，其祭也」、同卷〈曾子問〉，頁 281，「曾子問曰：『宗子去在他國，庶子無爵而居者，可以祭乎？』孔子曰：『祭哉！』」也因為如此，楚國，昭王的庶兄弟子期，受命代替宗子昭王祭祀其父平王後，必須親自送祭祀福肉至宗子家。詳參《國語集解》，卷十八〈楚語下〉，頁 516。

[120] 陳偉等：《楚地出土戰國簡冊（十四種）‧葛陵 1 號墓簡冊》，頁 400、402-403、412、414、416。

[121] 何浩：〈文坪夜君的身分與昭氏世系〉，頁 69。

[122] 吳郁芳：〈包山二號墓墓主昭佗家譜考〉，《江漢論壇》第 11 期（1992 年 11 月），頁 62-63、陳偉等：《楚地出土戰國簡冊（十四種）‧包山 2 號墓簡冊》，頁 93、95。

族，祖父東宅公可能是楚悼王之子[123]，恩固也曾祭禱可能是其曾
祖父的楚悼王，以及可能是其高祖父的楚聲王、高祖之父的楚簡
王[124]。如今雖然無法確定：平夜君成、昭佗是否皆立楚昭王之
廟；恩固是否立楚悼王之廟，或者在祭祀禮制方面，楚國與諸夏
有別。但可以肯定的是：當時諸侯的支庶子孫，不論是否有封
爵，都曾祭祀所出之先君。但話說回來，可以祭祀與可以立廟，
終究還是兩回事。

　　《禮記》卷二五〈郊特牲〉說：

　　　　天子微，諸侯僭；大夫強，諸侯脅，於此相貴以等。……
　　　　而公廟之設於私家，非禮也，由三桓始也。

從「始也」的措辭來看，在魯莊公之前，尚未有「公廟之設於私
家」，大夫並立所出之先君廟。三桓並立桓公廟，被禮家視為周
室衰微，禮壞樂崩的結果。依此類推：在此之前，也沒有諸侯的
同姓兄弟出封後，追立所生父之禰廟。至戰國，齊威王封其少子
田嬰於薛[125]，從齊宣王聽到田嬰「豈可以先王之廟予楚乎」之
語，其「太息」且「動於顏色」[126]，可知：齊國最高當局確實曾

---

[123] 朱德熙：〈從望山一號墓楚簡文看恩固的身份和時代〉，收錄於湖北省
　　　文物考古研究所、北京大學中文系編：《望山楚簡》，頁 136。

[124] 陳偉等：《楚地出土戰國簡冊（十四種）・望山 1 號墓簡冊》，頁
　　　274-275。

[125] 《史記》，卷七五〈孟嘗君列傳〉，頁 994，司馬貞《索隱》：「《紀
　　　年》以為梁惠王後元十三年四月，齊威王封田嬰于薛，十月，齊城薛；
　　　十四年，薛子嬰來朝；十五年，齊威王薨。」

[126] 《呂氏春秋校釋》，卷九〈季秋紀・知士〉，頁 491、496：「威王

准許田嬰於封地，立其父威王的廟。薛之於齊，猶附庸，但又確

薨，宣王立……靜郭君曰：『受薛於先王，雖惡於後王，吾獨謂先王何
乎？且先王之廟在薛，吾豈可以先王之廟予楚乎？』……宣王太息，動
於顏色……靜郭君來，衣威王之服，冠其冠，帶其劍。宣王自迎靜郭君
於於郊，望之而泣。」「威王薨，宣王立」乃高誘《注》本，高誘認
為：「先王，威王也。」同一段故事，范祥雍：《戰國策箋證》（上
海：上海古籍出版社，2006 年），卷八〈齊一・靖（靜）郭君善齊
（劑）貌辨〉，頁 497-498、502-503，鮑彪《戰國策注》本據《史
記》、《竹書紀年》，改為「宣王薨，湣王立」，並謂「受於先王，蓋
宣王有旨封之」，意思就是說：田嬰受宣王榮寵，在封地立所出之父
廟。梁玉繩、陳奇猷以為是，吳師道、范祥雍以為否，兩家說解不同，
主要癥結在於田嬰封於薛，是在威王，還是在湣王之時。不論如何，可
以肯定的是：田嬰之時，薛地已有威王廟了。另《呂氏春秋校釋》，卷
十五〈慎大覽・報更〉，頁 894-895、903：「孟嘗君前在於薛，荊人
攻之。……（淳于髡）對曰：『薛不量其力，而為先王立清廟，荊固而
攻薛，薛清廟必危，故曰薛不量其力，而荊亦甚固。』齊王知顏色，
曰：『嘻！先君之廟在焉。』疾舉兵救之，由是薛遂全。」高誘
《注》：「齊王，宣王也。」同篇文章，鮑彪《戰國策注》本以齊王為
湣王，陳奇猷從之。《戰國策箋證》，卷八〈齊四・孟嘗君在薛〉，頁
595，以高誘《注》為是，且認為：「此清廟當為田嬰所立，非孟嘗君
所立之也。」范祥雍之所以如此認為，乃因《戰國策箋證》卷八〈齊
四・齊人有馮諼者〉，頁 621-622、627：「齊王謂孟嘗君曰：『寡人
不敢以先王之臣為臣。』孟嘗君就國於薛，……馮諼誡孟嘗君曰：『願
請先王之祭器，立宗廟於薛。』廟成……。」《箋證》：「先王謂宣
王」，「今所請立，為宣王之廟」。竊以為高誘、范氏所說為是。假如
按照《史記》，卷七五〈孟嘗君列傳〉，頁 944，司馬貞《索隱》的說
法，以田嬰為「諸田之別子」，孟嘗君與宣王的親屬血緣關係更遠了，
按理且按禮，孟嘗君都不可能立宣王廟，但由於薛地曾因有威王廟而獲
得齊王派兵相助的前車之鑑，為了使薛地更無後顧之憂，孟嘗君趁著湣
王想攏絡他時，藉機要求湣王賜齊先王祭器，並於威王廟之外，在薛地
另立一座宣王廟，促使禍福與共的關係更加緊密。

實是一國[127]，所以才會有「齊襄王立，而孟嘗君中立於諸侯，無所屬」[128]的情況出現。按照《禮記》卷四〈曲禮下〉所說：

> 君子將營宮室，宗廟為先……居室為後。凡家造，祭器為先……養器為後。

田嬰受封的薛地有田氏先王宗廟，似乎是理所當然的事。這也可能是當時已僭越成俗，諸侯之子為封君，皆立了所出之先王廟。

惠帝庶兄劉肥於高祖六年（201B.C.）受封為齊王[129]，而惠帝之諸弟：劉如意於高祖九年（198B.C.）受封為趙王[130]，劉恆、劉恢、劉友、劉長等人，同時於高祖十一年（196B.C.）分別受封為代王、梁王、淮陽王、淮南王，劉建則於高祖十二年（195B.C.）受封為燕王。高祖十二年（195B.C.）崩，惠帝繼位，「令郡國諸侯各立高祖廟，以歲時祠」[131]。按此，齊、趙、代、梁、淮陽、淮南、燕等諸侯國內應該都有高祖廟。漢初，或

---

[127] 《說苑校證》，卷十二〈奉使〉，頁 296，記載：魏文侯滅中山之後，「封太子擊於中山」，擊遣趙倉唐使魏朝貢。文侯問：「擊無恙乎？」倉唐不對，理由是：既「出太子而封之國」，擊即為「諸侯」，在他這個作臣子的面前「名之」，乃「失禮」的行徑，以致文侯接著都以「子之君」稱呼自己的兒子，而倉唐自始至終都僅稱臣，而不稱陪臣。此事堪為佐證。

[128] 《史記》，卷七五〈孟嘗君列傳〉，頁 947。

[129] 《史記》，卷八〈高祖本紀〉，頁 176、178。

[130] 《史記》，卷十七〈漢興以來諸侯王年表〉，頁 329。

[131] 以上引述俱見《史記》，卷八〈高祖本紀〉，頁 179。

以祖宗之德，顯耀於四方[132]，或因將皇帝神化的造神運動[133]，於郡、國廣立天子廟。然而這畢竟是爲了因應當時特殊時代背景所衍生出來的政策，當王朝逐漸邁入一人獨霸天下的皇權專制，以及儒學發展日趨興盛，就很難再看到天子的旁親諸庶兄弟，出封爲諸侯後，在其國內立所出先王的宗廟。是以西晉孫毓有「諸侯不得祖天子，當以始封之君爲太祖」之說[134]；西晉景獻羊皇后入廟，關於齊王攸如何制服的議論，賈充也曾以「禮，諸侯不得祖天子，公子不得禰先君」[135]作爲佐證；劉宋庾蔚之議論殤逝的東平沖王祔祭之禮時，亦認爲當按「諸王不得祖天子」之例[136]，可知：六朝禮家已逐漸按照儒學的規範來制禮。

天子爲天下之大宗，不論同姓或異姓諸侯，都還是得赴京參與天子舉行的先帝祭祀，所以漢武帝時，才會屢屢出現諸侯助祭的酎金不合規定，被罷免的情形[137]，漢平帝元始五年（5）正月「祫祭明堂」時，「諸侯王二十八人、列侯百二十人、宗室子九百餘人，徵助祭」[138]，漢明帝永平二年（59）「宗祀光武皇帝于明堂」時，「羣僚藩輔，宗室子孫」也「咸來助祭」[139]。從西晉

132　《魏書》，卷十八〈太武五王列傳〉，頁 217，莊帝詔稱：「漢郡國立廟者，欲尊高祖之德，使饗遍天下。」

133　雷海宗：〈中國的元首〉，《中國的文化與中國的兵》，頁 88-95。

134　《通典》，卷四八〈禮八・沿革八・吉禮七・諸侯大夫士宗廟〉，頁1342，自注引。

135　《晉書》，卷四十〈賈充傳〉，頁 811。

136　《宋書》，卷十七〈禮志四〉，頁 241。

137　《漢書》，卷六〈武帝紀・元鼎五年〉，頁 94。

138　《漢書》，卷十二〈平帝紀・元始五年〉，頁 144。

139　《後漢書》，卷二〈孝明帝紀・永平二年〉，頁 66-67。

孫毓、段暢等人議論諸王、公城國、宮室、服章、車旗等制度，曾提到諸王、公助祭時的服制[140]，以及西晉謝沈也曾說「五廟同時，助祭者多」[141]，北魏朝議天子宗廟時，亦討論過道武帝旁支庶曾孫可否預列於廟庭[142]，可知：兩漢、六朝天子宗廟祭祀，諸侯王來京助祭，蓋已成共識。

不僅天子宗廟如此，從東漢崔寔的《四民月令》：

> 正月之朔，是謂正月，躬率妻孥，絜祀祖、禰。及祀
> 日，進酒降神畢，乃室家尊卑，無大無小，以次列于先
> 祖之前，子婦曾孫，各上椒酒於家長，稱觴舉壽，欣欣如
> 也[143]。

以及東晉殷仲堪問禮於庾叡時，曾提到「依禮，祭皆於宗子之家，支子每往助祭耳」[144]；賀循所撰著的《祭儀》登載士、大夫祭祖時，主人之兄弟的獻、酬之禮[145]，可知：六朝天子以下的階層，也有小宗助祭大宗之家，庶子助祭於本宗之事。這些現象都

---

[140] 《通典》，卷七一〈禮三十一·沿革三十一·嘉禮十六·諸王公城國宮室服章車旗議〉，頁 1958。

[141] 《通典》，卷四八〈禮八·沿革八·吉禮七·諸侯大夫宗廟庶人祭寢附〉，頁 1340。

[142] 詳參《魏書》，卷一百八之二〈禮志四之二〉，頁 1324-1325。

[143] 《太平御覽》，卷二九〈時序部十四·元日〉，頁 267。

[144] 《通典》，卷五二〈禮十二·沿革十二·吉禮十一·未立廟祭議〉，頁 1445。

[145] 《通典》，卷四八〈禮八·沿革八·吉禮七·諸侯大夫士宗廟〉，頁 1341。

顯示了西漢以降，縱使「江左不諱庶孽」[146]，但宗子尊、支庶卑，仍是社會通識。

（二）嫡傳子與支庶子同尊

同出一系的諸侯王是否可以各立父廟，既有的文獻全然無這方面的記載。唯按《禮記》卷四十〈雜記上〉：

> 大夫之庶子為大夫，則為其父母服大夫服，其位與未為大夫者齒。

庶子雖與父同尊為大夫，父亡，在兄弟行中，其喪位當降殺，以示「不可不宗適」。從鄭《注》「雖庶子，得服其服，尙德也」[147]的口氣，庶子非是大夫，似乎連斬衰著服於身的資格都沒有。《禮記》卷三二〈喪服小記〉：

> 庶子不祭祖者，明其宗也……庶子不祭禰者，明其宗也。

特別標舉「祖」、「禰」，有別於〈大傳〉泛說：「庶子不祭」，按照後世注、疏家的解釋，乃是為了強調：若嫡、庶二子社會地位相當，俱為適士或下士，庶子縱使與嫡子同爵，也不能立所出祖之廟[148]。若以此類推，諸侯若有嫡、庶二子同為諸侯，

146　王利器：《顏氏家訓集解（增補本）》（北京：中華書局，2002年），卷一〈後娶〉，頁34。

147　《禮記》，卷四十〈雜記上〉，頁713，鄭《注》。

148　《禮記》，卷三二〈喪服小記〉，頁592，鄭《注》、孔《疏》、卷三四〈大傳〉，頁620，鄭《注》。

自然也是按照《儀禮》的〈喪服‧傳〉所說「公子不得禰先君」。東晉虞喜甚至依此補充，縱使「公子為諸侯」，亦「不立禰廟」，乃因「禰已有廟，無為重設」[149]。

若按古公亶父之子太伯君吳，無子，立其弟仲雍，仲雍子季簡、孫叔達、曾孫周章相繼承襲其位，周武王克商後，不僅就地將周章的地位合法化，同時也封其弟虞仲於「周之北、故夏虛」，「列為諸侯」[150]。虞仲是否曾於其國內立禰廟，虢仲、虢叔乃「王季之子，文王之母弟也」，「為文王卿士，勳在王室，藏於盟府」[151]，《國語》卷十〈晉語四〉又說：文王「孝友二虢」，可見：二人都應該受封為諸侯。既稱「母弟」，可見：虢仲、虢叔不是庶出。在這兩位支子的封國內是否都有王季之廟，《世本》曾記載：邾[152]國國君顏[153]曾「封小子肥於郳，為小邾

---

[149] 詳參《通典》，卷五一〈禮十一‧沿革十一‧吉禮十‧兄弟俱封各得立禰廟議〉，頁 1429。

[150] 《史記》，卷三一〈吳太伯世家〉，頁 572。

[151] 《左傳》，卷十二〈僖公五年〉，頁 207-208，杜《注》、孔《疏》所引賈逵說。

[152] 邾即邾婁，也就是習知的鄒。《左傳》，卷二〈隱公元年〉，頁 31，杜《注》：「邾，今魯國鄒縣也。」趙岐：〈《孟子》題辭〉，《孟子》，頁 4：「鄒本春秋邾子之國，至孟子時，改曰鄒矣」；《史記》，卷七四〈孟子荀卿列傳〉，頁 939，司馬貞《索隱》：「鄒，魯地名，又云邾，邾人遷鄒故也。」按：二說蓋皆非是。《說文解字注》，卷六下〈邑部〉，頁 293，段玉裁已辨明「邾婁之合聲為鄒」，但並非如段氏所說乃「夷語」，因為目前出土的邾國或小邾國的銅器，如〈邾君鐘〉（《集成》00050）、〈邾公鈰鐘〉（《集成》00102）、〈邾公牼鐘〉（《集成》00149）、〈邾友父鬲〉（《集成》00717）、〈邾訧鼎〉（《集成》02426）等銘文內容都自稱「黿」；趙友文主

子」[154]，所以《公羊傳》卷六〈莊公五年〉說：「倪者何？小邾
婁也。」從襄公二年（571B.C.）城虎牢、襄公九年（564B.C.）
戲之盟、襄公十年（563B.C.）柤之會[155]等處的《春秋》經文，
都以「邾子」、「小邾子」與其它諸侯並列，小邾應當已獲王命
為諸侯，不僅是附庸了，則小邾是否立有其所出先君的宗廟，史
闕有間，率不得而知[156]。

漢、魏時期，諸侯王的嫡、庶之子，俱封為王的情況更是常
見，原因不出兩種：一者，當權者的統治權受到宗室藩王的牽制

編：《小邾國遺珍》（北京：中國文史出版社，2006 年），頁 30、
38、67，稱鄒，乃聲音通假的結果，如同黎之稱者、燕之稱郾。稱邾
婁，《公羊傳》，卷一〈隱公元年〉，頁 11，《釋文》：「邾人語聲
後曰婁，故曰邾婁。」

[153] 他應該即是《公羊傳》，卷二四〈昭公三十一年〉，頁 307，所說的
「邾婁顏」。何休《解詁》將「顏」視為諡號，蓋非是。

[154] 《左傳》，卷八〈莊公五年〉，頁 140，孔《疏》所引。目前該國出土
的銅器：〈倪慶匜鼎〉、〈倪慶鬲〉作「兒」，見《小邾國遺珍》，頁
41、61、69。

[155] 《左傳》，卷二九〈襄公二年〉，頁 498、卷三十〈襄公九年〉，頁
522、卷三一〈莊公十年〉，頁 537。

[156] 西周早期的〈周公鼎〉：「周公乍（作）文王障彝」（《集成》
02268）；西周早期的〈柞伯簋〉：「王則昇柞白（伯）赤金十反
（鈑），徦（遂）易（賜）祝（祝）虎，柞白（伯）用乍（作）周公寶
尊彝」（NA0076），王龍正、姜濤、袁俊杰等：〈新發現的柞伯簋及
其銘文考釋〉，《文物》第 9 期（1998 年），頁 54，「柞」，即《左
傳》，卷十五〈僖公二十四年〉，頁 255，所言「周公之胤」的
「胙」。然而前者究竟是直接用在京畿內周這個采邑內的文王廟，還是
用在王室的太廟的祭典中；後者究竟是直接用在其國境內的周公廟中，
祭祀周公，還是用在周公嫡裔周公廟中，作為助祭之用，均不得而詳。

或壓迫，為了鞏固皇統，因而假借推恩的名義，盡封藩王諸子，以分割藩國封地，削弱其勢力，例如：西漢的齊悼惠王、淮南厲王、趙幽王、梁孝王、常山憲王；東漢的東平憲王、清河孝王等人，皆有嫡、庶之子俱封為王[157]。另者，乃是諸侯王的庶子出繼給其他無子傳國的諸侯，承襲其封爵，例如：東漢光武帝長兄劉

---

[157] 漢高祖長子劉肥，除了劉襄、劉將閭先後承襲劉肥王爵為齊王，漢文帝二年（178B.C.）先是封劉章為城陽王、劉興居為濟北王，文帝十六年（164B.C.）為了鞏固皇權，採納賈誼「眾建諸侯而少其力」的建議，盡封劉肥諸子為諸侯王，以割裂齊地，是以劉辟光受封為濟南王、劉志受封為濟北王、劉卬受封為膠西王、劉雄渠受封為膠東王、劉賢受封為菑川王。淮南厲王劉長諸子，除了劉安承襲淮南王爵，其餘諸子劉賜受封為廬江王、劉勃受封為衡山王。趙幽王劉友長子劉遂，亦於漢文帝二年（178B.C.）立為趙王，其弟劉辟疆因功而受封為河間王。眾所周知，梁孝王劉武因為竇太后曾希望以他為皇嗣，因而遭忌，是以梁孝王薨，除了長子劉買承襲梁王爵，景帝中六年（144B.C.）盡封梁孝王諸子，以割裂梁地，是以劉明受封為濟川王、劉彭離受封為濟東王、劉定受封為山陽王、劉不識受封為濟陰王。漢武帝同樣為了使「藩國自析」，元鼎三年（114B.C.）盡封常山憲王劉舜諸子為諸侯王，是以除了劉勃承襲常山王爵，劉平受封為真定王、劉商受封為泗水王。東漢東平憲王劉蒼之子劉忠襲東平王爵後，章帝元和元年（84）「分東平國封忠弟尚為任城王」。東漢安帝之父清河孝王劉慶，永初元年（107）薨，其子劉虎威襲清河王爵，鄧太后「分清河為二國，封慶少子常保為廣川王」。以上敘述依序分見《漢書》，卷四八〈賈誼傳〉，頁1070、《史記》，卷十〈孝文本紀‧二年〉，頁195、卷五二〈齊悼惠王世家〉，頁79、卷一一八〈淮南厲王傳〉，頁1256、卷十一〈孝景本紀‧中六年〉，頁206、卷五八〈梁孝王世家〉，頁835、卷五九〈五宗世家〉，頁824、《後漢書》，卷三〈孝章帝紀‧元和元年〉，頁80、卷四二〈東平憲王蒼傳〉，頁516、卷五五〈清河孝王慶傳〉，頁643。

縯庶子劉興，初封爲魯王，後來出嗣光武帝次兄劉仲後；安樂夷王庶子劉得，詔奉爲平原王，後來出嗣平原懷王劉勝後；劉延平爲清河王，後來出嗣清河湣王劉虎威後；河閒孝王三個庶子、河閒貞王劉建庶子、河閒安王劉利庶子、安平孝王劉得庶子等人[158]；曹魏任城王曹楷庶子、沛穆王曹林庶子、樂陵王曹茂庶子等人[159]，皆因爲人後而封王。既然是爲人後，當然不能再以本生父

[158] 東漢光武帝建武二年（26）封長兄劉縯長子劉章爲太原王，其弟劉興爲魯王，嗣光武帝次兄劉仲之後。安帝之父清河孝王劉慶，永初元年（107）薨，其子劉虎威襲清河王爵，鄧太后「分清河爲二國，封慶少子常保爲廣川王」。樂安夷王劉寵薨後，漢質帝之父劉鴻襲爵，鄧太后以劉寵之子劉得奉平原懷王劉勝之後，襲封平原王爵；清河湣王劉虎威薨，無子，鄧太后又以劉寵之子劉延平爲清河王。河閒孝王劉開除了劉政襲父爵，鄧太后立其弟劉翼爲平原王以奉平原懷王之嗣。安帝延光元年（122），以河間孝王子劉得嗣樂成靖王後。桓帝立劉博爲任城王以奉任城孝王之嗣。河閒惠王劉政薨，其子河閒貞王劉建襲爵，劉建薨，其子河閒安王劉利襲爵，靈帝時，復立劉利兄弟劉佗爲任城王，以奉任城孝王後；劉利薨，其子劉陔襲爵，然而在此之前，靈帝已封劉陔的兄弟劉康爲濟南王，以奉其父劉萇（孝仁皇）之祀。安平孝王劉得於桓帝元嘉元年（151）薨，子劉續襲爵，然而在此之前，梁太后於桓帝建和二年（148）已經先立劉續兄弟劉理爲甘陵王，以奉安帝之父清河孝王慶之祀。以上敘述依序分見《後漢書》，卷十四〈齊武王縯傳〉，頁208、卷五五〈千乘貞王伉傳〉，頁641、同卷〈清河孝王慶傳〉，頁643、同卷〈河閒孝王開傳〉，頁644、同卷〈平原懷王勝傳〉，頁645、卷七〈孝桓帝紀・延熹四年〉，頁128、卷八〈孝靈帝紀・熹平三年〉，頁136、卷五十〈樂成靖王黨傳〉，頁600。

[159] 曹魏任城王曹楷庶子曹溫，出繼爲邯鄲懷王曹邕之後、曹悌出繼爲元城哀王曹禮之後；沛穆王曹林庶子曹贊與曹壹，先後出繼爲濟陽懷王曹玹之後；琅邪王曹敏庶子曹贊，出繼爲北海悼王曹蕤之後；樂陵王曹茂庶子曹竦，出繼爲相殤王曹鑠之後。詳見《三國志》，卷二十〈武文世王

爲親，所以不會有同出一房的諸侯王是否各立父廟的困擾。

　　西晉的情況就不一樣了。司馬懿的次弟，也就是武帝叔公的司馬孚，於晉武帝踐阼後，受封爲安平獻王。司馬孚有九子，除了嫡長子司馬邕，以及在曹魏時就已經過世的司馬翼，其他庶子七人，晉武帝盡封爲諸侯王。不同於漢、魏時期的情況是安平獻王的諸庶子唯有司馬望是「出繼伯父朗」[160]，其他既非爲人後，亦非在其父司馬孚過世後，以諸庶子分割安平國土[161]。因此，晉武帝才會指出：假如兄弟俱封爲諸侯，其他支庶子「皆得立廟祭禰」，安平獻王亡故後，除了爲人之後的司馬望義陽國境內無安平獻王廟，安平獻王廟遍佈其他六國，將來安平獻王廟在本國因是宗廟太祖的身分，不會被毀，在諸庶子的國內，卻會隨著親盡而遷毀。由於晉武帝這番剖析，使得當時也連帶討論父、子，以及嫡、庶同尊的情況。最後，西晉朝廷上下一致認爲：「祭歸嫡子。」

　　問題還沒解決。若庶子出封爲諸侯後，按禮不可隨意越境的限制，其當然也就不能再以小宗的身分助祭於宗子之家，這豈不是叫那些出封諸侯的庶子，一輩子都不要祭祀自己的所生父，庾蔚之以之頗悖乎人情，因而主張應該各自祭享。但這卻是以私情干擾公制的評議[162]。

公列傳〉，頁 519、523、526、527。

[160]　《晉書》，卷三七〈安平獻王孚傳附子義陽成王傳〉，頁 762。

[161]　《晉書》，卷三七〈安平獻王孚傳〉，頁 759：司馬輔初封爲渤海王、司馬晃受封下邳王、司馬瓌受封爲太原王、司馬珪受封爲高陽王、司馬衡受封爲常山王、司馬景受封爲沛王。

[162]　以上引述見《通典》，卷五一〈禮十一・沿革十一・吉禮十・兄弟俱封

（三）父卑子尊

《禮記》卷三二〈喪服小記〉：

> 父為士，子為天子、諸侯，則祭以天子、諸侯。

卷五二〈中庸〉：

> 周公成文、武之德，追王大王、王季，上祀先公以天子之
> 禮。斯禮也，達乎諸侯、大夫，及士、庶人。父為士，子
> 為大夫，葬以士，祭以大夫。

該例證似乎成為後世鴻儒說明主祭者的身分地位，若比受祭者的
身分還要尊貴時，祭祀時應該按照主祭者身分制禮，所謂「用生
者之祿」[163]以祭祀的依據。

　　然而對於六朝人而言，〈中庸〉的「上祀先公以天子之
禮」，還是有欠明晰。好比：當某個士階級之人，得天之幸而躍
升為九五之尊，追立備廟，雖不需涉及太祖廟，但還是如何處理
他原本廟裡頭的先祖牌位，處理方式是入天子宗廟，還是另立它
廟，或由同是士階級的支子承嗣。依此類推，當某個士階級之人
的後代子孫封爵比士還高時，同樣也會觸及這問題，是以東晉
時，就有王氏子孫問到，祖父是特進、衛將軍海陵亭恭侯，曾祖
父卻只是侍御史，曾祖父可「得入特進、恭侯廟不」？謝沈回

　　各得立禰廟議〉，頁 1429-1430。
[163]　《禮記》，卷五二〈中庸〉，頁 886，鄭《注》。

答：

> 父為士，子為諸侯，尸以士服，祭以諸侯之禮。御史雖為
> 士，應自入恭侯廟也[164]。

顯然認為若因父、子身分地位不對等，就將身分較卑微的父祖，排除在地位比較高的子孫廟室之外，乃陷子於以己之尊而降其親之失。不過，父為士，後代子孫封爵比士還高時，情況還是比較單純，一如前節所說，因士無太祖廟，不會有原本宗廟裡的太祖廟，如何安置的問題。

實際上，父卑子尊的情況相當平常，各朝各代都有案例可循[165]，之所以至晉代才討論這議題，一如本文一再強調的，因這時候才開始真正的落實禮文中的制度。但令晉人所糾結的是：嫡、庶二子同為始封諸侯，是否可以同時追立身分地位不如自己的父廟。

西晉武帝受禪之際，尚未預設「非皇子不得為王」[166]，是以廣封同姓宗親為王。司馬懿之弟魏中郎司馬進之嫡子遜因此受封為譙王。同為晉武帝堂叔伯，司馬遜之弟的司馬睦也受封為中山王。譙王司馬遜雖是天子的同姓宗親，卻非旁親平輩或直屬晚

---

[164] 以上引文俱見《通典》，卷四八〈禮八‧沿革八‧吉禮七‧諸侯大夫宗廟庶人祭寢附〉，頁 1342。

[165] 如前文〈立廟議〉所列舉的周勃、樊噲、灌嬰等起於微賤的西漢開國功臣，同樣會有父卑子尊的問題，只是那時儒學根本還沒得勢，問題尚未浮現出來。

[166] 《晉書》，卷二四〈職官志〉，頁 552。

輩,而是天子旁親長輩,所以不產生支弟、支子祭祀天子之父、祖的問題,又因要有別於司馬炎這大宗,所以也不能與天子一樣,祭祀京兆以上四府君,故其國內宗廟,僅止祭於禰。然而因《左傳》卷十七〈僖公三十一年〉:

> 杞、鄫何事?相之不享於此(從杜《注》「帝丘」,可知:「此」指的是衛國),久矣。

中山王司馬睦不曾考慮杞、鄫兩國祭夏后相到底是常祭,或是因事而禱祭,他為了達成自己的願望,執意的將「相之不享於此,久矣」理解為:杞、鄫兩國本應同祀夏后相。他又引《左傳》卷十九上〈文公五年〉:

> 冬,楚子燮滅蓼。臧文公聞六與蓼滅,曰:「皋陶、庭堅[167]不祀忽諸……」。

以為六、蓼兩國,都立了皋陶的廟。司馬睦據此上表乞求仿效,讓他也能於中山國內立其父司馬進的廟。

---

[167] 《史記》,卷四十〈楚世家〉,頁 672:「六、蓼,皋陶之後」、《左傳》,卷十九〈文公五年〉,頁 311,杜預《注》:「蓼與六皆皋陶後也」、卷二十〈文公十八年〉,頁 353,杜預《注》:「庭堅即皋陶字」。按楊伯峻:《春秋左傳注》(臺北:復文圖書出版社,1991年),〈文公五年〉,頁 540,駁杜《注》之說,以為:根據傳文的登載,皋陶、庭堅當為二人,如同崔述《夏考信錄》之疑,以及雷學淇《世本校輯》之說,是以皋陶是六的始祖;庭堅是蓼的始祖。

禰廟本來就應該在大宗嫡子之家，如同劉熹所說「嫡統承重，一人得立耳」，今庶子乞求另立禰廟，純屬以私情干擾公制，本來就不可立。然而當時主流意見大多以「父非諸侯」，身為諸侯的嫡、庶二子可以同時立禰廟。

然而從虞喜以「譙王雖承父統，禰廟亦在應毀之例，不得長立」的主張，可推知：司馬進不論在譙國，或中山國內，都不是宗廟裡頭百世不遷毀的太祖，如此，縱使司馬進的嫡、庶二子皆立父廟，兩人國內的司馬進廟遲早得遷毀。以此類推：若本來是始封大夫的身分，而為大夫廟裡頭百世不遷毀的太祖，結果因嫡、庶子嗣皆貴重於己，日後反而要被遷毀，於情難安。正因有此連帶性的不宜後果，虞喜、徐禪、庾蔚之等人才會異口同聲地緊接著論及宗子卑，庶子尊，是否奪宗的問題[168]。

（四）奪宗議

《禮記》卷十九〈曾子問〉：

> 曾子問曰：「宗子為士，庶子為大夫，其祭也如之何？」
> 孔子曰：「以上牲祭於宗子之家」。

宗子卑，庶子尊，恐怕反映了當時社會結構發生劇烈變化，以往根據嫡庶、尊卑分封的宗法繼承制度已出現罅隙。孔子的回答乃是站在維護宗法結構的立場，亦如同《禮記》卷二七〈內則〉所言：

---

[168] 以上引述詳參《通典》，卷五一〈禮十一・沿革十一・吉禮十・兄弟俱封各得立禰廟議〉，頁 1428-1430。

適子、庶子祇事宗子、宗婦，雖貴富，不敢以貴富入宗子
之家。……若非所獻，則不敢以入於宗子之門，不敢以貴
富加於父兄宗族，若富，則具二牲，獻其賢者於宗子，夫
婦皆齊而宗敬焉，終事而后敢私祭。

如果按照戰國、兩漢儒生的說法，大夫爵位不應世襲[169]，是以
《公羊傳》「譏世卿」[170]。既不世襲，縱使庶子爲大夫，也就沒
有奪宗的問題[171]。

　　虞喜對於假使是宗子爲士、大夫，庶子爲諸侯的情況，受封
爲諸侯的庶子反而因爲諸侯身分，而必須按照漢人所認爲的「諸
侯世世傳子孫，故奪宗」[172]，不以爲然。主要是因爲虞喜接續鄭
玄的說法，認爲：大夫宗廟中有「百代不遷」之太祖。假使「大
夫之後有庶統爲諸侯者」，因位尊而「奪宗」，這會使「大夫太
祖爲廢其祀」。他認爲最理想的安排是讓身爲大夫的宗子，與身
爲諸侯的庶子，並祭禰廟，爾後，由於其父於本宗是太祖身分，
因而日後其廟雖然會於其受封爲諸侯的庶子之諸侯國內遷毀，但

---

[169] 《白虎通疏證》，卷八〈宗族〉，頁 397：「大夫不傳子孫，故不奪宗
也」、《公羊傳》，卷八〈莊公二十四年〉，頁 101，何休《解詁》：
「天子、諸侯世以三牲養，禮有代宗之義，大夫不世，不得專宗」、
《禮記》，卷十一〈王制〉，頁 221，孔《疏》稱引古《春秋左氏》
說：「卿大夫得世祿，不世位，父爲大夫，死，子得食其故采地，如有
賢才，則復父故位。」

[170] 《公羊傳》，卷二〈隱公三年〉，頁 27。

[171] 《朱子語類》，卷八七〈禮四・小戴禮・大傳〉，頁 2249，宋人同樣
主張：「大夫不可奪宗」。

[172] 《白虎通疏證》，卷八〈宗族〉，頁 397。

在本宗內仍不毀。

庾蔚之撮合虞喜與徐禪引用的案例[173]，以為奪宗的意義不在世襲與不世襲這方面，而是喪服制度中所提的「尊降」問題，他說：

> 大夫、士，尊不相絕，故必宗嫡而立宗，承別子之嫡謂之宗子，收族合食、糾正一宗者也。

然而假使是宗子為大夫，庶子為諸侯，因「諸侯以尊絕大夫」，是以「不得以太牢祭卿大夫之家」，故「奪宗」。他並且從《經》文沒有諸侯為宗主服喪的登載，推論：所謂「諸侯奪宗」，並非指其父僅在身為諸侯的庶子之國立廟受祭，如徐禪所說的「替宗」，而是庶子躍居尊位，因此不再以身為大夫的嫡子為宗主，另外自立一宗，爾後，其父既在本家，又在始封諸侯國中受祭，這才是「諸侯奪宗」的本意[174]。

「諸侯奪宗」本來就是針對大夫家，若有庶子為始封諸侯，以其位尊，而「奪其舊為宗子之事」[175]，庾蔚之的解釋看似面面俱到，其實是弄不清楚問題焦點的問答。首先，他舉的兩個案

---

[173] 《通典》，卷五一〈禮十一‧沿革十一‧吉禮十‧兄弟俱封各得立禰廟議〉，頁 1429-1430，徐禪說：「愚等謂尊祖敬宗，禮之所同。若列國秩同，則祭歸嫡子，所以明宗也；嫡輕庶重，禮有兼享，所以致孝也。……昔周公有王功，魯立文王之廟，鄭有平王東遷之勳，特令祖屬，是為榮之，非計享之祭在於周室，魯、鄭豈得過之哉！」

[174] 以上引述俱見《通典》，卷五一〈禮十一‧沿革十一‧吉禮十‧兄弟俱封各得立禰廟議〉，頁 1428-1430。

[175] 《漢書》，卷六七〈梅福傳〉，頁 1320，王先謙《集解》引如淳曰。

例，所謂「疑神不兩享，舉魯、鄭，祭文祖屬，足以塞矣」[176]，皆是父尊子卑，然而譙剛王兄弟，卻是父卑子尊。再者，不論是兄弟俱封為諸侯俱立父廟之議，或是奪宗之疑，重點都不是一位死者能否並享，而是如何安排宗廟統緒。況且，如前文所言，「魯、鄭，祭文、祖屬」都是特例，徐禪、庾蔚之以特例來治常禮，似乎有點說不過去。

第三節　從血祭到蔬供

根據原始巫術思維：「血中具有強大的精氣。」以精氣型態存在的鬼神，血中的精氣是祂們最渴望的美食[177]。從後世一再強調「血食」[178]，顯示：縱使在人文成分已相當高的社會，祭祀活

176　《通典》，卷五一〈禮十一‧沿革十一‧吉禮十‧兄弟俱封各得立禰廟議〉，頁1430。

177　詳參陳麒仰：《與巫術相關之周代部分禮俗探賾》，第三章，第三節，頁53-55。

178　《史記》，卷七八〈春申君列傳〉，頁963：「鬼神孤傷，無所血食」、《後漢書》，卷六三〈李固傳附子燮傳〉，頁746：「令吾宗祀血食將絕」、《晉書》，卷五十〈秦秀傳〉，頁961：「絕父祖之血食」、卷九九〈桓玄傳〉，頁1694：「祖宗血食」、《魏書》，卷十八〈臨淮王譚傳附曾孫孝友傳〉，頁218：「其妻無子而不娶妾，斯則自絕，無以血食祖父」。從《朱子語類》，卷八九〈禮六‧冠婚喪〉，頁2281，朱熹所說：「期、大小功、緦麻之類服，今法上日子甚少，便可以入家廟燒香拜。」可知：「香火」逐漸取代「血食」這個辭彙，為「絕嗣」的代稱，換言之，「繼承香火」乃是相當後起的詞彙。又《世說新語箋疏》，卷上之下〈文學〉，條23，頁214，劉《注》引《漢武故事》，可知：漢武帝時，匈奴昆邪王所進獻，相傳就是佛陀的金人，「其祭不

動仍然按照原始巫術思維，以犧牲最重要的成分是血，不是肉為認知[179]。似乎是因為如此，許慎才不按人體構造或需求，反而以血的主要功用，來解釋「血」字的本義：「祭所薦牲血」[180]。由此反推：戰國儒生所傳述的作品，血、腥、爛、孰等四種祭品等級的區分[181]，其實也是在彰顯這四種祭品帶血程度上的差異。換言之，帶血的程度與其所蘊含的精氣、祭祀神明的等級皆成正比。也由於「血祭被當作最尊貴的儀式」[182]，楚人觀射父才會說：庶民雖因貧困而平常無牲畜之肉可食，但祭祀祖先的時候，好歹也要用魚[183]。

用牛羊，唯燒香禮拜。上使依其國俗祀之」，是以佛教徒往往以燒香禮佛，故《晉書》，卷九五〈藝術列傳·佛圖澄傳〉，頁 1126：十六國時期後趙王度建議石虎當斷禁「趙人悉不聽詣寺燒香禮拜」。今人將香火插於犧牲之上以為祭，恐怕已經融合了儒、釋二家的作法。

[179] 張鶴泉：《周代祭祀研究》（臺北：文津出版社，1993 年），頁 115，以為血祭是一種落後的思維。按：這乃是以今論古，未回歸歷史脈絡的判斷。

[180] 《說文解字注》，五篇上〈血部〉，頁 213。

[181] 《禮記》，卷二五〈郊特牲〉，頁 480。

[182] 詳參陳麒仰：《與巫術相關之周代部分禮俗探賾》，第三章，第三節，頁 53。

[183] 《國語集解》，卷十八〈楚語下〉，頁 216：「王問於觀射父，曰：『祀牲何及？』對曰：『祀加於舉。天子舉以大牢，祀以會；諸侯舉以特牛，祀以太牢；卿舉以少牢，祀以特牛；大夫舉以特牲，祀以少牢；士食魚炙，祀以特牲；庶人食菜，祀以魚。上下有序，則民不慢。』」另者《禮記》，卷十二〈王制〉，頁 245：「天子社稷皆大牢，諸侯社稷皆少牢，大夫、士宗廟之祭，有田則祭，無田則薦。庶人春薦韭，夏薦麥，秋薦黍，冬薦稻，韭以卵，麥以魚，黍以豚，稻以鴈」，可知：血牲之下往往會墊著菜蔬或穀類，這與《楚辭補注》，卷二〈九歌·東皇太一〉，頁 56，楚人在祭肉底下鋪設「蘭藉」的作法，同出一轍。

　　相對於鬼神，尤其是以農業務國的古代中國人而言，牲口最重要的成分是肉，不是血。這與北方游牧民族受限於生活環境的氣候條件，只能單賴以肉品為生的意義不同[184]。

　　肉品對絕大部分人來說是美食，吃肉是生活上的一種奢華享受[185]，這從孟嘗君將舍下的食客，按其能力區分為「上客食肉；中客食魚；下客食菜」[186]三等；孟子以為王者施行仁政，可導致七十歲以上的老人日常有肉可享用[187]，可見一斑。如果在三年重喪期間，「食夫稻」尚且被認為內心應該會深感不安，否則，即是「不仁」[188]，何況食肉？是以儒門發展形成的喪制之中，就有不可食肉這一條[189]。從昌邑王被廢，其中一項罪名是居重喪期間吃肉[190]；阮籍居母喪食肉，何曾批判這是「污染華夏」的行為[191]；北魏孝文帝太和十五年（491），馮太后病崩，帝「蔬食」

184　《漢書》，卷九四上〈匈奴傳〉，頁 1595：「居于北邊，隨草畜牧而轉移……肉食。……自君王以下咸食畜肉，……壯者食肥美，老者飲食其餘」，顏師古《注》：「言無米粟，唯食肉。」

185　《漢書》，卷九九上〈王莽傳〉，頁 1714，王莽以天災，憂民所苦，只吃菜不吃肉時，王太后就規勸他為了健康，還是得吃肉；《宋書》，卷五八〈謝弘微傳〉，頁 773，劉宋時，謝弘微居兄喪，除服後，卻沒有恢復正常飲食，釋慧琳也曾勸他必須吃肉，免得過度傷身。由此顯示：古人也了解肉品是滋補身體的營養品。

186　《太平御覽》，卷六九五〈服章部十二・袴〉，頁3233，劉向《列士傳》。

187　《孟子》，卷一上〈梁惠王章句上〉，頁 12、卷一下〈梁惠王章句上〉，頁24。

188　《論語》，卷十七〈陽貨〉，頁 157-158。

189　詳參拙作：《魏晉時期喪服禮議考》，第三章，第三節，頁98。

190　《漢書》，卷六八〈霍光傳〉，頁 1326。

191　《晉書》，卷三三〈何曾傳〉，頁 689。

守喪[192]，可知：居喪期間必須節制日常飲食而斷肉，自西漢以後，已逐漸變成名教中人必須遵守的行為規範之一。

　　東漢以後，有些人守喪結束之後，乾脆終身斷肉「蔬食」[193]，以顯示自己是終身慕父母的孝子。在此同時，官場上也興起「蔬食布衣」[194]之風，官吏常藉由節制日常飲食以展現自己為官

---

[192] 詳參《魏書》，卷一百八之三〈禮志四之三〉，頁 1337。

[193] 《儀禮》，卷二八〈喪服・斬衰・傳〉，頁 339：「既虞……食疏食水飲……既練，……始食菜果，飯素食」，因「疏食水飲」與下文「始食菜果，飯素食」相對，故鄭《注》：「疏猶麤也……素猶故也，謂復平生時食也」，頁 342，賈《疏》：「疏米為飯而食之」，可知：不論是「疏食」或「素食」都是指米飯，無關配菜之事。另《禮記》，卷十七〈月令・仲冬〉，頁 346：「山、林、藪、澤有能取蔬食、田獵禽獸者」，鄭《注》：「草木之實為蔬食」，按禮文的上、下文脈，鄭玄將「蔬食」、「疏食」、「素食」釋為三個不同意涵的詞彙，甚是。《漢書》，卷六八〈霍光傳〉，頁 1326，顏師古《注》：「素食，菜食無肉也」，「鄭康成解〈喪服〉『素食』云『平常之食』，失之遠矣」之說，似乎有待商榷。然而必須說明的是：漢代以降，有時會將「素食」指「菜食」，如《漢書》，卷九九上〈王莽傳〉，頁 1714，將「素食」與「菜食」視為同義詞，與「食肉」相對；繆啟愉：《齊民要術校釋》（臺北：明文出版社，1986 年），卷九〈素食〉，頁 529，以素、肉相對，但似乎不會將「蔬食」與「疏食」兩者混淆。根據涂宗呈：《中國中古的素食觀》（臺北：國立臺灣大學歷史系碩士論文，2005 年），第三章，第二節，頁 70-78，其所羅列出來的兩漢、六朝史籍中記載當時人改變飲食習慣，只吃菜，不吃肉，往往書「蔬食」，而不書「疏食」，是以《論語》，卷七〈述而〉，頁 62：「孔曰：『飯疏食飲水』」，何晏《注》：「疏食，菜食」，恐有誤。《校正資治通鑑》，卷二百六〈附錄〉，頁 133，附胡三省：《資治通鑑釋文辨誤》，卷九，就說何晏《注》：「以疏食為菜食，諸儒生皆不主其說，以疏食為麤飯。」

[194] 《後漢書》，卷四三〈朱穆傳〉，頁 528。

清儉。東晉以後，歸隱山林之風大盛，有些並非受到經濟條件限制的隱士，平素也刻意不吃肉，以顯示自己清心寡欲[195]。而當時僧尼本來可吃眼不見、耳不聞、心不疑的「三淨肉」[196]，也因精勤苦修而蔬食斷肉[197]。甚至本來可以享受山珍海味的皇帝，因宗

---

[195] 詳參涂宗呈：《中國中古的素食觀》，第三章，第二節，頁 70-78，其統計了兩漢、六朝時期的孝子喪後終身斷肉者約 21 人、兩漢、六朝時期的官吏蔬食布衣者約 19 人、東晉以降的隱士刻意不食肉者約 12 人。

[196] 姚秦・佛陀耶舍、竺佛念共譯：《四分律》，卷四二〈藥揵度〉，收錄於大藏經刊行會編輯：《大正原版大藏經》（臺北：新文豐出版公司影印，1983-1987 年），第二二冊〈律部一〉，頁 872、姚秦・弗若多羅、鳩摩羅什共譯：《十誦律》，卷二六〈七法中醫藥法〉，收錄於大藏經刊行會編輯：《大正原版大藏經》，第二三冊〈律部二〉，頁 190。

[197] 如梁人釋慧皎的《高僧傳》登載了漢明帝永平至南朝梁天監年間名僧，正傳加上附見的總人數為 531 人，其中兩晉時期有：支遁、竺僧朗、釋慧永、曇順、釋道恒、釋曇霍、竺僧顯、支曇蘭、釋僧群、釋曇邃、釋慧受、支曇籥；劉宋時期有：釋智嚴、求那跋陀羅、釋曇鑒、釋慧安、釋道汪、釋法緒、釋慧通、釋淨度、釋慧詢、釋慧猷、釋僧隱、僧遵、釋慧紹、釋僧覆、釋普明、釋僧翼；南齊時期有：釋僧遠、釋曇超、慧進、釋法慧、釋僧侯、釋僧念、若耶懸溜山有姓曇的遊人、釋慧溫、釋道儒、釋慧重、釋法願；梁時期有：釋慧生、釋慧彌等 41 人，蔬食苦修，平均大約每 13 人之中就有 1 人斷肉蔬食。又如梁人寶唱《比丘尼傳》登載了東晉與北方十六國、劉宋、南齊、梁等時期各處的名尼，正傳加上附見的總人數為 116 人，其中東晉與北方十六國時期有：智賢、妙相、慧湛、竺道馨；劉宋時期有：寶英、慧濬、慧瓊、玄藻、慧濬；南齊時期有：僧敬、慧緒、僧蓋、法全、慧緒；梁時期有：馮尼、淨秀、淨行、僧念、淨淵、僧述、法宣、慧暉、道貴等 23 人，蔬食苦修，平均大約每 5 人之中就有 1 人斷肉蔬食。以上引述詳參梁・釋慧皎撰，湯用彤校注：《高僧傳》（北京：中華書局，2004 年），卷三〈譯經下〉，頁 98、105、卷四〈義解一〉，頁 163、卷五〈義解二〉，頁 190、卷六〈義解三〉，頁 232、238、247、卷七〈義解

教信仰，日常飲食也止於「菜蔬」[198]。不論兩漢、六朝人改變飲食習慣，蔬食終身的原因爲何，從這樣的行爲遍及社會上下各個階層，可知：這已儼然蔚爲一股社會風潮。

　　另一方面，六朝時期的某些統治者，已不再像西漢人以經濟爲基準考量[199]，而關注宗廟祭祀用牲過度的問題，其往往是基於不忍殺生、慈悲爲懷的信念，如同北魏已經退位爲太上皇的獻文帝，就曾因一時「深愍生命」[200]，於延興二年（472）代替當時尚年幼的孝文帝下詔：

> 朕承天事神，以育羣品，而咸秩處廣，用牲甚眾。夫神聰明正直，享德與信，何必在牲？《易》曰：「東隣殺牛，不如西隣之禴祭，實受其福。」[201]苟誠感有著，雖行潦菜

四〉，頁 257、265、273、274、283、卷八〈義解五〉，頁 317、卷十〈神異下〉，頁 375、卷十一〈習禪〉，頁 401、407、408、416、424、卷十一〈明律〉，頁 430、432、卷十二〈亡身〉，頁 445、卷十二〈誦經〉，頁 458、464、467、472-473、卷十三〈興福〉，頁 481、483、卷十三〈經師〉，頁 498、卷十三〈唱導〉，頁 515-517。梁・寶唱：《比丘尼傳》，收錄於大藏經刊行會編輯：《大正原版大藏經》，第五十冊〈史傳部二〉，頁 935-936、938、940、942-944、946-947。

198 周叔迦、蘇晉仁：《法苑珠林校注》（北京：中華書局，2006 年），卷十四〈敬佛篇第六・觀佛部感應緣之餘〉，頁 476，梁武帝自天監十年（511）開始，至駕崩，都「菜蔬斷欲」。

199 見前文第三章，第一節。

200 《魏書》，卷一百八之一〈禮志四之一〉，頁 1313。

201 《周易》，卷六〈既濟〉，頁 136。這種一廂情願的揣想鬼、神注重精神感受更甚於物質享受的論調，在南齊武帝永明十一年（493）的臨終詔書也可以看到。《南齊書》，卷三〈武帝本紀〉，頁 38：「祭敬之

> 羹，可以致大蝦，何必多殺，然後獲祉福哉？其命有司，
> 非郊天地、宗廟、社稷之祀，皆無用牲[202]。

這篇詔書的理路可謂欺弱畏強。若真以爲祭祀最重要是祭祀者的至誠之心，那麼就應該全面施行，而不是擔心若不以血牲獻祭，天地、宗廟、社稷這些地位尊貴，力量相對比較大的鬼、神可能會報復，因此特意撤除，只改變祭祀其它小神、小鬼時的飲食。

被臣子尊稱爲「皇帝菩薩」[203]的梁武帝，因崇信佛法的關係，加上當時國家祀典與個人的喪禮都有祭祀不殺牲的案例可循，故天監七年（508），藉著當代儒生司馬筠提出「事神之道，可以不殺」，順水推舟地詔令五氣迎郊時，不殺牲[204]。這卻

典，本在因心，東鄰殺牛，不如西家禴祭。我靈上慎勿以牲爲祭，唯設餅、茶飲、干飯、酒、脯而已。天下貴、賤咸同此制。未山陵前，朔、望設菜食。」這顯示他不大瞭解人、鬼殊途的意思。況且，以原始巫術的思維來看，南齊武帝放著美食不吃，而盡吃些不新鮮，沒什麼血腥味的乾肉（脯），以及完全不帶任何一絲血氣的餅、干飯，讓自己這樣餓著肚子，勢必難以大顯神威地照應他的後世子孫。

202 《魏書》，卷一百八之一〈禮志四之一〉，頁 1313。

203 《魏書》，卷九八〈島夷蕭衍傳〉，頁 1084。顏尚文：《梁武帝「皇帝菩薩」理念的形成及政策的推展》（臺北：國立臺灣師範大學歷史系博士論文，1989 年），第六章，第三節，頁 183，以爲「梁武帝在南朝士族與沙門兩大勢力之上，建立神聖的、崇高的『皇帝菩薩』地位。梁武帝可以憑藉超然的『皇帝菩薩』之身分，對士族政治的敗壞與僧團的蕪亂，進行合法、主導性的改革工作」。

204 《隋書》，卷七〈禮儀志二〉，頁 73：「梁制，迎氣以始祖配，牲用特牛一，其儀同南郊。天監七年尚書左丞（508）司馬筠等議：『以昆蟲未蟄，不以火田，鳩化爲鷹，爵羅方設。仲春之月，祀不用牲，止珪、璧、皮、幣。斯又事神之道，可以不殺，明矣。況今祀天，豈容尚

只是祭品改革的第一步。天監十六年（517）[205]，他將範圍擴及宗廟祭祀，詔曰：

> 夫神無常饗，饗于克誠，所以西鄰礿祭，實受其福。宗廟祭祀，猶有牲牢，無益至誠，有累冥道。自今四時蒸、嘗外，可量代。

由於時人常見以乾肉代替血牲，因此朝議改以「大脯」代替牛牲。又因宗廟斷屠去殺[206]，故祭祀前一日的三更[207]「省牲」改成「省饌」[208]。但梁武帝並不以此為滿足，同年又下詔：

> 今雖無復牲、腥，猶有脯脩之類，即之幽明，義為未盡。可更詳定，悉薦時蔬[209]。

此？請夏初迎氣，祭不用牲。』帝從之。」

[205] 此事發生時間，另有兩種記載：一者為唐・釋道宣編：《廣弘明集》（京都：中文出版公司，1978 年），卷二六〈慈濟篇・梁武帝斷殺絕宗廟犧牲詔并表請〉，頁 385，記載是「梁高祖武皇帝臨天下十二年（513）」；一者為元・釋念常：《佛祖歷代通載》，卷九〈宗廟祭祀戒殺〉，收錄於大藏經刊行會編輯：《大正原版大藏經》，第四十五冊〈史傳部一〉，頁 545，「天監十一年（512）」。因私撰的佛教典籍出錯機率比較高，故以官方正史所登載的為依據。

[206] 以上引述詳參《隋書》，卷七〈禮儀志二〉，頁 75。

[207] 天監四年（505）曾朝議天子宗廟祭祀省牲的時間。詳參《隋書》，卷七〈禮儀志二〉，頁 74-75。

[208] 《隋書》，卷七〈禮儀志二〉，頁 75。

[209] 《隋書》，卷七〈禮儀志二〉，頁 75。

換言之，改用乾肉祭祀，雖不見血，卻依然還是肉，既是肉，就
要宰殺牲口，祭品改革重點在去殺，既然「去殺之理」[210]未盡，
一切的改革還有什麼意義可言。詔書一下，擁護者司馬筠等人立
即提議：「大餅代大脯，餘悉用蔬菜」[211]，圓了梁武帝的心願。

然而這種「推生事死，推人事鬼」[212]，強迫自己的歷代祖
宗，也跟著自己改變飲食習慣，「不復血食」[213]，僅吃漢儒曾誇
張地比喻連乞丐都不想吃的蔬果[214]，這無非是要自家祖先都跟著
他一起苦修，同時也阻斷了自家祖先汲取強大精氣，以維護力量
的源頭，難怪當時會引發「公卿異議，朝野喧囂」。梁武帝竟然
置之不理[215]。

爾後，又因為劉勰[216]的建議，將官方最隆重的祭典——天、

---

210 《南史》，卷六〈梁本紀上‧武帝〉，頁 98。

211 《隋書》，卷七〈禮儀志二〉，頁 75。

212 《論衡校釋》，卷二四〈譏日〉，頁 992。

213 《隋書》，卷七〈禮儀志二〉，頁 76。

214 王利器：《鹽鐵論校注》（北京：中華書局，1992 年），卷五〈孝養
第二十五〉，頁 309。

215 《南史》，卷六〈梁本紀上‧武帝〉，頁 98。

216 雖劉勰卒年，學界看法不一，范文瀾：《文心雕龍注》（臺北：臺灣開
明書局，1958 年），卷十〈序志〉，頁 25，注 6，推考是在普通元年
（520）至二年（521）之間；李慶甲：〈劉勰卒年考〉，《文學評論叢
刊》第 1 輯（北京：中國社會科學出版社，1978 年），頁 194，推考是
在大中通四年（532）；楊明照：《文心雕龍校注拾遺附梁書劉勰傳箋
注》（上海：上海古籍出版社，1982 年），頁 412，推考是在大同四年
（538）至五年（539）之間；周紹桓：〈劉勰卒年新考〉，《晉陽學
刊》第 3 期（1989 年），頁 100，推考是在普通四年（523）至五年
（524）之間。然而只要劉勰卒年是在天監十六年（517）之後，「爾
後」一詞就能成立。

地二郊的祭品，也全改用蔬果[217]，完全背離了祭祀「致敬不饗味，而貴氣臭」[218]的意義。普通年間[219]，梁武帝「大弘釋典，將以易俗」[220]，因此把觸角延伸到民間信仰[221]與地方風俗[222]，進行全面性的祭品革新[223]，徹底到重撰郊廟歌辭，只因原先歌辭中涉

---

[217] 《梁書》，卷五十〈文學傳下・劉勰傳〉，頁 348。

[218] 《禮記》，卷二五〈郊特牲〉，頁 480。

[219] 《南史》，卷七十〈循吏列傳・郭祖深傳〉，頁 798，上表批判朝政縱弛，曾提到「陛下皇基兆運二十餘載」，按天監只有十八年，此表當在普通三年（522）之後，才可說是「二十餘載」，郭祖深在表中又提到「僧尼皆令蔬食」，可知：當時尚未禁斷僧尼吃肉，然而從《廣弘明集》，卷二六〈慈濟篇・敘梁武帝與諸律師唱斷肉律〉，頁 401，提到釋法寵與周捨，根據唐・釋道宣：《續高僧傳》，卷五〈義解篇・梁揚都宣武寺沙門釋法寵傳〉，收錄於大藏經刊行會編輯：《大正原版大藏經》，第五十冊〈史部二〉，頁 461、《梁書》，卷二五〈周捨傳〉，頁 184，兩人都是在普通五年（524）卒，因此，康樂：《佛教與素食》（臺北：三民書局，2003 年），頁 81，推斷〈斷酒肉文〉在普通四年（523）頒布，或許可信。

[220] 《南史》，卷七十〈循吏列傳・郭祖深傳〉，頁 798。

[221] 《南史》，卷六〈梁本紀上・武帝〉，頁 98：「郊、廟牲牷，皆代以麵，其山川諸祀則否」的意思，按《廣弘明集》，卷二六〈慈濟篇・梁武帝斷殺絕宗廟犧牲事詔〉，頁 385：「郊廟皆以麵為牲牷，其饗萬國用菜蔬，去生類，其山川諸祀則否。乃敕有司曰：『近以神實愛民，不責無識，所貴誠信，非尚血膋。凡有水旱之患，使歸咎在上，不同牲牢，止告知而已。而萬姓祈求諂黷為事，山川小祇難期正直，晴雨或乖，容市民怨，愚夫滯習難用理移，自今祈請、報答可如俗法所用』」，可知：天監十六年（517）尚未禁止民間祭祀用牲牢。

[222] 梁・宗懍撰，宋金龍校注：〈正月一日〉，《荊楚歲時記》（太原：山西人民出版社，1987 年），頁 7：「梁有天下不食葷，荊自此不復食雞子，以從常則。」

[223] 梁武帝將當時風行社會上下階層的蔣子文神，作為他的廣告代言人，編

及了殺生爲祭品的字眼[224]。若以原始巫術思維來說，梁武帝之所
以能成就帝業，乃是獲得上天眷顧、祖先庇蔭。沒想到事成之
後，沒有報償也就算了，反而斷絕這些曾經助他一臂之力，鬼、
神們所喜愛的飲食，縱使自家祖先不介意，天、地鬼神們恐怕也
很難不介懷。

　　梁武蒙塵而崩，梁政權瞬間敗亡，是否因其妄改祭品[225]，不
得而知，然而如此大膽妄爲，卻是無人可及，縱使同樣因崇佛於
天保七年（556）「以肉爲斷慈，遂不復食」[226]的北齊文宣帝，
隔年秋八月的祀典，也只敢掩耳盜鈴，詔令負責祭祀的人員斷
屠，不敢要求鬼、神斷肉、不血食[227]。

派蔣子文也受佛祖感召「行菩薩道」，已放下屠刀，不再以血爲食。藉
此強制勒令民間信仰的祈請、報答祭祀，比照國家祀典，「皆不得薦生
類，各盡誠心止修蔬供」。以上引述俱見《廣弘明集》，卷二六〈慈悲
篇·梁武帝斷酒肉文〉，頁393。

[224] 《梁書》，卷三五〈蕭子恪傳附弟子雲傳〉，頁251-252：「梁初，郊
廟未革牲牷，樂辭皆沈約撰，至是承用，子雲始建言宜改，啟曰：……
圜丘〈眠燎〉，尚言『式備牲牷』；北郊〈誠雅〉亦奏『牲云孔備』；
清廟登歌而稱『我牲以潔』；三朝食舉猶詠『朱尾碧鱗』……敕答曰：
『此是主者守株，宜急改也。』」

[225] 《讀通鑑論》，十七〈梁武帝〉，頁489：「天監十六年（517），乃
罷宗廟牲牢，薦以蔬果，沈溺於浮屠氏之教，以迄於亡而不悟。」

[226] 《北齊書》，卷四〈文宣帝紀·天保七年〉，頁34-35。

[227] 《北齊書》，卷四〈文宣帝紀·天保八年〉，頁36：「庚辰，詔：
丘、郊、禘、祫、時祀，皆仰市取，少牢不得剖割，有司監視，必令豐
備；農社、先蠶，酒、肉而已；雩、禖、風、雨、司民、司祿、靈星、
雜祀，果、餅、酒、脯。唯當務盡誠敬，義同如在。」

第六章　結　論

　　司馬遷已經指出「禮固自孔子時，而其經不具」，因為禮本來注重的就是依樣摹仿、具體實踐，禮生確實可能有些備忘的紀錄，但也非外人所得悉。「及至秦焚書，（禮）書散亡益多」[1]，而殘餘至漢代的《禮》經十七篇[2]根本沒有一處關乎天子吉祭禮。果真有人希望皇帝依經禮而行，而後者也願意，卻窘於無從著手。

　　據《漢書》卷三十〈藝文志・六藝略・禮類〉的著錄，撇開《王史氏》、《明堂陰陽》等，單是闡述、補充[3]《禮》經方面

---

[1]　《史記》，卷一二一〈儒林列傳・敍論〉，頁 1273。按照《隋書》，卷三二〈經籍志・經・禮・敍論〉，頁 477，則認為禮書散亡時間更早，因為「周衰，諸侯僭忒，惡其害己，多被焚削」。這大概是根據《孟子》，卷十上〈萬章下〉，頁 177：「（周室班爵祿）其詳不可得聞也。諸侯惡其害己也，而皆去其籍」，衍申而來。

[2]　實際只有十五篇。《儀禮》，卷三八〈既夕禮〉，頁 448，孔《疏》所引鄭《目錄》已指出：此乃「〈士喪禮〉下篇」；卷四九〈有司〉，頁 580，孔《疏》所引鄭《目錄》也指出：此乃「〈少牢〉之下篇」。

[3]　今本十七篇的《儀禮》就有十二篇有「記」，分見《儀禮》，卷三〈士冠禮〉，頁 33-34、卷六〈士昏禮〉，頁 60-66、卷十〈鄉飲酒禮〉，頁 103-105、卷十三〈鄉射禮〉，頁 146-152、卷十五〈燕禮〉，頁 179-181、卷二四〈聘禮〉，頁 283-291、卷二六〈公食大夫禮〉，頁 314-315、卷二七〈覲禮〉，頁 332、卷三三〈喪服〉，頁 396、卷三四

的「記」就有「一百三十一篇」。按照韓非子「儒分為八」[4]的
說法,若推想這些來源不同的「記」,他們的撰寫者彼此的記
憶、主張頗多出入。然則要從這堆材料中理出畫一、嚴整的系
統,從根本上就偏差了。其次,雖然劉、班二氏曾說:孔壁出土
的逸《禮》三十九篇以及上述那些「記」中「多天子、諸侯、
卿、大夫之制」,但也不能不承認:就禮制縝密的要求而言,它
們並「不能備」[5]。如果連儒家祖師孔子都表示「不知」「禘之
說」,「入太廟,每事問」,而他的及門弟子公西華最大的志願
就是能學得「宗廟之事」[6],則這些材料,尤其是那些「記」
中,有多少是專門針對天子吉祭禮而撰寫的,就更不能令人無
疑。無怪乎漢朝建立之後,儒學發祥之處:齊、魯諸儒「講習」
的都止於「大射、鄉飲之禮」[7],既與宗廟無涉,更無關於郊、
禘、六宗、社稷等。換言之,那些「記」中即使有些論及天子祭
典中的吉禮祭祀,也未必能夠在觀念、儀節方面都給予後人清楚
的指示。

秦律「以古非今者,族」;「敢偶語《詩》、《書》者,弃

〈喪服〉,頁 397-403、卷四十〈既夕禮〉,頁 473-476、卷四一〈既
夕禮〉,頁 480-487、卷四二〈士虞禮〉,頁 500-501、卷四三〈士虞
禮〉,頁 507-513、卷四六〈特牲饋食禮〉,頁 547-551。其中〈喪
服〉還「記」中稱引「記」。

4　清・王先慎:《韓非子集解》(北京:中華書局,2003 年),卷十九
〈顯學〉,頁 457。

5　以上引文俱見《漢書》,卷三十〈藝文志・六藝略・禮・敍論〉,頁
880。

6　分見《論語》,卷三〈八佾〉,頁 27-28、卷十一〈先進〉,頁 100。

7　《史記》,卷一二一〈儒林列傳・敍論〉,頁 1274。

市」⁸。既然如此憎惡、嚴禁先王學，當然無須指望秦朝天子祭
典的吉禮祭祀會遵照、採納三代舊制或者戰國儒生所說的古制。
司馬遷說秦朝「悉內六國禮儀，采擇其善」。西漢雖「有所增
損，大抵皆襲秦故」⁹，所以也不可能在這方面有何進展。漢武
罷黜百家，獨尊六藝，但那僅是在刑、政吏事方面「緣飾以儒
術」¹⁰，天子的吉祭禮與《禮》經、《禮》記都不相干。對於後
來鄭玄奉爲圭臬的《周官》，漢武甚至斥爲「末世瀆亂不驗之
書」¹¹。到宣帝石渠閣議時，這方面的討論可能都極有限。否
則，何以僅有一條轉引的逸文殘存至今¹²，其餘的幾乎都是喪制
方面的歧見¹³？若在天子祭典中的吉禮祭祀方面曾有豐富的議

8　《史記》，卷六〈秦始皇本紀・三十四年〉，頁 125。

9　以上引文俱見《史記》，卷二三〈禮書〉，頁 459。卷九九〈劉敬叔孫
　　通列傳〉，頁 1107-1108，叔孫通「願采古禮與秦儀，雜就之」。他篩
　　選的古禮能古到什麼時候？在整套儀制中能佔多少成分，不能不令人狐
　　疑。否則，很難解釋：後世的后倉等何以還要「推士禮而致於天子」。
　　見《漢書》，卷三十〈藝文志・六藝略・禮・敘論〉，頁 880。

10　《史記》，卷一一二〈平津侯主父列傳〉，頁 1205。

11　賈公彥：〈序周禮廢興〉，《周禮》，頁 9。

12　《禮記》，卷十二〈王制〉，頁 241，孔《疏》所述：「周以后稷、
　　文、武，特七廟」，而且指出：蕭齊的張融以它爲「證驗」之一。僅有
　　一條被後人稱引，這種現象與石渠禮議散亡無甚相關。《漢書》，卷三
　　十〈藝文志・六藝略・禮〉，頁 879，著錄了禮這方面的「議奏三十八
　　篇」，也就是三十八個論題。每個論題篇幅都不長，故《隋書》，卷三
　　二〈經籍志・經・禮〉，頁 476，改以卷數計的時候時，成了《石渠禮
　　論》四卷，因此中唐的杜佑才得以稱引。至於《隋書》自注：「梁有
　　《群儒疑義》十二卷，戴聖撰」，是另一本書。

13　逸文輯本見漢・戴聖撰，清・洪頤煊撰輯：《石渠禮論》，收錄於嚴一
　　萍選輯：《百部叢書集成・問津堂叢書・經典集林》（臺北：藝文印書

論，六朝學人在爭論時，不可能不援引。到東漢儒學地位已經完全鞏固了，這方面的討論依舊貧乏，試看今本《白虎通》僅有五祀、社稷兩項。郊祀、宗廟兩項的殘文都僅是由近代學人輯出的殘文。它們未經得起歷史沙汰而遺逸，這現象本身就足以顯示它們的重要性微不足道。

　　總而言之，儒門有關天子祭典中吉禮祭祀的問題遠在先秦已潛存，有待後人考索、辨析，可惜漢代經生在這方面的努力及實質貢獻實在有限。

　　雖然整體而言，兩漢禮學疲弱不振，但既然儒家《經》、《傳》被定爲官學，隨著時日、風尙浸潤，必然或多或少會產生影響。好比：以郊祀禮議而言，其受祭對象從太一改爲昊天上帝；祭祀地點從雍時到都城南郊，這種變化顯示了方士之說逐漸爲儒生所學取代。從「敢有擅議（宗廟）者弃市」[14]到議論宗廟總數的上限，雖然主要是經濟等實質問題使然，但若非儒生對這方面的規範已經夠熟悉，也無法引經據典地倡議。只是有關儒家天子祭典中吉禮祭祀的探究勃發，乃東漢末葉以降的事，因有鄭玄、王肅兩位大師先後興起。

　　論學統，鄭玄是馬融弟子[15]，馬融與東漢初的賈逵同屬古學系統的健將[16]，而王肅同樣「善賈、馬之學」[17]，可是雙方在禮

館，1966 年），卷三，頁 1a-4a。

14　《漢書》，卷七三〈韋賢傳附子玄成傳〉，頁 1384。

15　《後漢書》，卷三五〈鄭玄傳〉，頁 433。

16　《後漢書》，卷三五〈鄭玄傳〉，頁 434、卷三六〈賈逵傳〉，頁 444、卷六十上〈馬融傳〉，頁 700。

17　《三國志》，卷十三〈王朗傳附子肅傳〉，頁 409。

制方面的意見乃無法調和地相左，不止於「同經而異注」[18]。鄭玄是絕頂聰明之人，否則，何休看到他針對自己《公羊墨守》、《左氏膏肓》、《穀梁廢疾》而作的《發墨守》、《鍼膏肓》、《起廢疾》，就不會慨嘆：「康成入吾室，操吾矛，以伐我乎[19]？」但在郊／丘、禘／祫等課題上，鄭氏可謂聰明反被聰明誤，以《周禮》為骨幹，輔以緯書等，建構起的那套系統貌似周延，實則往往「倍經」「反傳」[20]。他並非毫無自覺，否則，就不會特別撰寫《禘祫志》，藉以強化，或者說辯解自己的那套系統。王肅固然也治三《禮》[21]，也照顧群經諸傳，因為建構、夾雜的成分較低，合理性自然也就相對地高。然而合理者未必就能得勢，王肅非常清楚他所面對的乃鄭學鋪天蓋地的形勢，這應該是王肅被迫偽撰《孔子家語》、《孔叢子》等，再以此為基礎，撰寫《聖證論》的原委。以近現代的譬喻來說，蘇聯新領導人要想顛覆史達林的政治模式，只有訴諸更具權威的創始者列寧及其嫡傳。

　　統整前文，鄭、王二氏在郊祀、社祭、廟享三項大祭，意見相左之處如下：

18　孔穎達：〈《禮記注疏》序〉，《禮記》，頁4。

19　《後漢書》，卷三五〈鄭玄傳〉，頁434。

20　何休：〈序〉，《公羊傳》，頁3。

21　《三國志》，卷十三〈王朗傳附子肅傳〉，頁409。《隋書》，卷三二〈經籍志一‧經‧禮〉，頁475-476，分別著錄王肅注：《周官禮》十二卷、《儀禮》十七卷、《禮記》三十卷。

課題	主要的歧異處	主張者	立論的基礎	系統的建構與意義
郊祀	對於上帝的認知	鄭玄	中央另有一昊天上帝，位在五天帝之上者，是一上五下的六天帝結構。	也由於六天帝的建構，因此主張郊、丘爲二：郊是啓蟄之月在南郊處，祭祀五天帝之中的感生上帝，以人鬼后稷配享的祭典；圜丘是冬至之月在圜丘上，祭祀昊天上帝，以人鬼嚳配享的祭典。
		王肅	不區分五帝的高下，一位上帝有五位分身，五位一體。	也由於獨有一天帝的建構，因此主張郊、丘爲一，是以冬至與啓蟄之月，都是祭祀昊天上帝，以人鬼后稷配享的祭典，換言之，郊與圜丘只是不同角度下的表述，郊就是圜丘祭典。
社祭	受祭對象的性質	鄭玄	社的受祭對象是地祇。	社祭有人鬼句龍配享。
		王肅	社的受祭對象是人鬼。	社祭乃無人鬼配祭。
廟享	親廟總數	鄭玄	四廟	側重的是親親原則。
		王肅	六廟	側重的是尊尊原則[22]。
	祫、禘名稱的認知	鄭玄	祫、禘爲二，乃異名異實。	由於視祫、禘爲二種不同的祭典，因此將「三年一祫，五年一禘」解釋爲：喪畢，「明年春，禘於群廟」後，在平常時候每隔三年一祫，再三年一禘的意思，前者祭祀的對象包括毀廟主、未毀廟主；後者僅有毀廟主。
		王肅	祫、禘爲一，乃異名同實。	由於視祫、禘爲不同名稱，卻是同一種祭典，因此將「三年一

---

[22] 鄭、王二氏的區別很難用親親或尊尊單一的原則來化約，有時兩者的立場是對調的，如此處所示。簡博賢：《今存三國兩晉經學遺籍考》（臺北：三民書局，1986年），頁325：「康成說禮，務執尊降親；而子雍禮說，則親親是闡」，恐難依此涵蓋鄭、王二氏經文詮釋的整體差異。

				祫，五年一禘」解釋爲：所謂的三年是就三年服喪之期而言，喪終返吉，舉行大祭，此後每五年才再舉行一次大祭。這兩次大祭都是毀廟主與未毀廟主皆升於太祖廟受祭，名之爲祫，或名之爲禘，皆可。

既然鄭、王之爭已經大幅地檢討了先秦已經存在、兩漢儒林未嘗多加措意以至遺留下來的諸多問題，單從學術而論，六朝人在天子祭典中吉禮祭祀的見解，基本上很難躍過鄭、王這兩座豐碑，別開生面。雖然孔穎達曾告知：

> 從晉、宋逮于周、隋，其傳禮業者，江左尤盛。其爲義疏者，南人有賀循、賀瑒、庾蔚之、崔靈恩、沈重、范宣、皇甫侃等；北人有徐道明、李業興、李寶鼎、侯聰、熊安生等。

不過，眞正能拿得出手的僅有皇、熊[23]二人。後者「違背本經，多引外義，猶之楚而北行，馬雖疾而去逾遠矣」；前者雖較熊氏「勝矣」，但「既遵鄭義，乃時乖鄭義」[24]。因此，六朝人剩下的任務就主要限於如何落實禮制了。

---

[23] 標舉出熊安生，多少與唐代以北魏、北周、隋的傳緒爲正統、欲維繫北朝顏面有關，因爲北朝出身的《北史》，卷八一〈儒林列傳上·敘論〉，頁 1205，都指出：熊安生等人的《義疏》「雖曰專門，亦相祖習也」，並沒有什麼創見，卷八二〈儒林列傳下·論〉，頁 1233，更直言不諱：「逮乎近古，巨儒多鄙俗」，「儒罕通人；學多鄙俗」。

[24] 以上引文俱見孔穎達：〈禮記正義序〉，《禮記》，頁 4。

　　六朝官方在落實郊祀、社祭、廟享三項大祭時，各朝各代對於鄭、王二氏之說的取捨如下：

課題	主要的歧異處		依循對象	立論的基礎	六朝的實際情況
郊祀	郊、丘分合		鄭玄	郊、丘（禘）爲二	曹魏明帝景初年間、北魏、北齊、北周、隋
			王肅	郊、丘爲一	兩晉、劉宋、南齊、梁、陳
	六天或一天		鄭玄	六天	六朝人皆從鄭說
			王肅	一天	唯有西晉武帝泰始二年曾依此制禮
社祭	人鬼配享		鄭玄	有	曹魏、北魏道武帝
			王肅	無	西晉
廟享	親廟總數		鄭玄	四廟（五廟制）	曹魏、北周、隋文帝
			王肅	六廟（七廟制）	兩晉、劉宋、南齊、梁、陳、北魏、北齊
	禘與祫	名稱認知	鄭玄	祫、禘爲二	無
			王肅	祫、禘爲一	六朝人多從王說
		「五年再殷祭」的理解	鄭玄	舉行兩次祭典	曹魏、東晉、劉宋、梁、北魏、北齊、北周、隋
			王肅	舉行一次祭典	南齊、陳

郊、丘合一或分爲二，固然明顯有南、北差異[25]，但對於上帝的認知，南、北皆宗鄭；宗廟禘、祫名稱的認知，南、北皆從王，這種現象似乎反映：六朝人在落實禮制的時候，不太拘執門戶之

25　這並不妨礙個別雜音的出現。《梁書》，卷五一〈處士列傳・何點附弟胤傳〉，頁 360-361，就記載：他「欲正郊、丘二者」，以爲「往代合之」乃「先儒之巨失」。

見，然而實際則或許另有衷曲。

　　試看西晉武帝欲從王，以五帝爲一神，卻因祖、父二代不能全都配天享食而告終，以及他又想按王說，以社神唯勾龍一人，進而提議合併太社與王社，最後放棄己見，倒不是因爲認清了王社即是帝社，也就是籍田之社，其意義與功能與大社不同，而是因爲當時的隆禮者大多無法接受由多變少。換言之，寧可過之而無不及才是六朝人的普遍情結，對於鄭、王學說的取捨，才會不期然地都傾向主張多數的那一方，是以出現宗廟親廟總數多從王，宗廟五年之內舉行幾次殷祭多依鄭的現象。也正因這種情結，西晉以降天子宗廟雖從王，以七廟制爲共識，但付諸實踐時，卻又一開始就妥協於稱祖、稱宗者，其廟不迭毀這樣的罅漏，加上西晉處理兄弟相及的問題時，議定天子宗廟裡的廟主，以倫輩世代爲限，不以神主總數爲限，使得七廟僅意味著至少七廟，在當時皆採一廟數室的情況下，國祚相較其他王朝較爲綿長的典午政權，在東晉安帝時才會出現天子宗廟有十五間正室，用來安頓七代十五座先帝神主。北魏孝文帝對於宗廟舉行祫祭之歲時，一反鄭玄僅在某一季而祫的主張，擴充爲四季盡祫的裁定，以及梁武帝將之前所有曾被討論過的社、稷名稱，全都立了祭壇，致使梁京都內有大社、帝社、官社、大稷、官稷等五個社、稷壇。這些都是多多益善的情結在作祟。

　　由於六朝人開始嘗試落實儒門經典上的祭祀禮制規範，是以特別關注鄭、王二氏所忽視的某些禮制細節，例如：宗廟殷祭的祭祀年份，以及若因故延期時，殷祭的月份必須在四月與十月，或是可延期至孟秋？殷祭與時祭是在同月或異月舉行？異姓諸侯初封構廟之際，是否應立即備滿廟數？太祖尚在親廟時，太祖廟

室應當先虛置或事先預立？這些疑議都是到了西晉以後才仔細追究的。

另者，由於客觀環境的丕變，讓原先未嘗措意的問題浮現，例如：宗廟神主昭、穆列序的問題。不同於漢家對此的忽視與迴避，從西晉開始，若被廢或被迫禪讓的君主不計，無一朝沒有兄弟相及的情況，在天子七廟已成共識，而且都採取一廟別室安頓神主的情況下，導致昭、穆如何列序，成為六朝不可規避的議題。昭、穆所論的是父輩、子輩，然而天子宗廟卻不僅僅涉及親屬倫輩關係，政治隸屬關係會連帶地被牽入，當兩者關係糾結在一起時，兄弟相及變成執行昭、穆列序上的燙手山芋。也許因為昭、穆制本質上就是倫輩制，因此六朝人的論點不期而然地都傾向了後者，換言之，兄、弟先後稱尊者，宗廟神主同列於昭或穆，而非以兄為昭，繼兄為帝之弟為穆。

在落實禮議過程中，當然也偶爾會有天子倚仗其絕對權威而妄作的情況。例如：曹魏明帝祭天之禮表面上從鄭，以郊、禘為二，實際上卻不是按照鄭玄的建構，以受祭對象為昊（皇）天上帝，或五帝中的感生帝來劃分，而是以合祭始祖天上的感生帝父、帝母——皇皇帝天與皇皇后地，與合祭天神、地祇兩個系統中至上神——皇天（上）帝與皇地后祇，作為禘與郊這兩種祭典的分別。南朝宋劉裕開國建廟時，為了要湊齊諸侯宗廟以五為數，以他早崩的妻子——武敬臧皇后為「代數」，使之成為五廟之主中的一個廟主，獨占了諸侯王廟的其中一間主室。南齊蕭道成開國建廟時，也是為了要湊齊天子宗廟以七為數，以他的母親——昭皇后為「代數」，使之成為七廟之主中的一個廟主，獨占了天子廟的其中一間主室，以及梁武帝將郊祀、祖先、社稷的祭

品一律由血食換成蔬供，都是妄爲到極致。

　　六朝時期禮議之聲雖然始終不絕，或申鄭，或從王，或試圖另闢蹊徑，但都未波及政壇，引發朋黨相互排擠的後遺症。陳武帝駕崩，「朝臣共議大行皇帝靈座俠御人所服衣服吉凶」，爭執不下，「啓取（尚書）左丞徐陵決斷」。徐陵一語道破涇、渭分判之處：「梓宮祔山陵，靈筵祔宗廟。」所以靈筵前的俠御應吉服。認爲應凶服的中書舍人劉師知正當權，事下「八座、詹事、太常、中丞及中庶」時，腦筋不清楚或懂得看風色的人居多，徐陵雖然不改變自己正確的意見，卻「謹自三緘」，理由是：「古人爭議，多成怨府，傅玄見尤於晉代，王商取陷於漢朝[26]。」由這件與本文課題相關的一斑，足窺六朝禮議的大體。從正面角度來說，至少根據見存史料，禮議時的雙方似乎都很有君子風度；從負面角度來說，政治的核心特質是武力、權勢，禮議的是非、見採與否乃虛文，根本影響不到前者，但如此，反而不時會被前者任意「取所求焉」[27]。換言之，六朝官方祭典中的吉禮祭祀禮議只具有學術史的意義，它僅明確否定了世俗末學膚受的臆斷：魏、晉以降，玄風大暢，因而儒門經學衰微。事實則是兩漢經學主流支離冗濫，成爲導致玄學繼起的因素之一，至於兩漢經學尚堪稱篤實的小部分至魏、晉時期正式成熟，其中以禮學爲最，因而開啓了落實禮制的要求，也就同時引發了議論，以及對禮的繼

---

[26]　《陳書》，卷十六〈劉師知傳〉，頁 111-112。詳參朱師曉海：〈徐陵中歲之後情境蠡測〉，發表於南京大學文學院主編：《百年千帆論文集》（南京：南京大學出版社，2013 年）。

[27]　《左傳》，卷三八〈襄公二十八年〉，頁 654。

續鑽研。「玄、禮雙修」[28]成爲六朝士林的固定模式。

李延壽在追述南、北經學「好尙不同」時，曾指出：三
《禮》的註解「則同遵於鄭氏」[29]。此所以唐初官方撰定《五經
正義》[30]，於《禮記》很自然會選取鄭《注》。《禮記》注雖然
僅是鄭氏餘墨所爲[31]，但他許多的特殊觀點已經見於其間，而那
些觀點又頗堪商兌，則郊祀、社祭、廟享方面的禮議遲早會再

28　唐長孺：〈讀《抱朴子》推論南北學風的異同〉，《魏晉南北朝史論
　　叢》（石家莊：河北教育出版社，2002 年），頁 367。

29　《北史》，卷八一〈儒林列傳上·敘論〉，頁 1205。由《晉書》，卷
　　七五〈荀崧傳〉，頁 1309，可知：過江以來，國學中所立的「《周
　　官》、《禮記》鄭氏」，荀氏建議增列的《儀禮》也採鄭《注》，李氏
　　所言不虛。楊晉龍：〈神統與聖統──鄭玄王肅「感生說」異解探
　　義〉，頁 489-490，指出「自唐以後，王學遠不如鄭學受到推崇，可說
　　是學界的共識」，其實，遠在南、北朝時期已然。

30　《五經正義》的撰著大致歷經了三個階段：一、《舊唐書》，卷一八九
　　上〈儒學列傳·敘論〉，頁 2471，初「（唐）太宗又以經籍去聖久
　　遠，文字多訛謬，詔前中書侍郎顏師古考定《五經》」，卷三〈太宗本
　　紀下·貞觀七年〉，頁 57，《五經》經文內容的文字校定完成，於該
　　年頒於天下。二、顏師古考定的《五經》，頒於天下後，同卷〈儒學列
　　傳·敘論〉，頁 2471，時「又以儒學多門，章句繁雜，詔國子祭酒孔
　　穎達與諸儒撰定《五經義疏》」。《唐會要》，卷七七〈貢舉下·論經
　　義〉，頁 1405，孔穎達等人撰定的《五經義疏》，於唐太宗貞觀十二
　　年（638）竣工，詔改名爲《五經正義》。三、《舊唐書》，卷七三
　　〈孔穎達傳〉，頁 1265，「時又有太學博士馬嘉運駁穎達所撰《（五
　　經）正義》，（唐太宗）詔更令詳定」。因此《五經正義》中《疏》的
　　部分之刊正，《唐會要》，卷七七〈貢舉下·論經義〉，頁 1405，至
　　唐高宗永徽四年（653）方刊正完成，同年，頒布天下。

31　王夢鷗：〈敘《禮記今註今譯》〉，《禮記今註今譯》（臺北：臺灣商
　　務印書館，1984 年），頁 3-4。

起。至於唐代在這些課題方面的禮議[32]，隨著世變事異，重心點已移易，又是另一番風景了。

---

[32] 陳寅恪：《隋唐制度淵源略論稿》（石家莊：河北教育出版社，2002年），頁 15、53-54、56，以六朝各代五禮儀注撰修者的家世，而一再強調：「隋文帝繼承宇文氏之遺業，其制定禮儀則不依北周之制，別採梁禮及後齊儀注。」按：身家背景與學術認同是兩回事，從北齊入隋參與裁定朝儀禮制的儒生，不見得就會認同北齊官方的做法，更何況，禮制的落實，還得獲得皇帝的認可，這又加入主宰者個人的喜惡等變數。以郊祀的受祭對象之稱謂而言，北郊的受祭對象與北齊相同，皆從鄭玄之說，稱之為神州之神；方丘的受祭對象則與北周相同，皆稱之為皇地祇。以社、稷來看，《隋書》，卷七〈禮儀志二〉，頁 80，記載：隋文帝「開皇初，社、稷並列於含光門內之右」。既說「並列」，可見：當是一社一稷，則當時天子的社、稷之數，既不採北周合併社、稷為一壇的作法，卻也不同於梁立三社二稷、北齊立二社一稷之制，反而像是西漢的作法。以宗廟總數而言，隋根據的正是北周五廟制，而非北齊七廟制。以禘、祫而言，隋固然與北齊一致：一年二祭，但北周也是如此。而陳氏似乎忽略了這些實際情況。

參考文獻

一、古籍（以下先按經、史、子、集分類排序。其後，清代以前依作者年代排序；民國以後的作者再則依作者姓名筆劃排序）

（一）經

1. 漢・戴聖撰，清・洪頤煊撰輯：《石渠禮論》，收錄於嚴一萍選輯：《百部叢書集成・問經堂叢書・經典集林》（臺北：藝文印書館，1966年）。

2. 唐・孔穎達：《毛詩正義》（臺北：藝文印書館，2001年）。

3. 唐・孔穎達：《尚書正義》（臺北：藝文印書館，2001年）。

4. 唐・孔穎達：《周易正義》（臺北：藝文印書館，2001年）。

5. 唐・孔穎達：《禮記正義》（臺北：藝文印書館，2001年）。

6. 唐・孔穎達：《春秋左傳正義》（臺北：藝文印書館，2001年）。

7. 唐・賈公彥：《儀禮注疏》（臺北：藝文印書館，2001年）。

8. 唐・賈公彥：《周禮注疏》（臺北：藝文印書館，2001年）。

9. 唐・徐彥：《公羊傳注疏》（臺北：藝文印書館，2001年）。

10. 唐・楊士勛：《春秋穀梁傳注疏》（臺北：藝文印書館，2001年）。

11. 宋・邢昺：《論語注疏》（臺北：藝文印書館，2001年）。

12. 宋・邢昺：《爾雅注疏》（臺北：藝文印書館，2001年）。

13. 宋・邢昺：《孝經注疏》（臺北：藝文印書館，2001年）。

14. 宋・孫奭：《孟子注疏》（臺北：藝文印書館，2001年）。

15. 宋・朱熹：《儀禮經傳通解》，收錄於紀昀等人編：《景印文淵閣四庫全書》（臺北：臺灣商務印書館，1983年）。

16. 宋・朱熹：《詩集傳》（南京：鳳凰出版社，2007 年）。

17. 元・敖繼公：《儀禮集說》，收錄於紀昀等人編：《景印文淵閣四庫全書》（臺北：臺灣商務印書館，1983 年）。

18. 明・丘濬：《大學衍義補》（京都：中文出版社，1979 年）。

19. 明・瞿九思：《孔廟禮樂考》（揚州：廣陵古籍刻印社，1991 年）。

20. 清・徐乾學：《讀禮通考》，收錄於紀昀等人編：《景印文淵閣四庫全書》（臺北：臺灣商務印書館，1983 年）。

21. 清・萬斯同：《廟制圖考》，收錄於紀昀等人編：《景印文淵閣四庫全書》（臺北：臺灣商務印書館，1983 年）。

22. 清・王聘珍：《大戴禮記解詁》（北京：中華書局，1998 年）。

23. 清・秦蕙田：《五禮通考》（桃園：聖環圖書公司，1994 年）。

24. 清・段玉裁：《說文解字注》（臺北：天工書局，1998 年）。

25. 清・孫希旦：《禮記集解》（北京：中華書局，1998 年）。

26. 清・朱彬：《禮記訓纂》（北京：中華書局，1998 年）。

27. 清・凌廷堪：《禮經釋例》（臺北：中央研究院中國文哲研究所，2002 年）。

28. 清・焦循：《孟子正義》（北京：中華書局，2004 年）。

29. 清・阮元：《經籍籑詁》（北京：中華書局，1995 年）。

30. 清・阮元編：《清經解》（南京：鳳凰出版社，2005 年）。

31. 清・胡培翬：《儀禮正義》（南京：江蘇古籍出版社，1993 年）。

32. 清・黃以周：《禮書通故》（臺北：華世出版社，1976 年）。

33. 清・孫詒讓：《周禮正義》（北京：中華書局，2000 年）。

34. 清・皮錫瑞：《經學通論》（北京：中華書局，2003 年）。

35. 清・皮錫瑞撰，周予同注釋：《經學歷史》（北京：中華書局，2004 年）。

36. 清・王先謙編：《清經解續編》（南京：鳳凰出版社，2005 年）。

37. 王夢鷗：《禮記今註今譯》（臺北：臺灣商務印書館，1984 年）。

38. 日・安居香山等輯：《緯書集成》（石家莊：河北人民出版社，1994 年）。

39. 吳承仕：《經典釋文序錄疏證》（北京：中華書局，1984 年）。

40. 屈萬里：《尚書釋義》（臺北：中國文化大學出版社，1980 年）。

41. 楊伯峻：《春秋左傳注》（高雄：復文圖書出版社，1991 年）。

42. 蘇輿：《春秋繁露義證》（北京：中華書局，2002 年）。

（二）史

1. 梁・沈約：《宋書》（臺北：藝文印書館，1972 年）。

2. 梁・蕭子顯：《南齊書》（臺北：藝文印書館，1972 年）。

3. 梁・寶唱：《比丘尼傳》，收錄於大藏經刊行會編輯：《大正原版大藏經》（臺北：新文豐出版公司影印，1983-1987 年）。

4. 梁・釋慧皎撰，湯用彤校注：《高僧傳》（北京：中華書局，2004 年）。

5. 梁・宗懍撰，宋金龍校注：《荊楚歲時記》（太原：山西人民出版社，1987 年）。

6. 北齊・魏收：《魏書》（臺北：藝文印書館，1972 年）。

7. 隋・李百藥：《北齊書》（臺北：藝文印書館，1972 年）。

8. 唐・令狐德棻：《周書》（臺北：藝文印書館，1972 年）。

9. 唐・李延壽：《北史》（臺北：藝文印書館，1972 年）。

10. 唐・李延壽：《南史》（臺北：藝文印書館，1972 年）。

11. 唐・姚思廉：《梁書》（臺北：藝文印書館，1972 年）。

12. 唐・姚思廉、魏徵：《陳書》（臺北：藝文印書館，1972 年）。

13. 唐・魏徵、長孫無忌：《隋書》（臺北：藝文印書館，1972 年）。

14. 唐・許嵩：《建康實錄》（上海：上海古籍出版社，1987 年）。

15. 唐・釋道宣：《續高僧傳》，收錄於大藏經刊行會編輯：《大正原版大藏經》（臺北：新文豐出版公司影印，1983-1987 年）。

16. 唐・杜佑：《通典》（北京：中華書局，2003 年）。

17. 唐・張守節正義：《史記》（臺北：藝文印書館，1972 年）。

18. 後晉・劉昫：《舊唐書》（臺北：藝文印書館，1972 年）。

19. 宋・王溥：《唐會要》（京都：中文出版社，1978 年）。

20. 宋・歐陽脩：《唐書》（臺北：藝文印書館，1972 年）。

21. 章鈺：《校正資治通鑑》（臺北：文光出版社，1972 年）。

22. 宋·張敦頤：《六朝事蹟編類》（北京：中華書局，2012 年）。

23. 宋·熊方：《補後漢書年表》，收錄於王雲五主編：《四庫全書珍本》（臺北：臺灣商務印書館，1981 年）。

24. 宋·陳振孫：《直齋書錄解題》，收錄於紀昀等人編：《景印文淵閣四庫全書》（臺北：臺灣商務印書館，1983 年）。

25. 元·釋念常：《佛祖歷代通載》，收錄於大藏經刊行會編輯：《大正原版大藏經》（臺北：新文豐出版公司影印，1983-1987 年）。

26. 元·馬端臨：《文獻通考》（臺北：臺灣商務印書館，1983 年）。

27. 清·王夫之：《讀通鑑論》（北京：中華書局，2002 年）。

28. 清·孫星衍等輯：《漢官六種》（北京：中華書局，1990 年）。

29. 清·梁玉繩：《史記志疑》（北京：中華書局，1981 年）。

30. 清·沈欽韓：《兩漢書疏證》（揚州：廣陵古籍出版社，1991 年）。

31. 清·朱右曾：《逸周書集訓校釋》（臺北：世界書局，2010 年）。

32. 清·王先謙：《漢書補注》（臺北：藝文印書館，1972 年）。

33. 清·王先謙：《後漢書集解》（臺北：藝文印書館，1972 年）。

34. 清·唐晏：《兩漢三國學案》（臺北：仰哲出版社，1987 年）。

35. 吳士鑑、劉承幹：《晉書斠注》（臺北：藝文印書館，1972 年）。

36. 周生春：《吳越春秋輯校匯考》（上海：上海古籍出版社，1997 年）。

37. 范祥雍：《戰國策箋證》（上海：上海古籍出版社，2006 年）。

38. 徐元誥：《國語集解》（北京：中華書局，2002 年）。

39. 盧弼：《三國志集解》（臺北：藝文印書館，1972 年）。

40. 日·瀧川龜太郎：《史記會注考證》（高雄：麗文文化事業公司，2000 年）。

（三）子

1. 漢·蔡邕：《獨斷》，收錄於嚴一萍選輯：《百部叢書集成初編·百川學海》（臺北：藝文印書館，1966 年）。

2. 曹魏·王肅注：《孔子家語》，收錄於紀昀等人編：《景印文淵閣四庫全書》（臺北：臺灣商務印書館，1983 年）。

3.　姚秦・弗若多羅、鳩摩羅什共譯：《十誦律》，收錄於大藏經刊行會編輯：《大正原版大藏經》（臺北：新文豐出版公司影印，1983-1987年）。

4.　姚秦・佛陀耶舍、竺佛念共譯：《四分律》，收錄於大藏經刊行會編輯：《大正原版大藏經》（臺北：新文豐出版公司影印，1983-1987年）。

5.　梁・釋僧佑編：《弘明集》（臺北：新文豐出版公司，1974年）。

6.　唐・歐陽詢等編撰：《藝文類聚》（上海：上海古籍出版社，2008年）。

7.　唐・釋道宣編：《廣弘明集》（京都：中文出版社，1978年）。

8.　宋・李昉等編撰：《太平御覽》（臺北：臺灣商務印書館，1997年）。

9.　宋・黎靖德編：《朱子語類》（臺北：華世出版社，1987年）。

10.　清・陳立：《白虎通疏證》（北京：中華書局，1997年）。

11.　清・李慈銘：《越縵堂讀書記》（瀋陽：遼寧教育出版社，2001年）。

12.　清・孫詒讓：《墨子閒詁》（北京：中華書局，2001年）。

13.　清・王先謙：《荀子集解》（北京：中華書局，1997年）。

14.　清・郭慶藩：《莊子集釋》（臺北：萬卷樓圖書公司，1993年）。

15.　清・王先慎：《韓非子集解》（北京：中華書局，2003年）。

16.　清・陳士珂：《孔子家語疏證》，收錄於嚴一萍選輯：《百部叢書集成初編・湖北叢書》（臺北：藝文印書館，1965年）。

17.　王利器：《風俗通義校注》（臺北：漢京文化事業公司，2004年）。

18.　王利器：《鹽鐵論校注》（北京：中華書局，1992年）。

19.　王利器：《顏氏家訓集解》（北京：中華書局，2002年）。

20.　王琯：《公孫龍子懸解》（北京：中華書局，2007年）。

21.　向宗魯：《說苑校證》（北京：中華書局，2000年）。

22.　余嘉錫：《世說新語箋疏》（臺北：華正書局，1993年）。

23.　何寧：《淮南子集釋》（北京：中華書局，1998年）。

24.　周叔迦、蘇晉仁：《法苑珠林校注》（北京：中華書局，2006年）。

25. 陳奇猷：《呂氏春秋校釋》（臺北：臺灣古籍出版社，2007年）。

26. 黃汝成：《日知錄集釋》（上海：上海古籍出版社，2006年）。

27. 黃暉：《論衡校釋》（北京：中華書局，1995年）。

28. 樓宇烈：《王弼集校釋》（臺北：華正書局，1992年）。

29. 劉文典：《淮南鴻烈集解》（北京：中華書局，1997年）。

30. 繆啟愉：《齊民要術校釋》（臺北：明文出版社，1986年）。

（四）集

1. 梁・蕭統編，唐・李善注：《文選》（臺北：五南圖書出版公司，2002年）。

2. 宋・洪興祖：《楚辭補注》（臺北：天工書局，2000年）。

3. 宋・朱熹：《楚辭集注》（上海：上海古籍出版社，1979年）。

4. 清・嚴可均：《全上古三代秦漢三國六朝文》（石家莊：河北教育出版社，1997年）。

5. 范文瀾：《文心雕龍注》（臺北：臺灣開明書局，1993年）。

6. 楊明照：《文心雕龍校注拾遺》（上海：上海古籍出版社，1982年）。

二、專著（以下全按作者姓名筆劃排序）

（一）甲、金文著錄與論著

1. 清・方濬益輯：《綴遺齋彝器款識考釋》（北京：北京圖書館出版社，2000年）。

2. 中國社會科學院考古研究所編：《殷周金文集成釋文》（香港：香港中文大學中國文學研究所，2001年）。

3. 李學勤、艾蘭（Sarah Allan）編著：《歐洲所藏中國青銅器遺珠》（北京：文物出版社，1995年）。

4. 宋鎮豪、段志洪主編：《甲骨文文獻集成》（成都：四川大學出版社，2001年）。

5. 河南省文物考古研究所編著：《鄭州商城1953年──1985年考古發掘報告》（北京：文物出版社，2001年）。

6.　英・明義士：《柏根氏舊藏甲骨文字》（北京：北京圖書館出版社，2000 年）。

7.　胡厚宣：《甲骨學商史論叢初集》，收錄於國民叢書編輯委員會編：《國民叢書》（上海：上海書店，1989 年），第一編。

8.　胡厚宣主編：《甲骨文合集釋文》（北京：中國社會科學出版社，1999 年）。

9.　姚孝遂、肖丁：《小屯南地甲骨考釋》（北京：中華書局，1985 年）。

10.　徐中舒：《甲骨文字典》（成都：四川辭書出版社，1998 年）。

11.　馬承源主編：《商周青銅器銘文選》（北京：文物出版社，1988 年）。

12.　夏商周斷代工程專家組編著：《夏商周斷代工程 1996-2000 年階段成果報告（簡本）》（北京：世界圖書出版公司，2003 年）。

13.　唐蘭：《西周青銅器銘文分代史徵》（北京：中華書局，1986 年）。

14.　日・島邦男：《殷虛卜辭研究》（上海：上海古籍出版社，2006 年）。

15.　郭沫若：《青銅時代》（北京：科學出版社，1960 年）。

16.　郭沫若：《兩周金文辭大系圖錄考釋》（上海：上海書店出版社，1999 年）。

17.　郭沫若：《甲骨文字研究》，收錄於郭沫若著作編輯出版委員會編：《郭沫若全集・考古編》，第一卷。

18.　郭沫若：《金文叢考》，收錄於郭沫若著作編輯出版委員會編：《郭沫若全集・考古編》（北京：科學出版社，2002 年），第五卷。

19.　曹錦炎、沈建華編著：《甲骨文校釋總集》（上海：上海辭書出版社，2006 年）。

20.　陳公柔、張長壽、王世民等著：《西周青銅器分期斷代研究》（北京：文物出版社，1999 年）。

21.　陳夢家：《殷虛卜辭綜述》（北京：中華書局，1988 年）。

22.　陳劍：《甲骨金文考釋論集》（北京：線裝書局，2007 年）。

23.　彭裕商：《西周青銅器年代綜合研究》（成都：巴蜀書社，2003

年）。

24. 葉玉森：《殷虛書契前編集釋》（北京：北京圖書館出版社，2000年）。

25. 趙友文主編：《小邾國遺珍》（北京：中國文史出版社，2006年）。

26. 劉啓益：《西周紀年》（廣州：廣東教育出版社，2002年）。

27. 鍾柏生、陳昭容等人編：《新收殷周青銅器銘文暨器影彙編》（臺北：藝文印書館，2006年）。

（二）楚、秦簡著錄與論著

1. 王子今：《睡虎地秦簡《日書》甲種疏證》（武漢：湖北教育出版社，2002年）。

2. 清華大學出土文獻研究與保護中心編，李學勤主編：《清華大學藏戰國竹簡（壹）》（北京：中西書局，2010年）。

3. 清華大學出土文獻研究與保護中心編，李學勤主編：《清華大學藏戰國竹簡（貳）》（北京：中西書局，2011年）。

4. 馬承源主編：《上海博物館藏戰國楚竹書（二）》（上海：上海古籍出版社，2002年）。

5. 晏昌貴：《巫鬼與淫祀——楚簡中所見方術宗教考》（武漢：武漢大學出版社，2010年）。

6. 陳偉等著：《楚地出土戰國簡冊（十四種）》（北京：經濟科學出版社，2009年）。

7. 郭德維：《楚系墓葬研究》（武漢：湖北教育出版社，1995年）。

8. 湖北省文物考古研究所、北京大學中文系編：《望山楚簡》（北京：中華書局，1996年）。

9. 楊華：《新出簡帛與禮制研究》（臺北：臺灣古籍出版社，2007年）。

10. 劉樂賢：《睡虎地秦簡日書研究》（臺北：文津出版社，1994年）。

（三）外國著、譯論著

1. 英·弗雷爾著，汪培基譯：《金枝》（臺北：桂冠圖書公司，1991

年）。

2. 日‧伊藤道治著，吳密察譯：《中國社會的成立》（臺北：稻鄉出版社，1998 年）。

3. 美‧巫鴻著，鄭岩等譯：《禮儀中的美術》（北京：三聯書店，2005 年）。

4. 日‧谷川道雄著，耿立群譯：《世界帝國的形成（後漢──隋唐）》（臺北：稻鄉出版社，1998 年）。

5. 日‧金子修一：《古代中國と皇帝祭祀》（東京：汲古書院，2001 年）。

6. 劉俊文編：《日本中青年學者論中國史》（上海：上海古籍出版社，1995 年）。

（四）其他

1. 丁山：《古代神話與民族》（北京：商務印書館，2005 年）。

2. 毛漢光：《中國中古社會史論》（上海：上海書店出版社，2002 年）。

3. 王柏中：《神靈世界：秩序的建構與儀式的象徵──兩漢國家祭祀制度研究》（北京：民族出版社，2005 年）。

4. 甫健文：《奉天承運──古代中國的「國家」概念及其正當性基礎》（臺北：東大圖書公司，1995 年）。

5. 王葆玹：《西漢經學源流考》（臺北：東大圖書公司，1994 年）。

6. 甘懷眞：《唐代家廟禮制研究》（臺北：臺灣商務印書館，1991 年）。

7. 甘懷眞：《皇權、禮儀與經典詮釋》（臺北：國立臺灣大學出版中心，2004 年）。

8. 史應勇：《鄭玄通學及鄭王之爭研究》（成都：巴蜀書社，2007 年）

9. 朱師曉海：《讀易小識》（臺北：文史哲出版社，1988 年）。

10. 汪惠敏：《三國時代之經學研究》（臺北：漢京文化事業公司，1981 年）。

11. 杜正勝：《古代社會與國家》（臺北：允晨文化實業公司，1992

年）。

12. 杜希宙、黃濤編著：《中國歷代祭禮》（北京：北京圖書館出版社，1998 年）

13. 杜金鵬：《夏商周考古學研究》（北京：科學出版社，2007 年）。

14. 呂思勉：《經子解題》（臺北：臺灣商務印書館，1957 年）。

15. 李申主編：《釋奠孔子文獻與圖說・歷代釋奠禮儀圖說》（北京：國家圖書館出版社，2012 年）。

16. 李零：《中國方術正考》（北京：中華書局，2006 年）。

17. 李零：《中國方術續考》（北京：中華書局，2006 年）。

18. 李劍農：《中國古代經濟史稿・先秦兩漢部分》（武漢：武漢大學出版社，2005 年）。

19. 李衡眉：《論昭穆制度》（臺北：文津出版社，1992 年）。

20. 林慶彰：《五十年來經學研究》（臺北：臺灣學生書局，2003 年）。

21. 范文瀾：《群經概論》（臺北：學海出版社，1985 年）。

22. 周一良：《魏晉南北朝史論》（北京：北京大學出版社，2000 年）。

23. 周何：《春秋吉禮考辨》（臺北：嘉新水泥公司文化基金會，1970 年）。

24. 屈萬里：《書傭論學集》（臺北：聯經出版事業公司，1984 年）。

25. 夏曾佑：《中國古代史》（石家莊：河北教育出版社，2002 年）。

26. 高亨、董治安：《古字通假會典》（濟南：齊魯書社，1997 年）。

27. 高明：《高明經學論叢》（臺北：黎明文化事業公司，1986 年）。

28. 高明士編：《東亞傳統家禮、教育與國法（一）：家族、家禮與教育》（臺北：國立臺灣大學出版中心，2005 年）。

29. 高敏：《秦漢史論稿》（臺北：五南圖書出版公司，2002 年）。

30. 唐長孺：《魏晉南北朝史論叢》（石家莊：河北教育出版社，2002 年）。

31. 凌純聲：《中國邊疆民族與環太平洋文化》（臺北：聯經出版事業公司，1979 年）。

32. 張光直：《中國青銅史》（北京：三聯書店，1983 年）。

33. 張蓓蓓：《中古學術論略》（臺北：大安出版社，1991 年）。

34. 張鶴泉：《周代祭祀研究》（臺北：文津出版社，1993 年）。

35. 張一兵：《明堂制度源流考》（北京：人民出版社，2007 年）。

36. 康樂：《從西郊到南郊——國家祭典與北魏政治》（臺北：稻禾出版社，1995 年）。

37. 康樂：《佛教與素食》（臺北：三民書局，2003 年）。

38. 常玉芝：《商代周祭制度》（北京：中國社會科學出版社，1987 年）。

39. 常玉芝：《殷商曆法研究》（長春：吉林文史出版社，1998 年）。

40. 常玉芝：《商代宗教祭祀》（北京：中國社會科學出版社，2010 年）。

41. 秦照芬：《商周時期的祖先崇拜》（臺北：蘭臺出版社，2003 年）。

42. 晁福林：《先秦民俗史》（上海：上海人民出版社，2001 年）。

43. 陳戍國：《中國禮制史·先秦卷》（長沙：湖南教育出版社，1991 年）。

44. 陳戍國：《中國禮制史·秦漢卷》（長沙：湖南教育出版社，1995 年）。

45. 陳戍國：《中國禮制史·魏晉南北朝卷》（長沙：湖南教育出版社，1995 年）。

46. 陳戍國：《中國禮制史·隋唐五代卷》（長沙：湖南教育出版社，1998 年）。

47. 陳寅恪：《隋唐制度淵源略論稿》（石家莊：河北教育出版社，2002 年）。

48. 勞思光：《新編中國哲學史（一）》（臺北：三民書局，1984 年）。

49. 彭林：《中國古代禮儀文明》（北京：中華書局，2004 年）。

50. 郭善兵：《中國古代帝王宗廟禮制研究》（北京：人民出版社，2007 年）。

51. 曹書杰：《后稷傳說與稷祀文化》（北京：社會科學文獻出版社，2006 年）。

52. 章景明：《殷周廟制論稿》（臺北：學海出版社，1979 年）。

53. 傅斯年：《民族與古代中國史》（石家莊：河北教育出版社，2002

年）。

54. 傅樂成：《漢唐史論集》（臺北：聯經出版事業公司，1977 年）。

55. 葉國良等著：《經學通論》（臺北：國立空中大學，2005 年）。

56. 黃沛榮：《周書周月篇的著成時代及有關三正問題的研究》，收錄於《國立臺灣大學文史叢刊》（臺北：臺灣大學文學院，1972 年），第 37 冊。

57. 萬繩南：《魏晉南北朝史論稿》（臺北：雲龍出版社，2002 年）。

58. 楊志剛：《中國禮儀制度研究》（上海：華東師範大學出版社，2000 年）。

59. 楊英：《祈望和諧：周秦兩漢王朝祭禮的演進及其規律》（北京：商務印書館，2009 年）。

60. 楊寬：《西周史》（臺北：臺灣商務印書館，1999 年）。

61. 逯耀東：《從平城到洛陽：拓跋魏文化轉變的歷程》（臺北：東大圖書公司，2002 年）。

62. 趙沛：《兩漢宗族研究》（濟南：山東大學出版社，2004 年）。

63. 詹鄞鑫：《神靈與祭祀——中國傳統宗教綜論》（南京：江蘇古籍出版社，1992 年）。

64. 劉正：《金文廟制研究》（北京：中國社會科學出版社，2004 年）。

65. 劉源：《商周祭祖禮研究》（北京：商務印書館，2004 年）。

66. 錢基博：《經學通志》（臺北：學海出版社，1985 年）。

67. 錢穆：《秦漢史》（北京：三聯書店，2004 年）。

68. 錢穆：《兩漢經學今古文平議》（臺北：東大圖書公司，2003 年）。

69. 錢穆：《國史大綱》（北京：商務印書館，2004 年）。

70. 錢穆：《中國學術思想史論叢》（臺北：東大圖書公司，1976 年）。

71. 錢穆：《靈魂與心》（桂林：廣西師範大學出版社，2004 年）。

72. 魏建震：《先秦社祀研究》（北京：人民出版社，2008 年）。

73. 謝維揚、房鑫亮主編：《王國維全集》（杭州：浙江教育出版社，2009 年）。

74. 簡博賢：《今存三國兩晉經學遺籍考》（臺北：三民書局，1986 年）。

75. 譚其驤：《長水粹編》（石家莊：河北教育出版社，2002 年）。
76. 顧頡剛：《顧頡剛古史論文集》（北京：中華書局，1988 年）。
77. 顧頡剛：《秦漢的方士與儒生》（上海：上海古籍出版社，2005 年）。

三、單篇論文（以下僅按出版年月排序）

（一）專著論文

1. 李慶甲：〈劉勰卒年考〉，收錄於《文學評論叢刊》第 1 輯（北京：中國社會科學出版社，1978 年）。
2. 日・西嶋定生，杜正勝譯：〈中國古代統一國家的特質——皇帝統治之出現〉，收錄於杜正勝編：《中國上古史論文選集》（臺北：華世出版社，1979 年）。
3. 戴家祥：〈社、杜、土古本一字考〉，收錄於《王國維學術論文集》第 2 輯（上海：華東師範大學出版社，1987 年）。
4. 黃天樹：〈午組卜辭研究〉，收錄於臺灣師範大學國文學系、中研院歷史語言研究所編：《甲骨文發現一百周年學術研討會論文集》（臺北：文史哲出版社，1998 年）。
5. 沈建華：〈由卜辭看古代社祭範圍及起源〉，收錄於文化部文物局古文獻研究室編：《出土文獻研究》第 5 輯（北京：科學出版社，1999 年）。
6. 郭永吉：〈兩漢師法家法考〉，收錄於江林昌等人編：《中國古代文明研究與學術史：李學勤教授伉儷七十壽慶紀念文集》（保定：河北大學出版社，2006 年）。
7. 喬秀岩：〈論鄭王禮說異同〉，收錄於國立政治大學中國文學系編：《中國經學研究國際學術研討會論文集》（臺北：政大中文系，2009 年）。
8. 李紀祥：〈祭孔之史的起源與演變——以孔子為軸的興學與立廟〉，收錄於李朝明主編：《孔子學刊》第 2 輯（上海：上海古籍出版社，2011 年）。

9. 劉續兵：〈釋奠禮與文廟祭祀的合流及其文化意涵〉，收錄於李朝明主編：《孔子學刊》第 2 輯（上海：上海古籍出版社，2011 年）。

10. 朱師曉海：〈徐陵中歲之後情境蠡測〉，收錄於南京大學文學院主編：《百年千帆論文集》（南京：南京大學出版社，2013 年）。

（二）期刊論文

1. 錢寶琮：〈太一考〉，《燕京學報》第 12 期（1932 年 12 月）。

2. 孫海波：〈卜辭曆法小記〉，《燕京學報》第 17 期（1983 年 9 月）。

3. 黃展岳等人：〈漢長安城南郊禮制建築遺址學發掘簡報〉，《考古》第 7 期（1960 年 6 月）。

4. 鄒衡：〈鄭州商城及湯都亳說〉，《文物》第 2 期（1978 年）。

5. 蕭楠：〈略論「午組卜辭」〉，《考古》第 6 期（1979 年）。

6. 李學勤：〈釋郊〉，《文史》第 36 輯（1981 年）。

7. 張桂光：〈殷周「帝」「天」觀念考索〉，《華南師範大學學報‧社會科學版》第 4 期（1984 年）。

8. 甘懷眞：〈鄭玄、王肅天神觀的探討〉，《史原》第 15 期（1986 年 4 月）。

9. 王慎行：〈殷周社祭考〉，《中國史研究》第 3 期（1988 年）。

10. 周紹桓：〈劉勰卒年新考〉，《晉陽學刊》第 3 期（1989 年）。

11. 楊天宇：〈秦漢郊禮初探〉，《河南大學學報‧哲學社會科學版》第 1 期（1989 年）。

12. 李紹連：〈殷的「上帝」與周的「天」〉，《史學月刊》第 4 期（1990 年）。

13. 朱鳳瀚：〈殷虛卜辭中所見商王室宗廟制度〉，《歷史研究》第 6 期（1990 年）。

14. 何浩：〈文坪夜君的身分與昭氏世系〉，《江漢考古》第 3 期（1992 年 8 月）。

15. 吳郁芳：〈包山二號墓墓主昭佗家譜考〉，《江漢論壇》第 11 期（1992 年 11 月）。

16. 郝本性：〈試論鄭州出土商代人頭骨飲器〉，《華夏文物》第 2 期

（1992 年）。

17. 朱鳳瀚：〈商周時期天神的崇拜〉，《中國社會科學》第 4 期（1993年）。

18. 高明士：〈皇帝制度下的廟制系統——以秦漢至隋唐作為考察中心〉，《文史哲學報》（1993 年 6 月）。

19. 董蓮池：〈殷周禘祭探眞〉，《人文雜誌》第 5 期（1994 年）。

20. 錢玄：〈鄭玄《魯禮禘祫志》辨〉，《古籍整理研究學刊》第 5 期（1994 年）。

21. 劉增貴：〈門戶與中國古代社會〉，《中央研究院歷史語言研究所集刊》，第 68 本 4 分（1997 年）。

22. 劉曉東：〈論六朝時期的禮學研究及其歷史意義〉，《文史哲》第 5 期（1998 年）。

23. 王龍正、姜濤、袁俊杰等：〈新發現的柞伯簋及其銘文考釋〉，《文物》第 9 期（1998 年）。

24. 楊晉龍：〈神統與聖統—鄭玄王肅感生說異解探義〉，《中國文哲研究集刊》第 3 期（1999 年 3 月）。

25. 楊英：〈東漢郊祀考〉，《天津師大學報》第 4 期（2000 年）。

26. 劉惠琴：〈北朝郊祀、宗廟制度的儒學化〉，《西北大學學報・哲學社會科學版》（2000 年 2 月）。

27. 劉增貴：〈秦簡《日書》中的出行禮俗與信仰〉，《中央研究院歷史語言研究所集刊》，第 72 本 3 分（2001 年）。

28. 晏昌貴：〈秦家嘴「卜筮祭禱」簡釋文輯校〉，《湖北大學學報・哲學社會科學版》第 1 期（2005 年）。

29. 朱溢：〈漢唐間官方山嶽祭祀的變遷——以祭祀場所的考察為中心〉，《東吳歷史學報》第 15 期（2006 年 6 月）。

30. 林素娟：〈先秦至漢代的成室禮、五祀祭之性質、思維特色及禮制之轉化〉，《成大中文學報》第 25 期（2009 年 7 月）。

31. 曲冰：〈試論上博四《內禮》中的「五祀」與簡文的釋讀〉，《古籍整理研究學刊》第 2 期（2009 年 3 月）。

32. 陳麒仰：〈太一信仰與西漢郊祀〉（待刊中）。

四、學位論文（以下僅按出版年排序）

1. 黃沛榮：《周書研究》（臺北：國立臺灣大學中文系博士論文，1976年）。

2. 李振興：《王肅之經學》（臺北：國立政治大學歷史系博士論文，1976年）。

3. 沈恆春：《宗法制度研究》（臺北：國立臺灣師範大學國文學系碩士論文，1982年）。

4. 江美華：《甲金文中宗廟祭禮之研究》（臺北：國立政治大學中國文學系碩士論文，1983年）。

5. 柯金虎：《魏晉南北朝禮學書考佚》（臺北：國立政治大學中國文學系博士論文，1984年）。

6. 張寅成：《西漢的宗廟與郊祀》（臺北：國立臺灣大學歷史系碩士論文，1985年）。

7. 梁煌儀：《周代宗廟祭禮之研究》（臺北：國立政治大學中國文學系博士論文，1986年）。

8. 顏尚文：《梁武帝「皇帝菩薩」理念的形成及政策的推展》（臺北：國立臺灣師範大學歷史系博士論文，1989年）。

9. 車行健：《禮儀、讖緯與經義──鄭玄經學思想及其解經方法》（臺北：輔仁大學中國文學系博士論文，1996年）。

10. 洪千惠：《東漢郊祀與宗廟祭祀制度研究》（臺中：國立中興大學中國文學系碩士論文，1997年）。

11. 邴尚白：《楚國卜筮祭禱簡研究》（南投：國立暨南大學中國語文學系碩士論文，1999年）。

12. 姜贊洙：《孔子家語研究》（臺北：國立政治大學中國文學系碩士論文，1999年）。

13. 羅保羅：《秦吉禮考》（臺北：私立輔仁大學中國文學系博士論文，2000年）。

14. 郭啓傳：《太初之道──聖在世界秩序的展開》（新竹：國立清華大學中國文學系博士論文，2001年）。

15. 林素娟：《春秋至兩漢婚姻禮俗與制度研究》（新竹：國立清華大學中國文學系博士論文，2002 年）。

16. 濮傳真：《北朝二戴禮記學》（臺北：國立臺灣師範大學國文學系博士論文，2002 年）。

17. 郭永吉：《自漢至隋皇帝與皇太子經學教育禮制蠡測》（新竹：國立清華大學中國文學系博士論文，2005 年）。

18. 涂宗呈：《中國中古的素食觀》（臺北：國立臺灣大學歷史系碩士論文，2005 年）。

19. 陳燕梅：《魏晉喪服禮議考》（南投：國立暨南大學中國語文學系碩士論文，2005 年）。

20. 邱靜綺：《明堂制度研究》（桃園：國立中央大學中國文學系碩士論文，2005 年）。

21. 鄒濬智：《西漢以前家宅五祀及其相關信仰研究——以楚地簡帛文獻資料為討論焦點》（臺北：國立臺灣師範大學國文學系博士論文，2008 年）。

22. 徐迎花：《漢魏至南北朝時期郊祀制度問題研究》（福州：福建師範大學歷史學博士論文，2008 年）。

23. 周建邦：《先秦朝覲考》（新竹：國立清華大學中國文學系碩士論文，2009 年）。

24. 張富秦：《東漢時期的宗廟與政權正當性》（臺南：國立成功大學歷史系碩士論文，2009 年）。

25. 陳麒仰：《與巫術相關之周代部分禮俗探賾》（新竹：國立清華大學中國文學系博士論文，2010 年）。

26. 張秀華：《西周金文六種禮制研究》（長春：吉林大學古籍系博士論文，2010 年）。

27. 張書豪：《西漢郊廟禮制與儒學》（臺北：國立臺灣師範大學國文學系博士論文，2010 年）。

28. 王愛蘭：《秦漢時期祭天制度研究》（蘭州：西北師範大學文史學院碩士論文，2010 年）。

29. 顏娟：《秦漢時期祭天文化研究》（西安：陝西師範大學古籍整理系碩

士論文，2011 年）。

30. 陳惠玲：《兩漢祀權思想研究——以《春秋》與《禮記》中郊廟二祭之經典詮釋爲例》（新竹：國立清華大學中國文學系博士論文，2012年）。

五、網路資料庫

1. 中央研究院歷史語言研究所金文工作室製作「殷周金文暨青銅器資料庫」：http:// www.ihp.sinica.edu.tw/~bronze/detail-db-1.php。

國家圖書館出版品預行編目資料

六朝官方吉禮祀議及施行之源流考

陳燕梅著. – 初版. – 臺北市：臺灣學生，2018.05
面；公分

ISBN 978-957-15-1755-1 (平裝)

1. 五禮 2. 魏晉南北朝

532.03   107000235

六朝官方吉禮祀議及施行之源流考

著　作　者　陳燕梅
出　版　者　臺灣學生書局有限公司
發　行　人　楊雲龍
發　行　所　臺灣學生書局有限公司
地　　　址　臺北市和平東路一段 75 巷 11 號
劃 撥 帳 號　00024668
電　　　話　(02)23928185
傳　　　眞　(02)23928105
E - m a i l　student.book@msa.hinet.net
網　　　址　www.studentbook.com.tw
登記證字號　行政院新聞局局版北市業字第玖捌壹號
定　　　價　新臺幣四〇〇元
出 版 日 期　二〇一八年五月初版
I S B N　　978-957-15-1755-1

本書撰寫期間曾接受教育部人文及社會科學博士論文
改寫專書暨編纂主題論文集計畫補助並出版